horoscope

horoscope

運を先取りする、使いこなせる

真木あかりの

超実践

星占い入

MAKI AKARI

astrology

astrology

Use your luck to your advantage

Get a head start on your luck

この本で主

西洋占星術の基礎を知る

その時々の運勢を占う

にできること

テーマ別に運勢を読む

星の移動を見る

Contents

第1章
まずはこれだけおさえましょう
星占いの基本

第3章
テーマ別にリーディング
総合・恋愛・仕事・お金・健康・人間関係運を読む

第4章
プラスアルファで押さえておきたい
心に留めたい大事な要素

第5章
2023～2032年対応
星の運行表

第1章

まずはこれだけおさえましょう

星占いの基本

Astrology Basics

ここでは、星占いの基本である「星座（サイン）」「10の星」「ハウス」「アスペクト」の4つの要素について理解しましょう。

12星座の基本

12星座はそれぞれに性格的意味を持っている

星座（サイン）とは太陽の通り道である黄道をそれぞれ12分割したもので、牡羊座、牡牛座、双子座、蟹座、獅子座、乙女座、天秤座、蠍座、射手座、山羊座、水瓶座、魚座の12の星座があります。

そして、たとえば牡羊座であれば、まっすぐで動きがスピーディ、牡牛座であれば、ゆったりとした感じだけれどこだわりが強いといった具合に、それぞれの星座には性格的な特徴が備わっています。私たちは、生まれた時（ネイタル）や占いたいタイミング（トランジット）において、太陽、月、水星、金星、火星、木星、土星、天王星、海王星、冥王星の10の星がどの星座に入っているか（いたか）によって、基本的な性質や社会的な役割、今現在やこの先どうすればいいかを占い、読み解くことができるのです。

また、自分の星座だけでなく、恋や仕事、人間関係などで気になるお相手の星座をチェックすると、その人との適切なつき合い方を考えることができますし、それぞれの得意分野や苦手分野、どんなふうに接すればいいかについてもわかってくるでしょう。さらに、自分やお相手の星座だけでなく、それ以外の星座の意味についても知っておくと、牡羊座から始まり、魚座に至るまでの星占いの流れを把握することができ、よりいっそう理解が深まるはずです。

まずは、12星座それぞれの特徴と得手不得手との向き合い方、その星座らしさを上手に活かす方法について見ていきましょう。

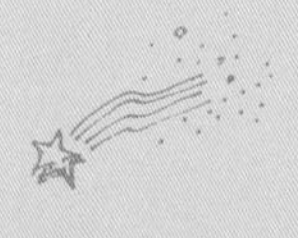

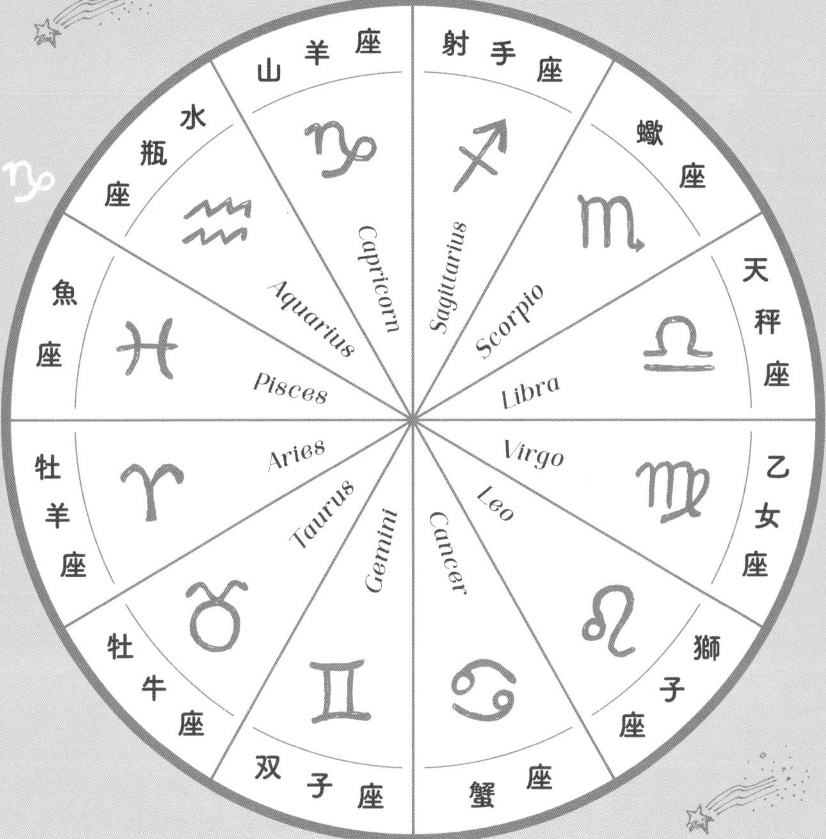

♈	♉	♊	♋	♌	♍
牡羊座	**牡牛座**	**双子座**	**蟹座**	**獅子座**	**乙女座**
ストレートで スピード勝負	美意識が高い こだわり屋さん	明るく楽しく 軽やかに！	優しく強く 愛情深い	情熱的で エネルギッシュ	こまやかで きちんとした人

♎	♏	♐	♑	♒	♓
天秤座	**蠍座**	**射手座**	**山羊座**	**水瓶座**	**魚座**
バランスをとり つつ成長する	心に秘めた エネルギー	楽観的な 冒険家	粘り強い 努力家	自由に生きる 改革者	共感性があり 優しい人

♈ Aries 牡羊座サイン 3/21〜4/19

アグレッシブに突き進む

Data 牡羊座データ

- ★ アイテム ………… ナイフ／帽子／革のキーホルダー
- ★ グルメ ………… 辛いもの
- ★ ファッション…… スポーティ
- ★ カラー ………… 赤
- ★ 宝石 ………… ルビー
- ★ アクション ……… スポーツをする（観戦でもOK）

Profile 牡羊座プロファイル

- ★ (男性宮)/女性宮 ………… ベースが能動的
- ★ (活動宮)/不動宮/柔軟宮 ……… 行動パターンは積極的
- ★ エレメントは(火)/地/風/水…… 気質は直観重視
- ★ 支配星は火星 ………… 勝負のエネルギー

Keyword 牡羊座キーワード

★ 情熱 ★ 冒険 ★ アグレッシブ ★ チャレンジ ★ スピード
★ 出たとこ勝負 ★ 勇気 ★ トップバッター ★ 新しいもの
★ 向こう見ず ★ 行き当たりばったり ★ 考える前に動く

牡羊座が**得意**なことを強みにする方法 | スピード勝負でとにかく飛び出す

12サインのトップバッターである牡羊座は、直観と情熱で飛び出していくエネルギーそのもののサインです。その様子はさながら小さな子ども。「やってみたい！」となったら、即その対象に飛び込んでみる勇気と勢いにあふれています。一般的に、人は新しいことにチャレンジする時、すでに挑戦した人の経験談を参考にしたり、効率を考えたりします。人によっては入念にリスクヘッジを検討するでしょう。牡羊座の場合は単純。「やってみないとわかんないよ。やってから考えればいいじゃん！」と、とりあえず飛び込んでいくのです。ホロスコープ上ではこうした鉄砲玉のような雰囲気が、星に加味されます。

牡羊座がもっとも輝くのは、燃えたぎる炎のエネルギーそのままに突き進んでいる時です。ただ、爆発的エネルギーは持続するわけではありません。強みとして活かすなら、仕事でもグループでの活動も、初速が重視されるポジションであることが重要です。初速でアドバンテージをとり、勢いが衰える前に勝ち抜ける。そんな作戦が得意です。また、存在そのものがテスト機能を果たします。行動の結果を他の人が参考にする、開拓者のような役割を担うことがあります。

牡羊座が**苦手**なことを克服する方法 | ほとばしるエネルギーをコントロール下におく

牡羊座の苦手分野は、熟考のうえ行動すること。時間をかけて粘り強く努力をすること。衝動的すぎて、ケガや事故が多いところは心配です。ただ、巡ってきた星を使って苦手を克服することは可能でしょう。たとえば水星が巡れば、決断力・判断力に頭を使うようになります。アクシデントが起きた時は、対処法を学べることでしょう。占いで「自分は爆発的なエネルギーを持っている」「今は後先考えず飛び出しがちな時期である」と知っておくのも、苦手克服に役立つと思われます。知っていれば「ならば、こうしよう」というアタマも、ちょっとは働くからです。そうやって占いを使って成長するのは、非常に建設的なことであろうと思います。

牡羊座サインに上手く乗っていくキーワード

- 早く動く
- ガンガン発言する
- 勢いが大事

♉ Taurus

牡牛座サイン

4/20
〜
5/20

自分のものにするまであきらめない

Data 牡牛座データ

- アイテム ………… ネックレス／触り心地のいい服／画集
- グルメ ………… りんご、チーズ
- ファッション…… オーガニックコットンの服
- カラー ………… ピンク、グリーン
- 宝石 ………… エメラルド
- アクション ……… 美味しいものを食べる

Profile 牡牛座プロファイル

- 男性宮／女性宮 ………… ベースが受動的
- 活動宮／不動宮／柔軟宮 ……… 行動パターンは維持・安定
- エレメントは火／地／風／水…… 気質は感覚重視
- 支配星は金星 ………… 愛と美の星

Keyword 牡牛座キーワード

★ 慎重 ★ 五感を大切にする ★ マイペース ★ 忍耐力
★ 粘り強く頑張る ★ 美意識が高い ★ 自分が美しいと思うものが好き
★ 自分軸を大事にする ★ じっくり取り組む ★ おだやか ★ 一途 ★ 頑固

牡牛座が**得意**なことを強みにする方法

優美でゆったりとしたこだわりと粘り強さ

味覚に視覚、嗅覚などの五感を満たすことを何より愛し、貪欲に追い求めるのが牡牛座。ものを手に入れるためにはお金が必要なので、牡牛座はお金を稼ぐ能力も管轄します。お金は適切かつ堅実に管理され、ものと引き換えて。所有には、このサイクルを繰り返すことで能力や知識は磨かれ、信頼と実績も蓄積されていきます。感覚と金銭、所有、才能といった牡牛座サインの意味は、こんなふうにつながっているのですね。

牡牛座に巡ってきた星には、こうした牡牛座の雰囲気が投影されます。優雅でゆったりとした感じ、それでいて好きなものには妥協を許さないこだわり。基本的には安定・堅実路線で、モノやスキルの所有・維持に力を入れること。時間をかけることをいとわないこと。水星や金星、木星などが牡牛座に巡れば、そうした明るい部分がクローズアップされます。仮に不安定な状態を示す月や、人をタフに鍛え上げる土星が巡れば、こうしたこだわりが上手く発揮できず、所有しているものが失われることへの恐れが強くなるでしょう。でも、「自分はこの星が牡牛座に入っているから、こうなのだ」とわかっていれば、恐れを「リスクヘッジの意識」に変えていけるだろうと思います。

牡牛座が**苦手**なことを克服する方法

自分をわかってくれる味方を増やそう

牡牛座は行動と実感の繰り返しによって自分を磨くのですが、こうしたことには非常に時間がかかります。パッとレスポンスを返したり、臨機応変に立ち回ったりするのは得意ではないでしょう。仕事であれば融通がきかない、何事にも消極的などと誤解されることもありそうです。ただ、熟考しコツコツと努力を積み重ねていけるのは、ひとつの才能です。リアクション上手になることを目指すよりも、よき理解者をたくさんつくるのはいかがでしょうか。たとえば水星が牡牛座にあるなら「極めるのが性に合うスペシャリストタイプなんだ」と言っておく。火星なら「粘り勝ちが得意」と自己紹介する。そんなふうにしてみると、苦手は強みに変わるでしょう。

牡牛座サインに上手く乗っていくキーワード

- ★ 時間をかける
- ★ こだわる
- ★ 積み重ねる

Ⅱ Gemini 双子座サイン 5/21〜6/21

まだ見ぬもの、人に手を伸ばす

Data 双子座データ

- アイテム……スマホ／雑誌／ネイル
- グルメ……ポークビーンズ
- ファッション……トレンドを取り入れたシャツ
- カラー……イエロー
- 宝石……キャッツアイ
- アクション……小旅行

Profile 双子座プロファイル

- 男性宮/女性宮……ベースが能動的
- 活動宮/不動宮/柔軟宮……行動パターンは臨機応変
- エレメントは火/地/風/水……気質は思考重視
- 支配星は水星……知性とコミュニケーション

Keyword 双子座キーワード

おしゃべり ★ 柔軟 ★ 臨機応変 ★ 多芸多才 ★ 好奇心旺盛 ★ すぐに飽きる ★ 情報通 ★ 軽やかな関係を結ぶ ★ 聡明 ★ おおように受け止める ★ 束縛は大嫌い ★ 皮肉屋

双子座が得意なことを強みにする方法｜明るく楽しく誰とでも！言葉の力で道を切り開く

軽やかさが身上の双子座。その特性は、知性とコミュニケーションを司る水星を支配星に持つ点から理解していくとつかみやすいでしょう。知的好奇心が強く、情報感度は常にMAX。インプットする情報量の多さは話題の多さにつながります。もともとトークに長けているだけに、輪をかけて「話し始めると止まらない」状態になります。頭の回転が速く盛り上げ上手、どんなテーマでもすぐにレスポンスができます。アウェーな場所でも話せるので、実に多彩な人脈を持ちます。

双子座に巡る星には、こうした軽妙洒脱な雰囲気が加わります。多弁になったり、マメに連絡をとったりと、外界に打って出ることで日々の運勢や性格に影響を及ぼします。

いいことずくめのようですが、双子座の特徴は「広く浅く」でもあります。対人関係やコミュニケーションをライトに楽しむ分にはいいのですが、「知り合いは大勢いるけれど、味方は少ない」「話は上手いけれど、内容は薄っぺらい」「器用貧乏」などという状態になりやすいでしょう。強みを増やしたいなら、腰をすえてひとり、あるいはひとつのことと向き合う必要が出てきます。それほどまでに思える“何か”との出会いで変わることも。

双子座が苦手なことを克服する方法｜「逃げない」のではなく「できる」ことを見つける

双子座は「陽」の性質を持ったサインのようですが、実は同じくらいに「陰」の部分も持ち合わせています。人前では明るくにぎやかにしていても、ひとりになると孤独感や憂鬱にとらわれたりもします。これは、双子座が何事も深入りを避け、自らを縛りつけそうなシチュエーションからスルッと逃げる性質を持つことによります。「人間性の浅さ」「未熟さ」として出ることもあるでしょう。シンプルに逃げなければいい話でもあるのですが、それではストレスがたまるばかりです。克服するためには、身近な人をよく観察すること。そして「逃げずに取り組む」ということについて、これならできそうと思えるやり方をひとつでもマネてみるといいでしょう。

双子座サインに上手く乗っていくキーワード

- ★ 軽やかに動く
- ★ 書く・話す・笑う
- ★ 本を読む

Cancer

6/22
~
7/22

優しく強くある

Data 蟹座データ

- ★ アイテム ………… 三日月モチーフ／子ども時代の写真／カトラリー
- ★ グルメ ………… レタスサラダ
- ★ ファッション…… ボーダーカットソー
- ★ カラー ………… ホワイト、シルバー
- ★ 宝石 ………… パール
- ★ アクション ……… おうちでのんびり

Profile 蟹座プロファイル

- ★ 男性宮／女性宮 ………… ベースが受動的
- ★ 活動宮／不動宮／柔軟宮 ……… 行動パターンは積極的
- ★ エレメントは火／地／風／水…… 気質は感情重視
- ★ 支配星は月 ………… 身内意識を重視する

Keyword 蟹座キーワード

★ 面倒見がいい ★ 情に厚い ★ 優しい ★ 模倣
★ 好き嫌いを分ける ★ 家族を大事にする ★ マメ ★ 敵と味方を分ける
★ 身内以外には警戒 ★ 繊細 ★ 家庭的 ★ 人と一緒に

蟹座が得意なことを強みにする方法

身内を守り愛する「模倣の星座」

愛情にあふれ、マメで優しいのが蟹座の特性。大切な人を守るという意識が強く、思いやりを持って接します。ただ、それは家族など「身内」と認めた相手に対してだけであり、「身内」と「それ以外」は明確に分けます。といっても、基本的に気さくで誰に対しても愛想がよく、コミュニケーション上手ではあります。ただ、仮に仲間と認めていない人がぶしつけに距離を詰めてくるようなことをすれば、敵とみなして徹底的に排除を試みるでしょう。蟹座のなかで「それ以外」の人は、どこかで常に警戒しているのです。

支配星に月を持つことから、感受性は非常に豊かでしょう。大切な人が悲しんでいればともに悲しみ、不安な気持ちに寄り添います。その一方で非常に現実的で、夢や理想におぼれることなく実生活をきちんと考えて動くでしょう。蟹座に星が巡ると、こうした「情緒的かつ現実的」なムードが星に加味されます。蟹座のなかで、それは相反するものではなく、同居しうるものです。ちなみに蟹座は「模倣の星座」と呼ばれます。子どもが親を模倣して成長するように、蟹座の世界は模倣が軸となっているのです。模倣をして覚えるような仕事や行動は強みにしやすいでしょう。

蟹座が苦手なことを克服する方法

好きなことを軸に世界を広げてみたい

蟹座は模倣する力には長けているものの、創造性や応用力といったものは意識して身につける必要があるでしょう。現実的で役に立つか·立たないかで判断し、多分に保守的なので、広がりのある運をもたらす星が巡ってきても小さくまとまりがちです。ただ、それもまた人生です。世界を股にかけて生きるだけがいいことではありません。身内と呼べる小さなコミュニティを軸に物事を判断するのも、安心と幸福はあるでしょう。ただ、もし世界が大きく変わって、誰もが広い世界に目を向けなければ今後がない、といった状況になった場合は、まずは趣味を軸にして行動範囲を広げてみるといいでしょう。きっと「身内」のバリエーションも増えるはずです。

蟹座サインに上手く乗っていくキーワード

- 身内を守る
- 家族を大事に
- いいところをマネする

♌ Leo

獅子座サイン

7/23
〜
8/22

人生というドラマを生きる

Data 獅子座データ

- アイテム …… **サンキャッチャー／ハートモチーフ／ゴールドのアクセサリー**
- グルメ …… **はちみつ**
- ファッション …… **ゴージャス系**
- カラー …… **ゴールド、オレンジ**
- 宝石 …… **ダイヤモンド**
- アクション …… **センターの位置を確保する**

Profile 獅子座プロファイル

- (男性宮)/女性宮 …… **ベースが能動的**
- 活動宮/(不動宮)/柔軟宮 …… **行動パターンは維持・安定**
- エレメントは(火)/地/風/水 …… **気質は直観重視**
- 支配星は太陽 …… **目立ちたがりの主人公気質**

Keyword 獅子座キーワード

自己肯定感　**独立不羈**　**器がデカい**　**公明正大**　**基本的に強い**　**リーダーシップ**　**ヒーロー／ヒロイン**　**正直**　**プライドが高い**　**尊大**　**圧が強い**　**努力家**

獅子座が得意なことを強みにする方法

燃えるような心の火で世の中を明るく照らす

獅子座は自己肯定感が高く、はっきりとしたプライドと自分軸を持ち合わせた星座です。同じ情熱カテゴリーのサインでも、牡羊座のように一瞬で情熱が過ぎ去るのではなく、射手座のように自在に形を変える情熱でもなく、獅子座の情熱はずっと一定です。消えることのない情熱は強いキャラクターを作り、主張の強さや存在感になってあらわれるのです。そうした部分がゴージャスなファッション、派手なリアクションといった部分で出たりもします。

獅子座に星が巡ると、こうしたエネルギッシュな輝きが星に反映されます。自信を持つ、注目を浴びたり褒められたりすることで頑張れるなど、自己肯定が基本となるでしょう。

獅子座の得意分野は、「創造」です。自分のなかにあるものを表に出す、世に生み出すといったことで充実感を得ます。意見を言うでも、アート作品を作るでも、歌を歌うでもなんでもOK。ポイントは、獅子座が関心を持つのが「創造」だけであり、それが世に受け入れられるかどうかはどうでもいいという点です。承認欲求もありません。ただ、たとえば強みとして活かすなら、受け手のことを考える必要も出てくるでしょう。そこを踏まえて動けば、チャンスが増えそうです。

獅子座が苦手なことを克服する方法

時には自分の輝きを少し抑えてみては

自分の価値観や生き方を肯定し、揺るぎない自信を持っているため、“そうでない人”の気持ちを察したり、同じ目線で接したりすることには、細やかな配慮がしにくいでしょう。必要以上に強い圧で人と接してしまったり、はからずも自己中心的になってしまったりするかもしれません。苦手なことと言うほどでもなく、共感する力だってちゃんとあるでしょう。ただ、もし調和をベースにやっていきたいと感じた時は「自らの輝きを少し抑える」ということをしてみるといいでしょう。そうすると、相手のことがよく見えてくるかもしれません。それが、獅子座が「創造」するものを、より充実させることは言うまでもありません。

獅子座サインに上手く乗っていくキーワード

- ★ 自己肯定感
- ★ 人生はドラマ
- ★ 細けぇことはいいんだよ！

♍ Virgo

乙女座サイン

8/23
〜
9/22

高い精神性を持ち、現実を生きる

Data 乙女座データ

- ★ アイテム ………… アロマオイル／石けん／スケジュール管理アプリ
- ★ グルメ ………… フレンチポテトフライ、レモン
- ★ ファッション …… ジャケット
- ★ カラー ………… カーキ
- ★ 宝石 ………… サファイア
- ★ アクション ……… 整理整頓

Profile 乙女座プロファイル

- ★ 男性宮／(女性宮) ………… ベースが受動的
- ★ 活動宮／不動宮／(柔軟宮) ……… 行動パターンは臨機応変
- ★ エレメントは火／(地)／風／水 …… 気質は感覚重視
- ★ 支配星は水星 ………… 知性とコミュニケーションの星

Keyword 乙女座キーワード

★ 辛口（ストレートに言えば毒舌） ★ 細やか ★ 気配り上手 ★ ピュア
★ 正確性にこだわる ★ 正しさにこだわる ★ 実はロマンチスト
★ ときどき手厳しい ★ 几帳面 ★ 責任感 ★ パーフェクトを目指す

乙女座が得意なことを強みにする方法｜現実的でありつつも精神性を大切にする

乙女座が得意なことをひとことで言えば「きちんとする」という一点に尽きるだろうと思います。人前で恥をかかないように、迷惑をかけないように、勉強には熱心に向き合いますし、綿密にスケジュールを立て、何事にも几帳面に取り組みます。ズルや不正は大嫌い。正しくないと判断したものは徹底的に批判するので「仕事はできるが、すぐキレる嫌な人」などと誤解されることもあります。一方で、内面は非常に感性豊かでピュアなロマンチスト。「常に正しくあるべきだ」という純粋な信念の持ち主であることと、「愛や恋、人生はきっと善いものだ」と無条件に信じていることは、つながっているのです。

乙女座はクオリティ（3区分）では「柔軟宮」に分類されます。状況に合わせて柔軟に変化することができるからこそ、現実的な発想と高い精神性のバランスがとれているのですが、柔軟であるということは、強靭ではないということでもあります。傷つくことには弱いのです。持ち前の特性を強みにするには「タフにやり抜く」ことが、人生のどこかで必要になるでしょう。ただ、もともと常に自分をチェックし、鍛えるのが乙女座です。現実的な視点で捉えれば、決して難しいことではないはずです。

乙女座が苦手なことを克服する方法｜細やかさに大局観をプラスしてみたい

ピンポイントで細かくチェックするなら、乙女座ほど信頼できる人はいません。細かすぎるほどです。ただ、全体を見るのは苦手でしょう。細部はそれぞれパーフェクトなのに、トータルで見ると調和がとれない。大局観が必要な場面では、判断ができないのです。ただ、細かく見ることができるというのは、非常に優れた資質です。そこが悪いわけではない、というのを踏まえたうえで「人と交流を持つ」ということを意識してみるといいかもしれません。人と交流するというのは、自分以外の視点を持つということにほかなりません。「別の可能性もあるかもしれない」という想像が増すごとに、物事の全体像がクリアに浮かび上がるようになるでしょう。

乙女座サインに上手く乗っていくキーワード

★ 整理整頓　★ 規則正しく
★ いいものを繰り返す

Libra

天秤座サイン

9/23
〜
10/23

複雑な世界のなか、バランスを求めつづける

Data 天秤座データ

- アイテム …… ファッション誌／トレンドのもの／ブーケ
- グルメ …… いちご
- ファッション …… ハイブランドの服
- カラー …… ローズピンク
- 宝石 …… オパール
- アクション …… トレンドのグルメを食べる

Profile 天秤座プロファイル

- (男性宮)/女性宮 …… ベースが能動的
- (活動宮)/不動宮/柔軟宮 …… 行動パターンは積極的
- エレメントは火/地/(風)/水 …… 気質は思考重視
- 支配星は金星 …… 愛と美の星

Keyword 天秤座キーワード

★スマート ★トレンドを追う ★センス抜群 ★協調性
★空気を読む ★エレガント ★社交的 ★表層的
★おしゃれをする ★魅力的 ★平和を愛する ★バランスをとる

天秤座が得意なことを強みにする方法

バランスをとることの強さと危うさ

天秤座の特性は、まさに「天秤」という名前を見れば一発で理解できます。「バランスをとる」こと。そのメリット・デメリットが、天秤座に巡ってくる星のムードとなるのです。

天秤は均衡を保つことがその使命です。12星座占いで見る場合、天秤の両のお皿にのせられているのは「理性＆感情」のペアだったり「客観＆主観」のペアだったりするのですが、いずれの場合も釣り合いを保とうとする意識が常に働くので、考え方も行動も偏るということがなく、誰に対しても公平に接します。それが、ムードとなって巡ってくる星に影響を与えます。

さて、ここまでが基本のお話。天秤座の得意な「バランスをとる」という特性は、葛藤と成長を繰り返すなかで強みとなっていきます。たとえば人間関係では、バランスを意識する特性は「相手が求めるような自分像を作る」という行動に結びつきます。悪くすると相手に振り回されたり、八方美人だと思われたりします。ただ、振り回される経験を積むことで、どんな相手でも変わることのない人間の本質を見つけたり、人から好意を持たれやすい洗練された振る舞いを身につけたりするのです。能動的に生きているだけで、強みができるのです。

天秤座が苦手なことを克服する方法

欲と本心に目を向け選択する力を養う

天秤はバランスをとるもの。それだけに、天秤座は選択や決断に苦手意識を持ちます。なぜなら私たちの人生は複雑であり、だいたいにおいて天秤はかしいでいるからです。そこを、あえて選択しなければならないことも多々あるでしょう。しかし均衡をヨシとする天秤座は決められないうちにズルズルと時間ばかりが経過したり、一生懸命考えているのに「優柔不断だ」と言われたりしがちです。チャンスを逃し、無力感を抱くことにもなりかねません。

こうした傾向を克服するには「期限を決める」のはいい選択です。そして自分の欲――バランスをとるために、心の奥にしまってあるもの――と向き合うことも大事です。その欲は、本心と直結しているからです。

天秤座サインに上手く乗っていくキーワード

★ バランスをとる　★ 普遍的な真理を見つける　★ ベストな距離感を保つ

♏ Scorpio

蠍座サイン

10/24
〜
11/22

内に秘めたエネルギーを燃やし尽くす

Data 蠍座データ

- アイテム …… ミステリー小説／シースルーの服／真紅のバラ
- グルメ …… ガーリック、ねぎ
- ファッション …… シースルー
- カラー …… ワインレッド
- 宝石 …… オパール
- アクション …… 暗い場所で過ごす

Profile 蠍座プロファイル

- 男性宮／(女性宮) …… ベースが受動的
- 活動宮／(不動宮)／柔軟宮 …… 行動パターンは維持・安定
- エレメントは火／地／風／(水) …… 気質は感情重視
- 支配星は冥王星 …… 変容の星

Keyword 蠍座キーワード

★とことん掘り下げる ★集中力 ★奥深い情熱 ★秘密主義
★嫉妬深い ★一生根に持つ ★SEXY！ ★粘り強い ★口が堅い
★徹底的 ★一発逆転 ★変容 ★ターニングポイント

蠍座が得意なことを強みにする方法 ｜ 膨大なエネルギーを要所要所で使いこなす

蠍座は一見すると人当たりがよく穏やかな雰囲気でありながら、その内側は膨大なエネルギーを秘めています。蠍座の世界に「中途半端」「適当」という言葉はありません。興味を持ったこと、愛するもの、一度抱いた考え方にこだわり、ずっと同じ熱量で維持し続けます。愛するもののために他を切り捨てることなど、なんのためらいもないでしょう。狭く深く、特定の何かに集中してこだわり抜く。蠍座に巡る星には、そうしたムードがプラスされます。

蠍座のエネルギーは維持することばかりに重点がおかれるわけではありません。出生ホロスコープで蠍座が強調されている人は、人生で何度か、自分を大きく変えるライフイベントを呼び寄せます。これは「変容の星」と呼ばれる冥王星を支配星に持つことに起因します。そしてひとたび変わると決めたなら、膨大なエネルギーは「変わること」に向けられ、一気に力を出し尽くします。これが「得意を強みにする」ということになるでしょう。転職にせよ、結婚にせよ、大病にせよ、そのライフイベントの前後で人が変わったようになることもあるでしょう。ただ、それは運命であり、成長です。蠍座はずっと、蠍座のままであり続けます。

蠍座が苦手なことを克服する方法 ｜ 必要性が生まれた時は変容のチャンスに

基本的に人当たりはいいのですが、それは「それ以上踏み込ませない」ための工夫であり、常に警戒心はバリバリに働いています。本心をさらけ出すことはまずなく、「秘密主義」「ミステリアス」といった蠍座の特徴としてあらわれます。それは魅力であると同時に、「何を考えているのかわからない怪しい人」と痛くもない腹を探られるようなこともあるでしょう。

ただ、蠍座は中途半端を嫌います。自分が大切にしていることを守れるならば、他人にどう思われようが克服する必要性を感じないでしょう。ただ、その大切な相手が秘密主義のために傷ついたり不安になったりしているのであれば、その時は自己開示のレッスンと思ってみるのもよいと思います。

蠍座サインに上手く乗っていくキーワード

★ 秘密　★ 人生を変える力
★ 大切なものへの愛着

射手座サイン

11/23 〜 12/21

いつだって、人生は冒険

Data 射手座データ

- アイテム …… **本／ブーツ／パスポート**
- グルメ …… **オリーブ**
- ファッション …… **パンツ**
- カラー …… **ブルー**
- 宝石 …… **トパーズ**
- アクション …… **旅**

Profile 射手座プロファイル

- 男性宮／女性宮 …… **ベースが能動的**
- 活動宮／不動宮／柔軟宮 …… **行動パターンは臨機応変**
- エレメントは火／地／風／水 …… **気質は直観重視**
- 支配星は木星 …… **幸運と拡大の星**

Keyword 射手座キーワード

★ 驚くほどの楽観 ★ 根拠のない自信 ★ 自由 ★ 寛大さ ★ 生まれついての自由人 ★ 正直 ★ 立ち直りが早い ★ 冒険 ★ 哲学 ★ ここではないどこか ★ 答えのない問い ★ 遠い場所、もの

Chapter ☆ 1

射手座が**得意**なことを強みにする方法

もっと遠くへ、もっと上へ やむことのない冒険心

射手座は「射手（矢を射る人）」というよりは、飛んでいく矢そのものの星座です。地上のややこしいことからは解き放たれ、何にもとらわれずに、自由に大きな世界に飛んでいきます。「今、ここ」ではなく常に「ここではないどこか」「今以上の何か」を目指しているサインなのです。知識欲は非常に旺盛で、海外に関心を示したり、哲学や思想など高度な学問に取り組んだりします。熱しやすく冷めやすいため、博識ですがそのジャンルにはムラがあります。射手座に星が巡ると、こうした精神性の高い自由を追い求めるようなムードが加わります。

射手座は「人生とは何だろうか」などと難しいことを考える一方で、楽天的で遊び心もまた同時に持ち合わせているのが大きな特徴です。気分は変わりやすく、特定の物事に執着せず気持ちの切り替えも上手です。それが冒険を可能にしているのですが、強みとして生かしていくなら粘り強さは欠かせないでしょう。「面白い！」と夢中になるばかりでなく、継続するのです。ただ、すでに色あせたものに関心を抱くのも味気ないものです。まずはそう思えるほどの魅力的な対象をとことん、この広い世の中で探し求めてみるのも、射手座らしい選択です。

射手座が**苦手**なことを克服する方法

オフィシャルな場では ルールを最優先にする

射手座はいい意味でも悪い意味でも「いいかげん（良い加減）」です。「なんかいい感じ」という柔軟さが持ち味で、自分とは違う価値観に対してもオープンです。「ここではないどこか」に飛び込むためには、細かいことをいちいち気にしていたらやっていられないからです。そうした特性を「おおらか」「ポジティブ」と受け取ってもらえればいいのですが、悪くすれば「無責任」「矛盾だらけ」と受け取られることもあるでしょう。実際、適当なようで一部だけ神経質だったり、真面目さにムラがあったりもします。オフィシャルな場では自分らしさよりもルールや責任を重視するなど、モードを切り替えることは重要です。叱られながら学ぶことも多そうです。

射手座サインに上手く乗っていくキーワード

★ とりあえずやってみる
★ 人生を楽しむ　★ 自由

♑ Capricorn

山羊座サイン

12/22
～
1/19

不屈の精神で頂点を目指す

Data 山羊座データ

- ★ アイテム ………… 和食器／着物／アンティーク雑貨
- ★ グルメ ………… パスタ
- ★ ファッション…… 和服
- ★ カラー ………… ブラウン
- ★ 宝石 ………… ターコイズ
- ★ アクション …… 伝統文化にふれる

Profile 山羊座プロファイル

- ★ 男性宮／(女性宮) ………… ベースが受動的
- ★ (活動宮)／不動宮／柔軟宮 ………… 行動パターンは積極的
- ★ エレメントは火／(地)／風／水…… 気質は感覚重視
- ★ 支配星は土星 ………… 制限と試練の星

Keyword 山羊座キーワード

★ 努力 ★ 根性 ★ 冷静沈着 ★ 慎重 ★ 堅実
★ 長く継続する野心 ★ 強い意思 ★ 忍耐力 ★ 勤勉
★ 粘り勝ち ★ 長期戦 ★ 大器晩成

山羊座が得意なことを強みにする方法

粘り強く、時間をかけて年齢を重ねるほどに豊かに

ひとたび「やる」という意思を持てば、もっとも現実的かつ慎重な手段で地道に努力を積み重ねるのが山羊座。ここに星が巡ると、忍耐力や責任感、努力をいとわない意思など重厚で地に足の着いたムードが生まれます。人づき合いにはあまり積極的ではないかもしれませんが、ハッタリをきかせたり振り回したりすることはなく、誠実に向き合うので信頼されるでしょう。

得意なことは「粘り強くやり続ける」こと。支配星に土星を持つことから、忍耐力や努力は山羊座の軸として行動を支え続けています。ビジネスの成功者が時として「出世競争というよりも、最後まで席に座り続けていたら社長になった」などと言うことがありますが、これはまさに山羊座らしいエピソードです。「時間をかけていい」「最終的に勝つのだから、どのルートを通ってもかまわない」などとマインドを強く持っておくと、多少の風が吹いても自分軸をブレさせずにすむだろうと思います。というのも、山羊座は野心の星座。コネにも派閥にも頼ることなく、実力でステイタスを手に入れたいと考えます。ただ、決して自身の名誉欲だけでそうしているわけではありません。あくまで社会貢献が第一目的のはずです。

山羊座が苦手なことを克服する方法

使えるものはなんでも使い自分に余裕をつくってみたい

たいていのことは根性でなんとかするタイプなので、努力でカバーできることなら克服するでしょう。ただ気質に合わないこと、たとえば「スピーディに結果を出す」「臨機応変に対応する」「新しいことをどんどん取り入れる」といったことは、あまり選びたくないと考えるかもしれません。

そんな時はテクノロジーを活用するのもひとつの手段でしょう。テレビの仕組みを知らなくてもテレビは見られるように、自分だけの努力でコツコツやらなくていいところは、率先して自動化してしまうのです。スマホやPCを活用するのは身近な手段。自分の一部とすることで心の余裕も考える時間も生まれ、苦手なことにも適応しやすくなるはずです。

山羊座サインに上手く乗っていくキーワード

- ★ 粘り強くやる
- ★ とことんやる
- ★ 時間をかけて大丈夫

♒ Aquarius 水瓶座サイン 1/20〜2/18

もっと自由に、とらわれない未来へ

Data 水瓶座データ

- アイテム …… 蛍光マーカー／サプリメント／家電
- グルメ …… ドライフルーツ
- ファッション …… 個性的なもの
- カラー …… 蛍光色
- 宝石 …… アクアマリン
- アクション …… ネットサーフィン

Profile 水瓶座プロファイル

- 男性宮/女性宮 …… ベースが能動的
- 活動宮/不動宮/柔軟宮 …… 行動パターンは維持・安定
- エレメントは火/地/風/水 …… 気質は思考重視
- 支配星は天王星 …… 自由と革命の星

Keyword 水瓶座キーワード

★個人としての自由 ★平和 ★個性 ★博愛の精神 ★みんな友達
★オリジナリティ≒変人 ★宇宙人 ★エキセントリック ★理想論
★ある意味で天才 ★誰にでも対等 ★"ジョーシキ"に縛られない

水瓶座が得意なことを強みにする方法 ｜ ジョーシキにとらわれず自分が社会を変えていく

既成概念や、いわゆる“ジョーシキ”と呼ばれるようなものにとらわれず、自由な精神を持ち合わせた水瓶座。支配星に「自由と改革の星」と呼ばれる天王星を持つことから、理想を実現する未来への視点を常に持っているのも大きな特徴です。このサインに星が巡ると、精神的な自由や平和を愛する姿勢、どんな相手に対してもフラットな目線で接する空気、周囲の度肝を抜くようなひらめきなどがムードとして加わります。組織や地域といった狭い枠にとらわれず、自由に生きたい世界をつくっていくことを目指します。今の社会の生きづらさを変えていく、社会の改革を目指すことも水瓶座らしいテーマ。その根底には「すべての人は尊重されるべきだ」という強い信念があるでしょう。

出世や社会的成功といったことにはまるで興味がありません。多少不安定でも自由に生きるほうを選びます。稼ぐことには執着しないわりに興味を持ったことには大金を出すので、お金は手元に残りにくい傾向があります。自由でいるためには、ある程度の金銭はやはり重要。「貧すれば鈍する」という言葉もあります。持ち前の独創性を維持するためにも、金銭的な安定を視野に入れるとパーフェクトでしょう。

水瓶座が苦手なことを克服する方法 ｜ 意識を向けない小さなことが問題解決のカギを握る

水瓶座は、権威主義的な組織や古い慣習ばかりが重視されるような場では、息苦しさしか覚えないサインです。そんな状況を改革していこうとするのは水瓶座の素晴らしいところです。ただ、「理屈や価値観を表に出して交渉する」という作戦をとりがちで、それが独自のエキセントリックな理想論に彩られているため、なかなか理解を得られないことも多そうです。視野が広く物事を俯瞰的に見られるのは水瓶座の特長ですが、些末なこととしてあまり意識が向かないミクロな部分、たとえば「伝え方」「指摘する順番」といった現実的な部分にも目を向けていけるとよさそうです。理想として正しくても、現実問題というものもあるからです。

水瓶座サインに上手く乗っていくキーワード

★ 改革　★ 独創性
★ フラットな目線

2/19
〜
3/20

見えないものを信じる

Data 魚座データ

- アイテム ………… **おみくじ／アイマスク／DVD**
- グルメ ………… **メロン**
- ファッション…… **シフォン素材**
- カラー ………… **マリンブルー**
- 宝石 ………… **水晶**
- アクション ……… **アート鑑賞**

Profile 魚座プロファイル

- 男性宮／女性宮 ………… **ベースが受動的**
- 活動宮／不動宮／柔軟宮 ……… **行動パターンは臨機応変**
- エレメントは火／地／風／水…… **気質は感情重視**
- 支配星は海王星 ………… **インスピレーションの星**

Keyword 魚座キーワード

★イマジネーション ★いつも夢を見ている ★すぐれた直感
★豊かな感受性 ★優しさ ★心の壁をつくらない ★情緒的 ★同情的
★流されやすい ★慈悲の心 ★同情心 ★共感

魚座が得意なことを強みにする方法

インスピレーションを活かして役立てる

魚座は心優しい星座です。他人の複雑な心のひだも、決して表に見せられないような暗い感情も丸ごと受け止めて、自分のことのように理解しようとするのです。人は本来、どこまでいっても「個」であり、完全にわかり合うことなど不可能です。それでも魚座は、心を通わせ合うことを諦めようとしません。曖昧なら曖昧なままでもいいので、共感しようとするのです。魚座に星が巡ると「イマジネーション」「インスピレーション」「勘」「共感」といったものがムードとして加わるのは、こうした魚座の優しさゆえでしょう。

支配星の海王星は、インスピレーションや夢を司る星です。人がまだその不思議を解明できていないものが魚座には宿命的に備わっているので、いわゆる"不思議ちゃん"と呼ばれるような要素が出てきたりします。ただ、このインスピレーションは魚座に備わった特性です。「理屈ではないけれど、ピンときた」というインスピレーションを活かすことで、不思議と難を逃れることも多いでしょう。完全に運頼みとなるのも、それはそれで不健康な話です。ただ、ピンときたことはスルーせず、メモしておくなどすると強みとして活用しやすいでしょう。

魚座が苦手なことを克服する方法

流されずに生きるためにあえて自己と他者を分ける

魚座はNOと主張することを何より苦手とします。相手の気持ちを思うと断れないし、力になれないことで罪悪感を覚えることもまた嫌なのです。「自分がガマンすれば丸くおさまる」という自己犠牲の気持ちも働くなどして、押しの強い人に流されがちでしょう。恋愛では、強引に誘われた結果、意図せず浮気に発展しがちでもあります。

こうした状況を克服するために、「自分は自分、相手は相手」と思ってみることは悪くない選択です。魚座は自分と相手を一体化して考えるサインですが、意識のなかではそうであっても、現実問題としては「相手の問題は相手のもの」です。魚座がかわりにその人の人生を生きてあげることはできません。そう考えると、NOも出てきやすくなるでしょう。

魚座サインに上手く乗っていくキーワード

★ 優しさ　★ 愛情
★ 思いやり

12星座別・気をつけておきたいこと

	恋愛	仕事	お金	健康
牡羊座	衝動的な別れ話になる、勢いでベッドイン	職場で感情的に怒る、確認を取らずに進める	衝動買いをする、何とかなると思いすぎる	自分の体力を過信する、突然息切れする
牡牛座	告白できずに終了、話がなかなか進まない	消極的に見える、ひとつの仕事に時間がかかる	ぜいたくしすぎ、エンゲル係数が高くなりがち	運動不足になりがち、ぽっちゃりしがち
双子座	束縛から逃げる、表面的なつき合いに終わりがち	場を盛り上げすぎて疲れる、途中で飽きる	交際費がかさむ、最新のものや流行に弱い	誘いに乗って遊び歩く、生活が不規則に
蟹座	世話を焼きすぎる、結婚を意識しすぎる	小さくまとまりがち、身内で固まろうとする	身内に頼まれると弱い、親きょうだいのしがらみ	警戒心が強く、知らない人には気疲れしそう
獅子座	相手を支配したがる、悪気なく自己中	プライドが高く話を聞かない、えらそう	見栄っ張り、人におごりすぎる、浪費しがち	張り切って動いて疲れる、筋トレのやりすぎ
乙女座	口うるさくなる、恋人に多くを求めすぎる	几帳面すぎる、自分のやり方にこだわる	節約しすぎる、お金に関して融通が利かない	こまやかすぎてストレス過多に、失敗を思い悩む
天秤座	空気を読みすぎて動けない、恋と友情の板挟み	八方美人と勘違いされる、選ぶのが苦手	トレンドにお金をかけすぎ、服飾費がかさむ	忙しくなると息切れしがち、無理が利かない
蠍座	焼きもちを焼きがち、ケンカすると黙り込む	自分の考えを言わない、一生レベルで根に持つ	お金の失敗を隠して大事になる可能性	ストレスをためる、不調をひた隠しにする
射手座	目移りしやすい、基本的に軽はずみ	組織に縛られるのを嫌う、テキトーに動く	夢を追うのにお金がかさむ、金銭感覚がガバガバ	健康対策をあと回しにする、睡眠が不規則
山羊座	恋を損得勘定で考える、仕事優先で恋が犠牲に	自分だけで何とかしがち、新しいことが苦手	堅実すぎて息苦しい、ぜいたくダメ絶対	ワーカホリックになる、オーバーワーク気味
水瓶座	ひとりで結論を出す、理詰めで恋を進める	古い慣習になじめない、変わり者扱いされる	独特の金銭感覚、趣味に関しては散財	頭で健康を考えがち、自分を過信して動く
魚座	尽くしすぎる、自分と相手を同一視する	イヤなのに断れない、仕事を押しつけられる	借金を申し込まれると、つい貸してしまう	近くにいる相手に振り回される、デリケート

エレメントの見方

12星座は自然界の4元素に合わせて、4つのグループに分けられます。これをエレメントといい、火、地、風、水のグループがあります。自分や気になる人がどのグループに属しているかを知ると、おおまかなものの考え方や性質を読み解くことができます。

火 グループ

信じた道を突き進む情熱とエネルギーの持ち主

牡羊座
獅子座
射手座

地 グループ

現実的な感覚を持ち、地に足を着けて生きる

牡牛座
乙女座
山羊座

風 グループ

何にも縛られず、自由にやりたいことをやる

双子座
天秤座
水瓶座

火 グループ

人の感情に共感し、寄り添い、合わせていく

蟹座
蠍座
魚座

3区分（クオリティ）の見方

時間の移り変わりによって、12星座を3つに区分する方法もあります。これをクオリティといい、活動宮、不動宮、柔軟宮に分けられます。活動は物事の始まりであり、不動は勢いがある時期、柔軟は物事の変わり目になり、それぞれ行動傾向を読むのに役立ちます。

活動宮

勢いがあり、積極的にグイグイ突き進む

牡羊座
蟹座
天秤座
山羊座

不動宮

頑張り屋で、結果が出るまでコツコツ頑張る

牡牛座
獅子座
蠍座
水瓶座

柔軟宮

周囲の状況を把握し、感情に寄り添う

双子座
乙女座
射手座
魚座

10の星の基本

10の星はそれぞれに担当分野を持っている

テレビや雑誌で見る星占いでは、生まれた時の太陽の位置によって、その人の星座を出すことが多いのですが、実は太陽だけでなく、月、水星、金星、火星、木星、土星、天王星、海王星、冥王星についても、生まれた時や占いたいタイミングにおいて、どの位置にあるかによって、その人の性格や行動パターンが変化します。

一般的な太陽系では、水星、金星、地球、火星、木星、土星、天王星、海王星が惑星に該当し、月は衛星、冥王星は準惑星となりますが、星占いの世界では、この10の星を「惑星」もしくは「天体」と呼び、重要な要素として扱います。

また、太陽に近い星は直近のこと、遠い星は先のことを占うのに適していて、太陽を起点として、月、水星、金星、火星までの星では「月単位」、木星、土星までの星では「1～3年単位」、トランスサタニアンと呼ばれる天王星、海王星、冥王星までの星では「時代単位」のテーマを見ていきます。

これらの星は、たとえば太陽であれば自己表現、月であればお気持ちといった具合に、それぞれに担当分野を持っています。星占いでは、これらを星座と組み合わせて、たとえば、生まれた時の太陽（＝自己表現）が牡羊座（＝スピード勝負）＝何にでもいち早くトライする、というように解釈することができます。星の特徴を知って上手に活かすことで、その人なりの魅力や個性を可視化して、強みに変えていきましょう。

Sun

太陽

自分らしさをあらわす星。私はこう生きたい、という人生のテーマや自己表現担当。

Moon

月

感情的な部分を司る星。理屈ではなく私はこうしたい、というお気持ち担当。

Mercury

水星

興味や関心を示す星。私はこう考えて伝える、というコミュニケーション担当。

Venus

金星

愛と美の星。人生の楽しみや恋の喜び、人との調和など、LOVE & JOY 担当。

Mars

火星

闘ってでも何かを獲得しようという意欲と強いエネルギーを秘めた星。情熱担当。

Jupiter

木星

大きな幸せをもたらす拡大の星。チャンスを後押しし、自信を与える。幸運担当。

Saturn

土星

苦手意識を克服し、向き合うべき重要なテーマを教えてくれる星。試練担当。

Uranus

天王星

古いやり方を新しいやり方へとダイナミックに改革していく、自由な星。革命担当。

Neptune

海王星

夢とロマンを象徴する星。癒やしや神秘世界とも縁が深い。インスピレーション担当。

Pluto

冥王星

心の奥底に秘めた黒い感情を司る。自分軸と向き合う、死と再生の星。変容担当。

太陽を起点として〜火星まで **月単位**

☉ ☽ ☿ ♀ ♂ ♃ ♄　♅ ♆ ♇

太陽起点〜土星まで **1〜3年単位**

天王星、海王星、冥王星 **時代**

自己表現担当

☉ 太陽

出生ホロスコープでは…人生の切り開き方、生き方　　**日々の運勢**では…意志を持って行動すること

公転周期

1年

示すテーマ

★ 自己
★ 意志
★ 主体性
★ リーダーシップ

太陽を活かすとこうなる

出生ホロスコープで太陽が入っているサインのムードは、きっと「自分ってこういう人だよね」と思われるでしょう。それを「当たっている」と感じるだけでなく、いいと思う部分を活かす意志を持つことで輝くことができるでしょう。日々の運勢でも、滞在するハウスが管轄する出来事に対して主体的に取り組んでみると有利です。

太陽を活かし足りないとこうなる

太陽系で唯一、自ら輝く星が太陽。人間にたとえれば、この輝きは「自分らしさ」にほかなりません。太陽を活かせずにいると自分らしさはくすんでしまい、引力が失われるようにして他の惑星も活かせなくなります。

出生ホロスコープでは太陽をどう読む？

雑誌やテレビの占いでは、ほとんどの人が自分の星座をパッと見つけます。そのときに探す「私の星座」は、出生ホロスコープで太陽があるサインのことを指しています。運命も運勢も、太陽を含めた10個の星で占うのですが、それを簡略化して太陽だけで判断するのがよく見る「星占い」なのですね。

太陽は「公的な自分の姿」、つまりその人がどんな意志を持って「自分」というニンゲンをやっていくのかをあらわします。太陽は、意志のスイッチを入れます。そこにサインやハウスの意味が反映され「こんな分野で学びたい」「こんな仕事がしたい」などと考えるようになるのです。それが集まると生き方になり、他人からは「性格」と見えたりします。

日々の運勢では太陽をどう読む？

太陽はひとつのサインに約1カ月滞在します。そのため、「今月、意志を持つといいテーマ」と考えてみるといいでしょう。1年で12サインを一巡するので、毎年同じ時期に同じテーマが持ち上がることになります。毎年、だいたい同じ時期に印象的な出来事が起こったり、体調がブレやすかったりする人は、太陽が関係しているのかもしれません。

このサイクルを利用して計画を立てるのも面白い取り組みです。たとえば牡羊座に太陽が巡れば「チャレンジ月間」、牡牛座に移動すれば「マネープラン月間」、双子座では「勉強・情報収集月間」といった具合です。太陽は年によって異なりますが、毎月20日〜23日前後に次のサインに移ります。

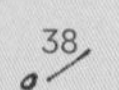

12サイン別に太陽を読む「私はこう生きる」

牡羊座

誰もやったことがないテーマにチャレンジする。いち早くトライする。ハッと気づいたら行動している。立ち止まることを知らない。

牡牛座

豊かさと心地よさを追求する。おいしいものを食べるのが喜び。自分が美しいと感じるものを好む。タイムレスなものを追い求める。

双子座

面白いことが大好き。次から次へと新しい知識をインプットする。フットワーク軽く動き回る。たくさんの人と交流し、話をする。

蟹座

自分の居場所を守り抜く。家族や友人を大切にする。サポート役として力を発揮する。模倣から学ぶ。邪魔者は徹底的に排除。

獅子座

創造的なことをする。自分らしくあることに喜びを感じる。個性を1000％発揮する。プライドを持つ。自分が中心になって動く。

乙女座

何事もパーフェクトを目指す。人の役に立ち、感謝されるよう頑張る。「正しさ」を大事にする。細かなところにきちんと目を配る。

天秤座

人に合わせてベストな状態に調整する。いい距離感をキープする。公平さを大事にする。トレンドを取り入れる。常に中立を保つ。

蠍座

物事にこだわりを持つ。言いたくないことは絶対に言わない。一度決めたことは必ずやり抜く。人の心を見抜く。好きな人には一途。

射手座

何者にも縛られることなく自由でいる。冒険的なことをする。常に精神的な成長を望む。自分の世界を広げる。やりたいことをやる。

山羊座

常に向上心を持つ。自分を鍛える。目標を決めたら不屈の精神で努力する。自分にも他人にも厳しく頑張る。社会的に成功する。

水瓶座

社会的な成功より面白いことを重視。多様性を大切にする。人と群れることはしないが仲間は大切にする。既成概念にとらわれない。

魚座

心を大事にする。自分を犠牲にしてでも他人を助ける。論理よりもエモさが大事。意志を持つというよりは直感に従って生きる。

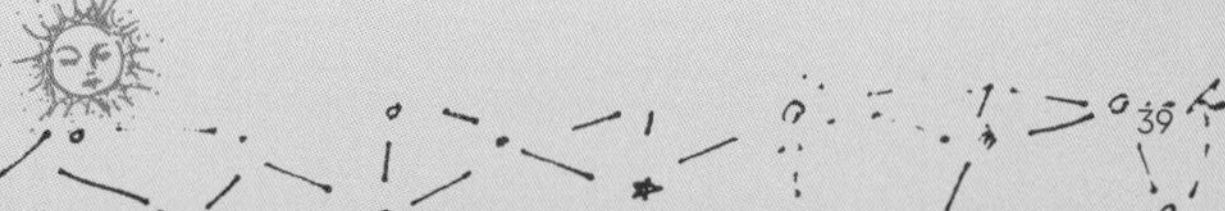

お気持ち担当

月

出生ホロスコープでは…気質、体質　**日々の運勢**では…心の動き

公転周期

約1カ月

示すテーマ

★ **内面**
★ **感情**
★ **幼少期の出来事**

月を活かすとこうなる

月は、大人になる頃には気質としてできあがっているので、コントロールしたり活かしたりするのは自分に対してストレスを感じてしまうかもしれません。「自分にはこういうところがあるのだ」と思ってストレスフルな状況を避けたり、あるいは太陽を活かして主体的に「こう生きたい」を取り入れてみたりするといいでしょう。

月を活かし足りないとこうなる

月が不安定な状態だと、感情のアップダウンで周囲とぶつかったり、強引な人に流されたりしがちです。結果として「頑張っているのに、いつもうまくいかない」という無力感を抱え、「自分はダメだ」と思い込むことも。

出生ホロスコープでは月をどう読む？

太陽が「こう生きよう」という意志だとしたら、月は「なんかそうなっちゃう」「なんとなくそう思う」といった、いささか子どもっぽい反応や感情をあらわします。この「子どもっぽい」というのは、理屈ではなく感情的である、という意味合いです。本人としてはまったく意識しておらず、人に指摘されて初めて気づくこともあるでしょう。「コントロールできない」と感じていたり、リラックスした時にクセとして出たりすることで、ギャップが魅力につながる人もいるでしょうか。

大人になると、太陽の「意志」の力が出てきます。情緒が安定する方法も一緒に模索して、まがりなりに自分をやってみると、情緒不安定感がなくなってくるだろうと思います。

日々の運勢では月をどう読む？

今日の運勢、つまり日運を読むときにメインで見るのが月です。月が滞在するサインのムードやハウスが管轄する出来事を読むと、「自分がこの日、どんな気分で過ごせるか」「どんな出来事に心が向きやすいか」がわかります。

月はひとつのサインに2〜3日滞在するので、仮に落ち込んだり、やる気が出にくかったりしても、3日もすれば気分が変わって抜け出しやすくなるでしょう。なお、新月は「スタート」、満月は「振り返りと調整」という意味を持ちます。新しいことを始めたい時は新月前後で計画を立てるとスムーズでしょう。一方、満月はそれまでの積み重ねが「満ちる」時。願いに沿った積み重ねができているか、振り返りを。

12サイン別に月を読む「私の本当の姿は……」

牡羊座

怒りや衝動をコントロールするのはちょっと苦手。やりたいとなったら絶対やりたい。誰といてもなんとなく寂しさを抱えている。

牡牛座

安心したい。自分のペースでやりたい。好きなものは全部自分のものにしたい。納得できないことには絶対にYESと言わない。

双子座

じっとしていられない。変化が好き。熱しやすく冷めやすい。飽きたら次に行く。自由でいさせてほしい。誰とでも仲よくしたい。

蟹座

必要とされたい。悲しむ時も喜ぶ時も全力。すぐに気が変わる。心配性ですぐにオロオロしてしまう。すぐに気持ちが疲れる。

獅子座

目立ちたい。その場にいる全員の注目を集めたい。"特別な人"になりたい。自分と他人をくらべる。人を楽しませたい、笑わせたい。

乙女座

私のマイルールに全員従ってほしい。面倒見がいいが、感謝の言葉がないと腹が立つ。冴え渡る毒舌。嫌いな人にはスマイルなし。

天秤座

「どっちもいいな」と思うとまるで決められない。ふと気づくと八方美人。平和を愛する。誰とでもいつの間にか友達になっている。

蠍座

基本的にネクラ。嫉妬深く疑り深いが懐も深い。いろいろな感情がものすごい質量で渦巻いているが、人には絶対に見せない。

射手座

言いたいことを言う。ピンチの時でも「まーなんとかなるだろ」と思っている。頑張るだけ頑張ると飽きてしまう。テキトー。

山羊座

実は野心的で激しいところもあるのだが、その感情は表に出さない。ガンコで融通がきかない。ヤベーことは絶対に手を出さない。

水瓶座

サバサバしてこだわりがない。わりと無感情。ひとりでテキトーにやりたい。帰りたくなったら勝手に帰る。自由にやらせてほしい。

魚座

夢や目標を「勝手にかなったりしないかな」と期待している。メチャメチャ傷つきやすい。人の影響を受けやすい。かなり気まぐれ。

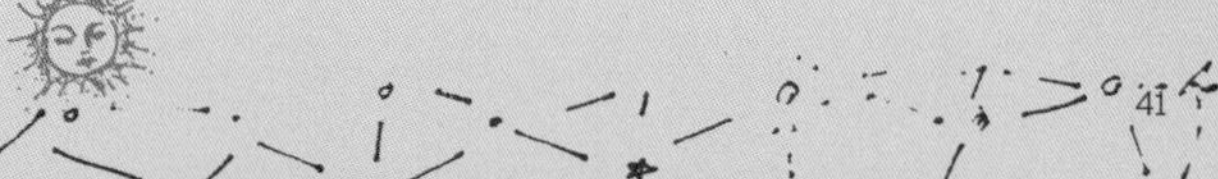

コミュニケーション担当

☿ 水星

出生ホロスコープでは…考え方、対人能力、興味　　**日々の運勢**では…意思疎通の量・質・活かし方

公転周期

約1年

示すテーマ

- ★ **コミュニケーション力**
- ★ **興味や関心を抱く分野**
- ★ **好奇心の対象**
- ★ **他人との関わり方**

水星を活かすとこうなる

太陽と水星は28度以上離れることはなく、常に近い位置にあります。よって水星を活かせば、意志を行動に移すことを得意とし、恋愛でも仕事でも主体的に、自分が望む幸せを追い求めていけるでしょう。また、土星とアスペクトを組むなどして頭脳に粘り強さが備わると、聡明さが引き立ってきます。ほどほどにストレス解消を。

水星を活かし足りないとこうなる

頭の回転が速く、臨機応変にその場その場で判断を下すのは、水星が得意とするアクションです。ただ、飽きっぽく関心が移りやすいところがリスク。ただの要領がいい人で、本質的な努力ができないことも。

出生ホロスコープでは水星をどう読む？

コミュニケーション能力は、あらゆる運を現実に反映させるうえで、非常に多くの役割を担っています。いくら情熱や大志、愛情を胸いっぱいに持っていたとしても、それを他人に伝える手段を持たなければ、思ったようには展開しにくいからです。そうした意味で、水星で読み取るコミュニケーション能力や思考力、表現力、人とのかかわり方は非常に大きな意味を持っています。

ただ、こうした聡明さや如才なさも使いようではあります。優れたトーク力も場合によってはずる賢さ、理屈っぽさと誤解されることもあります。人と接するなかで、学習して育つ部分もありますが、「話し好き」「好奇心旺盛」といった資質は、基本的な性格の一部としてあらわれます。

日々の運勢では水星をどう読む？

入ったハウスにより、具体的にどのような会話がキーとなる時期なのか、どういった人との会話に焦点が当たるかを見ます。楽しいおしゃべりなのか、議論や交渉なのか、情のこもった会話がいいか、ドライかつ論理性を意識すべきか。それを意識すると、話がスムーズに進むでしょう。

接する相手もハウスでわかります。友達や仲間、仕事相手、パートナーや恋人など、話が通りやすい時期があるのです。昨今では連絡手段も多様です。リアルで会うばかりでなく、ネットを介してのコミュニケーションや出会いの可能性も水星で見ます。

水星は年に3回ほど逆行します。その時は連絡が遅れる一方で「再会」の可能性も。

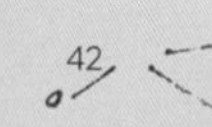
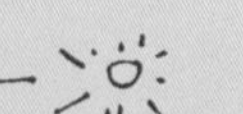

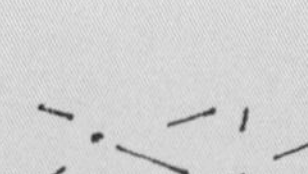
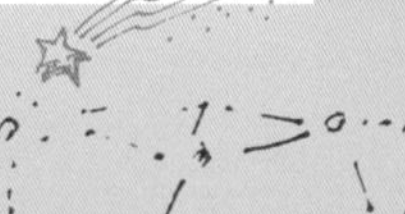

12サイン別に水星を読む「私はこんなふうに考え、伝える」

牡羊座

話したいことを一気に早口でまくし立てる。せっかちで短期決戦。時に「攻撃的」だと思われるが、本人にそのつもりはない。

牡牛座

現実的かつ地に足の着いた発想をする。時間をかけてじっくりと知識を咀嚼し、口数は少なめだが、エンジンがかかると話が長い。

双子座

幅広く知識を集め、一を聞いて十を知る。頭の回転が速く、話しながら考えをまとめる傾向も。ユーモアのセンスがあるが皮肉屋。

蟹座

情感のこもったコミュニケーションを好み、客観性は二の次だが妙に説得力がある。親しい人と時間を忘れて話に興じるのが好き。

獅子座

自分の話ばかりして人の話を聞かないが、ガッツリ深く考えるためその発想にはうならされるものがある。話を盛りがち。圧が強い。

乙女座

聡明ですっきりと論理立ったものの考え方をする。分析力に長け細部にわたって気を配るが、理屈が通じない相手には冷たい。

天秤座

客観的でバランスのよい発想をし、スマートに話す。複数の人がいる場面では皆に公平であろうとするあまり、優柔不断になりがち。

蠍座

比類なき集中力で、関心を持ったテーマに深く没頭。客観的かつ分析的で、秘密主義だが言葉にウソはない。愛や憎悪が深い。

射手座

知的好奇心旺盛で、分野を問わず知識をむさぼる。会話は頻繁に脱線するが、全力で相手を楽しませようとする。同じ話を何回もする。

山羊座

学びも会話も目的を持って行う理性派。現実的発想で、ひらめきで行動することはない。冗談は言わないが、実はかなりの毒舌家。

水瓶座

既成概念にとらわれない自由な発想の持ち主だが意外に頑固。誰に対してもフレンドリーで、派閥をつくらない。歩く永世中立国。

魚座

フィーリングでものを考える。想像力に富み、人の気持ちを察することがうまいが、影響もされやすい。ふわふわの優しい雰囲気。

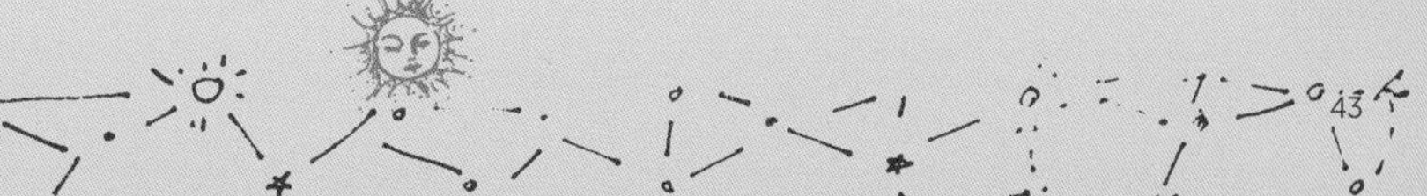

LOVE&JOY担当

♀金星

出生ホロスコープでは…恋愛傾向、美意識、調和性　**日々の運勢**では…ときめき、喜び、うれしい誘い

公転周期

約1年

示すテーマ

- 愛
- 美
- 調和
- お楽しみ

金星を活かすとこうなる

恋愛力を発揮しやすくなりますが、それは決して「モテる受け答え」「トリコにする心理テク」などといった表層的なものではありません。好きな人を含めた人間関係全般に、調和をもたらすことができるのです。恋も人間関係の一部。モテテク的なものにひっかかるチョロい相手よりも、人として調和できる相手がいいですよね。

金星を活かし足りないとこうなる

いわゆる「恋の失敗パターン」と呼ばれるものを思い浮かべていただくとわかりやすいと思います。素直になれない、ケンカが多い、重いと言われるなど、でしょうか。あまり具体例をあげると、ちょっとつらいですね。

出生ホロスコープでは金星をどう読む？

金星といえば恋愛運の星、と思われていることがよくありますが、実際はもう少し広いテーマにスポットライトを当てる星。人生における日常的な楽しみや、他人と調和的な人間関係を築く方法などを指し示します。たとえば寝食を忘れて没頭する趣味も、金星の管轄。出生ホロスコープではその人がどんな趣味を持つと充実するか、またどんな恋愛を理想とし、どのように愛し愛されるかといったことがわかります。ちなみにこれは女性の場合。男性の場合は、金星が入るサインのムードを持った女性に惹かれやすいでしょう。生物学的な分類にとらわれすぎず、心の性別で見てOKです。

美を司る星でもあり、その人のチャームポイントを読み取ることも可能です。

日々の運勢では金星をどう読む？

まず読み取るのが、いわゆる恋愛運。結婚や同棲など、生活を挟む前の楽しい段階です。その時期の恋がどんな雰囲気なのか、出会いはあるか。また、進展のチャンスの有無、ケンカのしやすさなども気になるところでしょうか。1ハウス、5ハウス、7ハウスに金星が巡ると、いわゆる「恋愛」と呼べるようなイベントが期待できます。また、「逆行」という現象が起こると、その期間は混乱や不安が生まれますが、復活愛の可能性は高まります。

ほか、根本的には「調和」の星。他人といかに穏やかで平和的な関係を築いていくか。人との出会いを実りあるものにしていくか。恋愛に限らず、いい関係を築いていく方法のヒントがわかります。

12サイン別に金星を読む「私は愛する」

牡羊座

情熱×衝動×スピード。恋をしたらブレーキのない暴走列車となり、大胆なアプローチも辞さない。ただし、愛が冷めるときも超速。

牡牛座

恋をするまで時間がかかるが、縁ができれば一途に思い続けて長くつき合う。性的な関係を重視。愛が深いが独占欲も深い。

双子座

得意のトーク力を活かし恋のハードルは低い。軽やかで楽しい関係を好み、束縛されたり結婚話が出たりすると途端に及び腰に。

蟹座

マメで面倒見がよく、恋人をとことん甘やかしていつの間にか親のような役割に。甘やかしすぎて、ダメ人間製造機になることも。

獅子座

好きになったらすぐ言うストレートな人。恋にドラマ性を求める傾向も。独占欲は強めで「自分の思いどおりにしたい」願望も。

乙女座

愛情表現は控えめでクールな人と思われがちだが、内面はピュアで生粋のロマンチスト。理想が高く、相手の欠点には手厳しい。

天秤座

スマートで人あしらいがうまいのでモテる。相手の気持ちを察して、先回りして望むことをやってあげたりする。誘惑に負けがち。

蠍座

つき合うとなったら、永遠に添いとげるつもりでいる一途な人。独占欲と嫉妬心が強く、愛した分だけ愛されたい。セックスを重視。

射手座

おおらかでフランクな愛し方が持ち味。尊敬でき、精神的に成長させてくれる相手を望むが、好きになると全員そうだと思い込む。

山羊座

控えめだが誠実に愛する人。ムードに欠けるが、努力をする。結婚は条件と打算で相手を選ぶこともあるが、相手は大事にする。

水瓶座

博愛の人。自分のなかに愛し方の理想があり、どこか一線を引いたような関係をつくることがある。伝統的な婚姻関係に興味ゼロ。

魚座

優しく人を癒やす性格であるがゆえにモテる。押しに弱く、断りきれずにつき合うことも。はからずも同時並行になることも。

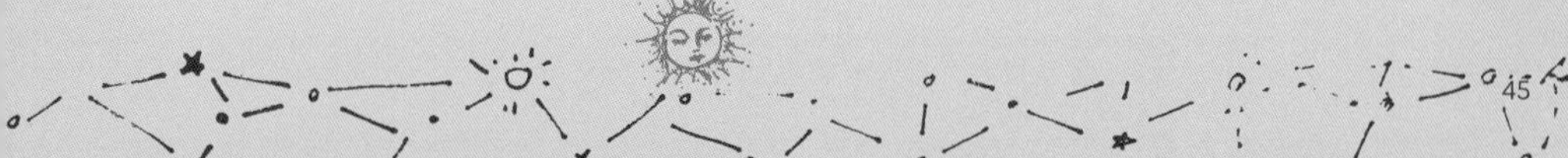

情熱担当

♂火星

出生ホロスコープでは…意欲と闘争本能　　**日々の運勢**では…闘ってでも手に入れたいもの

公転周期

約2年半

示すテーマ

- **闘い**
- **情熱**
- **怒り**
- **アクション！**

火星を活かすとこうなる

怒りはよくない感情と思われることも多いのですが、建設的に使えば情熱です。何かに対し、闘ってでも手に入れたい欲を抱くことで意欲を燃やし、いつもの自分以上に頑張れる人もいます。火が万物を灰にする一方で、私たちを暖め、暗闇を明るく照らしてくれるように、正しく使えば火星は味方です。凶星にしたらもったいないです。

火星を活かし足りないとこうなる

火星は、アグレッシブで強いエネルギーを秘めた星。うまく活かせないと他人を傷つけ、トラブルを引き起こす凶星です。一方で怒りや激情をよくないものとして閉じ込めると、強いフラストレーションを伴うことに。

出生ホロスコープでは火星をどう読む？

何に対して闘争心を抱きがちなのか、がわかるのですが、「許せない」とか「やんのかコラ」といった感情は瞬発的で、コントロールできないものと思われがちです。気づいたら、出ている。それが火星の持ち味ですが、「そうか、自分はこういうことで『許せない』のか」と自分のこだわりポイントを理解すれば、多少なりとも「活かす」に持っていきやすいのではないでしょうか。

火星の示すテーマを欠点と捉えては、もったいないです。許せないのは、大事だからです。どうでもいいと思っていたら、怒りもしないのです。大事なものを守るためには、どうしたら現実的でしょうか？　火星はただ「読む」よりも、「活かす」といいのではないかと思います。

日々の運勢では火星をどう読む？

現実的に活かしやすいキーワードとして言うなら「行動力」という言葉になるでしょう。世間の“ジョーシキ”にとらわれることなく、嫌なものは嫌と言う。負けずに、自分の人生を生きていく。そんなふうにとらえてみると、火星は急にイキイキしてきます。火星が巡ったハウスのテーマを調べてみると、そのときどきに行動力を発揮すべきテーマが、負けずにいたい課題が見えてきます。

その時期に起こりやすいトラブルも火星が巡るハウスが教えてくれるのですが、もう少し穏当な言い方をするなら「黙っていられない」「闘ってでも守り抜きたい」ことで火花をバチバチと散らすのだと思います。それほどに思えるものがあるのは、幸せなことですよね。

12サイン別に火星を読む「私は闘う」

牡羊座

スリルを愛し、せっかち。直情的ですぐカッとなるが、怒るだけ怒ったらすぐに冷めて引きずらない。衝動的。荒ぶりがち。

牡牛座

情熱を冷静に活用し、粘り勝ちを目指す。おだやかだがため込みがちで「ずっと笑顔だったのにいきなりキレた」という状態になる。

双子座

怒りや攻撃性が言葉に出る。相手の弱点を確実に突く知能犯で、その場の雰囲気を凍りつかせる。一度ですまず、繰り返し怒る。

蟹座

感情的に怒るが、理屈ではないので周囲に理解されにくい。日常的に不満をため、不機嫌をあらわにして相手にダメージを与える。

獅子座

正しいと思う方向が明確で、努力している自覚もあるので、頑張らない人に厳しい。基本的に態度がデカい。正義感の持ち主。

乙女座

枝葉末節にこだわるが、それは相手を攻撃する時も同じ。理屈で追い詰め、逃げ道を完全にふさぐので相手はたまらない。

天秤座

怒りをストレートに出すというよりは、対話や交渉の形式をとる。冷静に見えるが実は押しが強く、相手に怒っていると察知させる。

蠍座

激情にかられるが表には出さない。が、一度怒ると何十年単位で根に持ち、相手を決して許さない。決して敵に回してはいけない。

射手座

そこそこ怒りはするが、しばらくすると怒ることに飽きるので、持続はしない。怒りを精神的に成長することで消化しようとする。

山羊座

怒りを抱く相手が目下なら、自分の地位や権力を使って復讐。目上なら何らかの形で下剋上を狙う。どちらにしても追い詰める。

水瓶座

怒りながらも「未来をよくしたい」という感情が働く。そのため理屈で相手を追い詰めるが、悪くするとただの屁理屈と思われる。

魚座

「自分が黙っていれば丸くおさまる」という発想でフラストレーションをためるので、爆発すると理不尽な言動と思われがち。

幸運担当

♃ 木星

出生ホロスコープでは…持って生まれた幸運のカギ　　**日々の運勢**では…今、伸びしろのあるチャンス

公転周期

約12年

示すテーマ

- **拡大・発展**
- **寛大さ**
- **幸運**
- **理想**

木星を活かすとこうなる

木星が巡るサインやハウスにおいて、積極的にアクションを起こすと「なぜかうまくいく」「偶然、チャンスが飛び込んでくる」ということが起こります。「なんか面白そう」「これ、やってみたい」と思うことがあればフットワーク軽く動き回って、自分を幸運に"当てにいく"といいでしょう。自分の力と幸運を信じることです。

木星を活かし足りないとこうなる

うまくいくはずのものを「人生はそんなに甘いはずがない」と猜疑心で取り逃してしまったりします。あるいは、頑張らなくてもうまくいくので、自分を成長させる機会に恵まれにくいともいえるでしょう。

出生ホロスコープでは木星をどう読む？

大きな幸運をもたらす星として、金星に並んで喜ばれる木星。ひとことで言うなら「幸運と拡大の星」で、出生ホロスコープに木星があるとそのハウスに関連したアクションは、特に意識して頑張らなくても「なぜかできる」ということも多いようです。金星の幸運は「今を楽しむ力」ですが、木星の幸運は「特技や長所」として認識できることが多いでしょう。

ただ、木星の「拡大」はいいことだけに適用されるわけではありません。アスペクトによっては「過剰」という意味合いになり、オーバーワークや暴飲暴食、過集中などを呼び起こします。星回りと自分を照らし合わせてそうした傾向があれば、「ちょうどいい」を探していけると占いを健康的に使えます。

日々の運勢では木星をどう読む？

木星はひとつのサインに約1年間滞在します。そのため「今年の運勢」は木星で見ます。注意したいのは2つ。まず、木星の拡大や発展のトリガーを引くのはあくまで自分だということ。もうひとつは、自分がイメージする「幸運」とは違うかたちであることも多い、という点です。

たとえば木星が仕事運を後押しする時期は、確かに仕事はスムーズです。ただ、安心して何もしないと「なんか楽な時期」で終わりがちです。自分から行動して初めて、幸運スイッチが入るのです。また、幸運期はフェーズの変わり目なので、なにかと多忙です。渦中にいるととても幸運期とは思えないことも多いかもしれませんが、あとあと振り返った時に幸運だったとわかるのです。

12サイン別に木星を読む「私の幸福拡張ポイント」

牡羊座

ひらめきをチャレンジにつなげる。突然動く。リーダーシップをとる。より上を目指す。新しいことに目を向ける。自信を持ってOK。

牡牛座

物質運、金運に関して欲張りでいる。心が豊かになれることをする。好きなものを集める。自分に投資する。グルメを楽しむ。

双子座

知識を貪欲に吸収する。とにかくしゃべる。いろいろなことに手を出す。マルチタスク。ユーモアで周囲の人を楽しませる。

蟹座

愛することで愛される。人に親切にする。人の面倒を見る。仲間や家族を大切にする。家事や育児など、日々の生活を充実させる。

獅子座

いつでもドラマの主人公のような気分でいる。にぎやかさと華やかさを求める。自分の存在をアピールする。「できる」と言う。

乙女座

細かな作業や仕事を引き受ける。理屈で納得できることをする。人のために行動を起こす。夢や理想を現実ベースでかたちにする。

天秤座

できるだけ多くの人と会って交流を楽しむ。他人と接することで自分を知る。親友や恋人など信頼できるパートナーを見つける。

蠍座

人と深くかかわる。集中する。資産運用をする。学問や趣味、仕事は深く探求する。絶対に負けないという気持ちを胸に抱く。

射手座

「うまくいきそうな気がする」という気持ちでいる。視野を広げる。自由な環境を選ぶ。学問や旅行で自分の世界を拡大する。

山羊座

長期的なビジョンを持つ。「当たり前」のことを当たり前にやる。努力を積み重ねる。先々を見すえる。年長者と交流を持つ。

水瓶座

誰に対しても公平・平等に接する。個性を伸ばす。ネットワークを広げる。ユニークな仕事をする。占いを実生活に活かす。

魚座

人を癒やす。人のために頑張る。相手のしてほしいことを察知する。インスピレーションを活かして行動する。人に愛される。

試練担当

♄ 土星

出生ホロスコープでは…制限と試練　　**日々の運勢**では…今、向き合うべき重大テーマ

公転周期

約29.5年

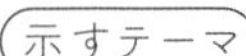

示すテーマ

- **試練**
- **制限**
- **重要性を学ぶ必修科目**
- **人生において大事なこと**
- **克服すべきこと**

土星を活かすとこうなる

出生ホロスコープの制限を知り、巡ってくる土星の制限としっかり立ち向かうことで、コンプレックスや苦手意識はだんだん減っていきます。仮に苦手なままでも自分で対処できる力が身につくので、「これが起きたらどうしよう」などといった不安に振り回されることがなくなるでしょう。克服して、強みに変えていけることも。

土星を活かし足りないとこうなる

ただフラストレーションを抱えるだけで「ガマンすることを頑張る」にしてしまうと、成長につながりません。ある意味、土星が効きすぎると「べき」「ねば」で自分を縛り、素直で豊かな個性を抑えてしまったりもします。

Chapter ☆ 1

出生ホロスコープでは土星をどう読む？

出生ホロスコープの土星は、苦手意識を抱いていることやコンプレックスとして自覚されるでしょう。人によっては「なぜかこういう試練ばかりが降りかかってくる」「人から嫌な目にあわされることが多い」など、宿命的な困難として認識されています。これを「意識して向き合い、克服することで、心理的な安定と生きる力を獲得するテーマ」としてとらえるのが土星であり、ヒントはサインやハウスのなかに置かれています。

土星を制限として捉えている人は「あれもダメ」「これもダメ」と言われ続けるような状態で消極的になりがちです。そこを丁寧に、柔らかくときほぐして、克服と改善に導いてあげるとよいでしょう。

日々の運勢では土星をどう読む？

「土星＝試練」ではありますが、そこまで単純化すると日々は暗く、砂を噛むように味気ないものに感じられます。私は思うのですが、土星というのは「これから幸せでいるために、今、向き合っておくべき大事なテーマ」なんですね。中年期以上の大人にとっては「履修しそびれた必修科目」という言い方が妥当でしょう。

土星がもたらす試練、逃げ切ることはできません。人生において、別の形で必ず巡ってきます。なんだか税●署みたいですが（失礼）、土星のテーマから逃げて弱いままの部分があると、巡ってくる3年弱の間に必ずと言っていいほど、他人にその弱さを利用されます。厳しくも親切な星が土星なのです。

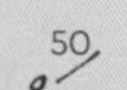

12サイン別に土星を読む「私が乗り越える試練」

牡羊座

「いい子でいなければならない」という呪縛から逃れる。積極性を身につける。批判や負けを受け入れ、そこから学びを得る。

牡牛座

「お金がすべて」という発想。物質面での執着。人を受け入れること。人の意見に耳を傾けること。ほどよい慎重さを身につけること。

双子座

「自分は話し下手で頭が悪い」という思い込み。会話へのコンプレックス。人を疑う気持ち。つい意地っ張りになりがちなところ。

蟹座

自分の弱さを否定すること。「好かれたいから親切にする」という打算から行動すること。孤独を感じることを恐れる気持ち。

獅子座

「自分はとるに足らない人間だ」などという自己否定全般。プライドを傷つけられることへの恐れ。やりたいことを抑え込むこと。

乙女座

「きちんとしなくちゃ」と思うあまり自縄自縛になること。手段が目的となること。自分を守るために他人に対して厳しくなること。

天秤座

人づき合いへの苦手意識。アンバランスな発想。「好き避け」など本心と真逆の行動。自分の意見を持たず、人に合わせること。

蠍座

権力への過度なこだわり。人に対するネガティブな執着心。他人と深くかかわりを持つことへの潜在的かつ絶対的な恐れ。

射手座

積極性の欠如。自分の世界を狭くするという発想。現実社会への不適応。「自分は受け入れられないのでは」という思い込み。

山羊座

ステイタスばかりを過度に追い求めること。常識に縛られすぎること。素直な本心を押さえつけること。うがった見方をすること。

水瓶座

自分が平凡であることを過度に恐れること。わざと変人ぶること。理屈で他人を追い詰めること。安定を失うことへの恐れ。

魚座

自分のすべてを犠牲にして、他人のために尽くすべきだという思い込み。合理性や効率性を悪と考えること。自信を持てないこと。

革命担当

♅天王星

出生ホロスコープでは…変化に対するスタンス　　**日々の運勢**では…大きな改革、自由に生きる

公転周期

約84年

示すテーマ

- ★ 改革
- ★ 自由
- ★ ブレイクスルー
- ★ 発見
- ★ 離れる

天王星を活かすとこうなる

天王星は予想もしなかったような突発的な変化をもたらすので、「活かそう」と思っていてもなかなか思いどおりにはいかないでしょう。ただ、時代の変化に前向きに乗っていくことで、これまでの「当たり前」に押しつぶされることなく、新しい「当たり前」になじんでいけます。世界が常に進化している以上、必要な流れでしょう。

天王星を活かし足りないとこうなる

天王星を活かし足りないと、古いやり方にずっとしがみつくことになります。世の中の変化とともに周囲とのズレは大きくなりますし、イノベーションを起こせず不自由な世界に取り残されることになりそうです。

出生ホロスコープでは天王星をどう読む？

天王星はひとつのサインに7年ほど滞在します。これは天王星以遠の海王星、冥王星も同様ですが、同じ世代の人はだいたい、この3星が同じサインにあり「この世代ならではの雰囲気」や「流行」をつくり出します。たとえば1974年〜1981年の蠍座サイン滞在期はオカルトブームが到来し、遺伝子に関する研究が行われました。1981年〜1988年の射手座サイン滞在期は宇宙開発の時代です。

個人が受ける影響としては、改革や変化に対するスタンスや、どういった分野で突然の変化を経験するかがわかります。天王星が入るサインやハウスをチェックしておいて、どんなジャンルに影響するか見ておくと、起こったことに対して落ち着いて対処することができるでしょう。

日々の運勢では天王星をどう読む？

天王星は地球から離れた場所にあるため、日常的にその影響を感じることはほとんどありません。あるとすれば別の星とアスペクトを組んだ時。今までの「ふつう」を打ち破る、ブレイクスルーを起こすといった形で影響をもたらします。

ほか、7年に一度サインを移動する時は、大きな「改革」と呼べるような経験をもたらすでしょう。価値観を塗り替えるような出来事や、これまでの当たり前から引き離されるような感覚を伴う改革です。今までどおりでは何も変わらないのです。ここで起こることは凶事のような印象をもたらしますが、乗り越えれば自由をひとつ手に入れます。天王星は自由な生き方を教えてくれる星なのです。

12サイン別に天王星を読む「私はダイナミックに改革する」

牡羊座

誰も考えたことがないような、オリジナリティあふれるアイデアで革命を起こす。新発明。新しいジャンルにチャレンジする。

牡牛座

時代の最先端を行く、まったく新しい稼ぎ方をする。周囲が驚くようなファッション。オリジナリティあふれるセンスを発揮。

双子座

自由な生き方をする。モノや場所にとらわれない。新しい概念を生み出す。新しいブームを生み出す。既成概念に反発する。

蟹座

既存の「家族」のあり方にとらわれない。生活の枠組みをまったく新しいものにする。伝統的な社会や価値観への徹底的な反発。

獅子座

新しい「自分らしさ」の概念を生み出す。オリジナルの存在でありたいと考える。人とうまくやろうという発想はない。アウトロー。

乙女座

仕事のやり方を抜本的に改革する。生活習慣や健康において新しいブームを生み出す。他の世代の批判から議論をスタートしがち。

天秤座

従来の婚姻関係にとらわれない、新しいかたちのパートナーシップを模索。人間関係は自由を重視。変化に際し、敵をつくる。

蠍座

セックスに関する型破りな発想と実践。相続した遺産の使い方で周囲の度肝を抜く。人間心理について新たな説を打ち立てる。

射手座

伝統や常識を嫌い、従来の価値観とはまるで違う哲学を主張。カリスマとなるか、組織のなかでの変わり者となるかどちらか一択。

山羊座

自分たちが次世代の伝統をつくるのだと意気込む。野心的に時代を切り開き、新たな価値観をかたちづくるが、固執することも。

水瓶座

古い社会の常識を打ち壊し社会を変えていく。平和な社会を本気で目指す。アイデアは冴えているが、時代が早すぎる。

魚座

あまり社会に与える影響はないが、斬新なひらめきが光る。直感が冴え、スピリチュアル的に新しい理論や思想を打ち立てる。

インスピレーション担当

♆ 海王星

出生ホロスコープでは…夢を抱くテーマ　**日々の運勢**では…曖昧になりやすいこと

公転周期

約165年

示すテーマ

- ★ 幻想
- ★ インスピレーション
- ★ ロマン
- ★ 理想
- ★ 夢

海王星を活かすとこうなる

豊かなインスピレーションを仕事や趣味で活かしたり、人を癒やす力を手に入れたりと、神秘的な世界に縁ができるでしょう。また、接する相手の痛みを理解し分かち合うこともできるでしょう。周りの人を癒やす力を持っているのです。理屈とはかけ離れたところにあるエネルギーが、同じく目に見えない心にフィットするのでしょう。

海王星を活かし足りないとこうなる

海王星は、意図的に活かすことはなかなかできないのですが、海王星の影響でアルコールや性的な体験に深くのめり込みすぎることがあります。そのことで人間関係や生活にネガティブな影響が出ることも。

出生ホロスコープでは海王星をどう読む？

海王星は地球から遠く、ひとつのサインを移動するのに14年ほどかかります。ひとりの一生で経験できるサインはせいぜい6～7個くらいでしょうか。こうした傾向から「その世代が皆、いつの間にか刷り込まれる集団意識」といった見方をすると発見があります。意図せず抱いている夢や、なんとなく持っている幻想のようなものが、その世代のカラーとなり、違う世代のことを理解する手がかりも得られるでしょう。

なお、海王星の影響が顕著な人は、カウンセラーやヒーラーなど、人の心を癒やす仕事で才覚を発揮することが多いようです。芸術家や作家にも海王星が目立つ人が少なくありません。

日々の運勢では海王星をどう読む？

海王星はひとつのサインに14年ほど滞在するため、日々の運勢にドラスティックな影響を与えることはまずありません。サインをまたぐ時や、他の星とアスペクトを組む時に意識するくらいで十分でしょう。

サインをまたぐ時は、追いかける夢やその追いかけ方が変化する時です。ただ、「変えよう」と思って変わることはなく、「気づいたら変わっている」のでしょう。他の星とアスペクトを組む時は、起こる出来事をふんわりとぼやかします。「なんとなくそうなる」「なんかわかる」と、曖昧なかたちで共感に導くことも。理屈ではない、人の心の複雑さをそのまま受け止めてくれる、懐の深い星です。

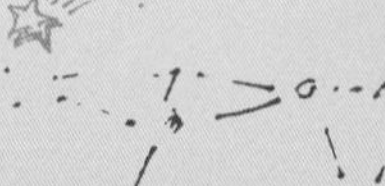

12サイン別に海王星を読む「私はうっとりする」

牡羊座

血湧き肉躍るような熱狂に酔う。理想を抱いて新しいことにチャレンジするが、具体性に欠け、行き当たりばったりなところもある。

牡牛座

実際に手で触れるもの、実態のあるものについてインスピレーションが働く。豊かな時代になると、そこに安住してしまうことも。

双子座

言葉やコミュニケーションの可能性にうっとりするが、実態が伴わず、意図せず人を裏切ることも。高等遊民的な生き方に憧れる。

蟹座

ナショナリズムに耽溺する。家族愛や故郷愛を素晴らしいものだと考える。身内に対して、まるで自分のことのように優しい。

獅子座

恋や仕事にドラマを求める。ヒーロー・ヒロイン願望を抱く。ともすれば独裁者のような願望が生まれることも。利己的になりがち。

乙女座

パーフェクトであること、正しいこと、純粋であることなど、ふわっとした概念のなかで白黒つけたがる。健康法を模索する。

天秤座

トレンドやセンスといった目に見えない価値観に注目する。結婚に対して高い理想を持つ。おしゃれな雰囲気で人を魅了する。

蠍座

神秘的な世界や心の動きに目を向ける。オカルトに関心を持つ。スピリチュアルにはまる。ムードに酔ってセックスをする。

射手座

「ここではない遠い場所」に関心を持つ。冒険や放浪の旅を夢見る。何事にも縛られない。自由を求めるが、実態はない。

山羊座

「成功」「権力」に強くこだわり、それが自分にもたらすメリットを想像してうっとりする。指導者、カリスマと呼ばれる人に弱い。

水瓶座

平和で愛に満ちたコミュニケーションを夢想する。ユートピア願望あり。世界をひとつにつなげたい。具体的なアイデアはない。

魚座

救済や無償の愛、徹底的な自己犠牲など、何かを捧げるようなテーマに注目する。アイドルなど偶像に課金する。論理性はない。

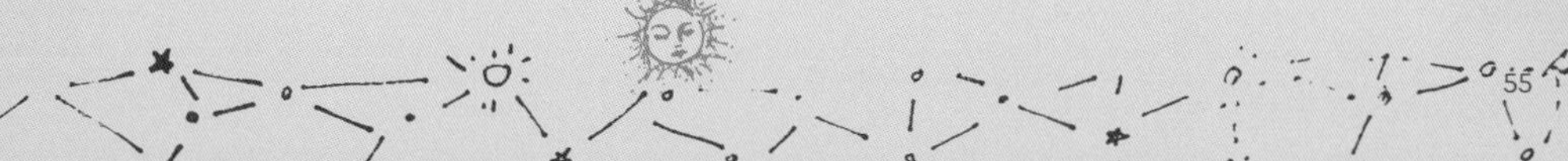

変容担当

♇ 冥王星

出生ホロスコープでは…不屈の精神により再生すること　**日々の運勢**では…変容

公転周期

約248年

示すテーマ

- ★ 根底から変わること
- ★ 死と再生
- ★ 抗いようのない権力

冥王星を活かすとこうなる

冥王星が滞在するサインを見ると、私たちの世代が今、直面している課題と変容のヒントがわかります。世の中が今、どういうフェーズに入っているのか。この社会において何が壊れ、何が再生しようとしているのか。そんなことを念頭においてライフプランを描いてみると、ブレない自分軸を持てるのではないでしょうか。

冥王星を活かし足りないとこうなる

英語でPlutoという冥界の神の名をあてるように、冥王星は心の奥底にある黒い感情を司ります。冥王星を使いこなすのは困難ですが、挫折体験から立ち直れないのは、冥王星の力の半分も使っていない状態です。

出生ホロスコープでは冥王星をどう読む？

ひとつの星座を移動するのに12年〜32年かかるため、天王星や海王星と同じくサインから「世代的な傾向」が読み取れます。この時代の人に共通する痛みと、そこから立ち上がる強い力です。

出生ホロスコープのハウスからは、何において挫折したり、死にたいとまで思い詰めたりするかがわかるでしょう。重要なのはそこから「再生」することです。立ち直って、またなんとか人生をやっていくことです。終わったからこそ、始められる物語があるのですね。おそらくは一生に何度も経験しないであろう、そんな「再生」の可能性を知っておくと、真っ暗なトンネルのなかで足元を照らしてくれる、ランタンとして役立てることができるかもしれません。

日々の運勢では冥王星をどう読む？

冥王星は、頻繁に居場所を移すことはありません。逆行の影響もほとんどの場合は感じないだろうと思います。日々の運勢で読むのは、他の惑星とアスペクトを組んだ時です。特に木星、土星、天王星、海王星とアスペクトを形成した時は、見るべきものも多いでしょう。オポジションやスクエアの時は、抗いがたい力で状況が変わり、自分もまたドラスティックな変容を求められるでしょう。セクスタイルやトラインの場合は、調和的なかたちで前向きに自分を変えていくことになるはずです。

挫折はつらいです、できたら挫折しないで生きていきたいものです。でも、冥王星はどん底にいる時、力強く背中を押してくれます。変容せよと。そして再生するのだと。

12サイン別に冥王星を読む「世代の意識」

牡羊座

牡牛座

双子座

占星術では、星の影響は、その天体が発見された時から始まると考えるのが一般的。この本では、冥王星星座については、冥王星が発見された1930年の蟹座世代以後のみ、解釈を掲載します。

蟹座

「身内」を守りたいという強い意識が働く。子孫のために犠牲を払う。（第二次世界大戦に向かって世の中が動き始めた時代）

獅子座

多くの個人が犠牲になって社会を守る。そして戦後、個人がまた尊重される時代へ再生していく。（第二次世界大戦の終戦から復興）

乙女座

苛烈な労働、公害・環境破壊、生活・健康をめぐる状況にひずみが生まれる。労働や環境の見直しが行われる。（高度経済成長時代）

天秤座

恋愛、婚姻制度。パートナーシップなど、従来の価値観が崩壊。新たな家族制度が広がっていく時代。（1970年代〜80年代前半）

蠍座

生命と倫理について新たなひずみが。チェルノブイリ原発事故、エイズ発生、いじめ、自殺など。（1980年代後半〜90年代後半）

射手座

インターネットの普及とグローバル化。ドメスティックな制度は崩壊し、より自由な生き方が可能に。（1990年代後半〜2000年代末）

山羊座

経済面での抜本的な変化。大手企業の崩壊、メガベンチャー台頭など目まぐるしく状況が変化した。（2000年代後半〜20年前半）

水瓶座

慣習からの脱却。社会インフラの組み直しが進み、自由と平等、ジェンダーなどの議論が白熱。（2020年代前半〜40年代前半）

魚座

既存宗教の弱体化。人間の精神や霊性、生命についての価値観がドラスティックに変化。芸術の変化。（2040年代前半〜60年代後半）

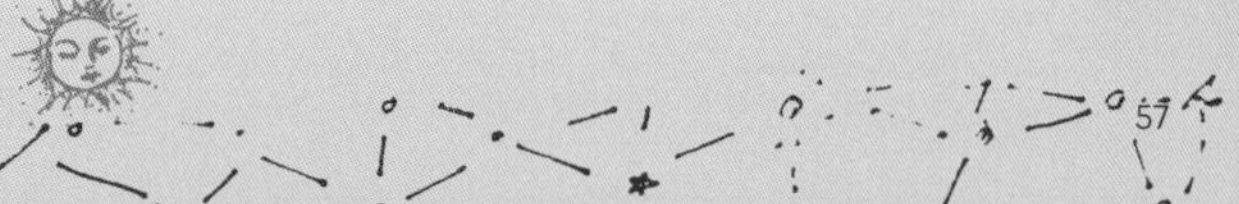

ハウスの基本

12のハウスはそれぞれに人生における「場」を示す

ホロスコープと呼ばれる配置図には、太陽の通り道である黄道を12分割した星座（サイン）と同じように1から12までのハウスが描かれます。星座がその人の基本的な性質だとしたら、ハウスは人生において立っている場所。ハウスを読み解くことで、その人の魅力や特徴を、いつどうやってどんなふうに輝かせればいいのかがわかります。

12のハウスにはそれぞれに意味があって、1ハウスは「自分とはじまり」の部屋、2ハウスは「お金とスキル」の部屋といった具合に、部屋ごとのテーマが決まっています。これを12星座や10の星と組み合わせ、たとえば1ハウス（＝自分とはじまり）に太陽（＝自己表現）が入っている＝自分らしく生きる、というように、その人がどういう場に立っていて、どんな感覚で生きていくべきかを見ていきます。

また、そのハウスに星が入っていない場合は、その人にとって意識が向きにくい内容であることがわかります。1ハウスと2ハウスであれば、「自我が生まれ（1ハウス）それを保持する（2ハウス）」という具合に、ハウスごとのテーマはつながっているので、合わせて読んでいくのもいいでしょう。

星たちは、12の星座を巡っていますが、この移動のタイミングは星によって違いますし、日や週、月や年によっても異なります。ですから、日運、週運、月運、年運を出すには、191ページからの星の運行表を見る必要があります。右のページにある【ハウスの出し方】を覚えたら、192ページに書かれた説明にならって、知りたい時期にどの星が何ハウスにあるかを、占いたいテーマに合わせてチェックしてみましょう。

ハウスの出し方は、太陽星座を1ハウスとする方法や、アセンダント（上昇星座）から始まる方法など、いろいろなシステムがあるので、自分にとってピンとくる出し方を選んでください。

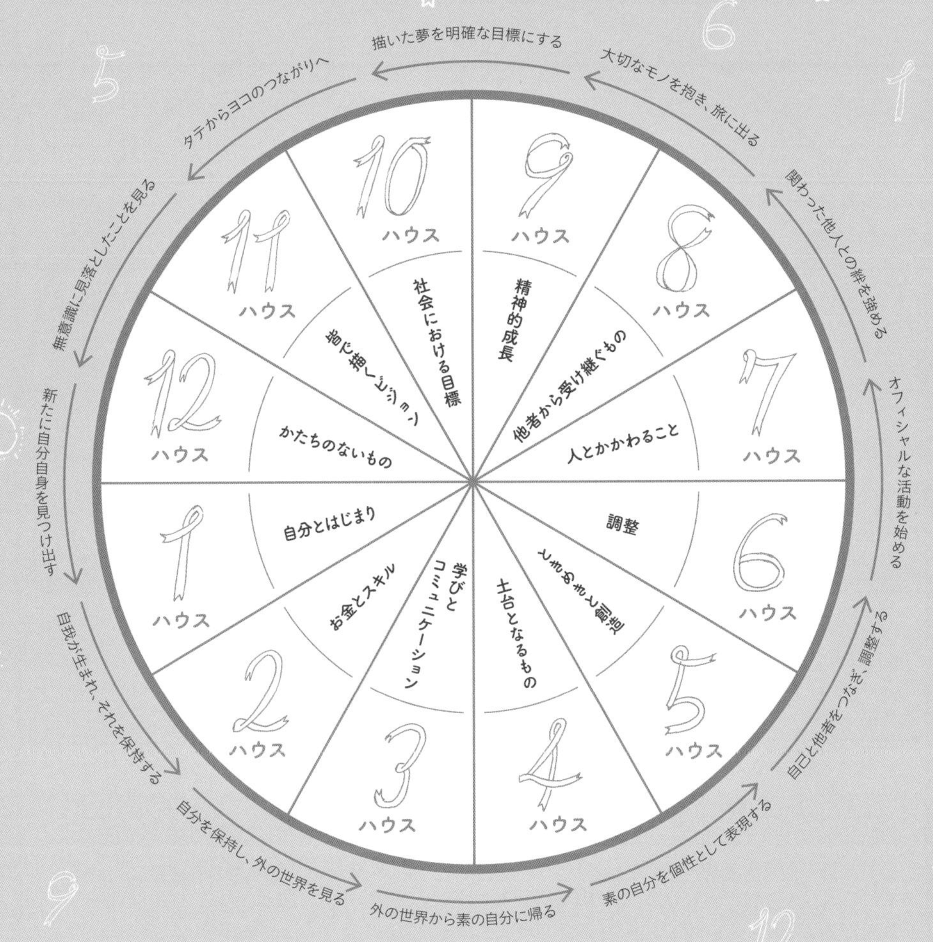

ハウスの出し方

下の表の、生まれた時の太陽星座の下のマスに、1ハウスと書きます。ここがあなたの1ハウス。続いて、右に向かって2ハウス、3ハウス、4ハウス…と記入、牡羊座以外の人は表の左に戻って12ハウスまで記入します。

	牡羊座	牡牛座	双子座	蟹座	獅子座	乙女座	天秤座	蠍座	射手座	山羊座	水瓶座	魚座
例：牡羊座の人	1 ハウス	2 ハウス	3 ハウス	4 ハウス	5 ハウス	6 ハウス	7 ハウス	8 ハウス	9 ハウス	10 ハウス	11 ハウス	12 ハウス

	牡羊座	牡牛座	双子座	蟹座	獅子座	乙女座	天秤座	蠍座	射手座	山羊座	水瓶座	魚座
例：射手座の人	5 ハウス	6 ハウス	7 ハウス	8 ハウス	9 ハウス	10 ハウス	11 ハウス	12 ハウス	1 ハウス	2 ハウス	3 ハウス	4 ハウス

	牡羊座	牡牛座	双子座	蟹座	獅子座	乙女座	天秤座	蠍座	射手座	山羊座	水瓶座	魚座
あなた	ハウス	ハウス	ハウス	ハウス	ハウス	ハウス	ハウス	ハウス	ハウス	ハウス	ハウス	ハウス

1ハウス

「自分とはじまり」の部屋

12のハウスのうち、もっとも重要とされているのが1ハウス。星が入ることで、特に意識もしないような「当たり前」と思っている自分の姿が強調されます。出生ホロスコープであれば第一印象やその人のキャラ、外見など、パッと見てわかる部分が読み取れます。人によっては、「知らず知らずのうちに他人に対してそう振る舞っている」ということも多く、社会的にも「そういう人」として認知されることが多いでしょう。

日々の運勢でいえば、1ハウスに入る星に関するテーマが「表に出る」「印象を与える」ところから新たな展開がスタートする、と読みます。考えていることや素の自分がまわりに伝わりやすいですし、「他人からこう見られたい」という意図のもとに演じている人は、それがきっかけとなって物事が動いていきます。もちろんすべてが目論見どおりにいくわけではありませんが、能動的に頑張りたい人にとってはいいきっかけになるでしょう。

1ハウスの共通キーワード

「第一印象」

パッと見のイメージは？

外見から振る舞いまで、他人が目にするあなたの姿をあらわします。サインが獅子座であれば自信家に見られるでしょうし、天秤座であればスマートでおしゃれな人という印象を与えます。また星が入れば、それも第一印象にプラス。水星ならレスポンスが早く、金星なら美しさが引き立ち、土星なら控えめといった具合です。

「表面化する」

運勢読みでは転機になるかも

1ハウスの直前の12ハウスは、心の深いところにスポットライトが当たる時期です。変化が起きるとしても、心のなかで起こります。1ハウスに星が移動すると、それまで心の内にしまっておいたものがパッと浮上します。言葉が出てくる、笑顔になれる、意欲が出てくる。そうすることで、人間関係にも動きが起こるでしょう。

「変化する」

自分が変わることで周りも変わる

1ハウスに星が入っている時は、「人に与える印象」を変えていける時でもあります。金星であれば着こなしやヘアスタイルを変える、水星なら話す言葉を適切なものにする。外見や行動が変わると、接する人も「なんか今までと印象が違うな」「なんか新鮮……！」などと注目し、場合によっては態度が変わるでしょう。

「自分がやること」

やりたいことを軌道に乗せる

運勢読みで注目したいキーワード。月、太陽、金星、水星、火星が入ると、ここまで人に流され気味になっていたことを自分の手でやろうという覚悟が決まります。悩むだけ悩んで「よし！」と覚悟が決まるのがこの日、という人は多いでしょう。月以外の惑星は20日〜1カ月半ほど滞在するので、じっくり取り組めるでしょう。

2ハウス

「お金とスキル」の部屋

1ハウスで生まれた「自分」が最初に獲得する"モノ"が身体です。2ハウスの根源は、この「所有」にあります。モノを所有するためにはお金が必要です。お金を稼ぐためにはそれなりのスキルが必要です。そして何より、自分が必要なもの、欲しいものといった価値観をしっかりと持っていることが重要でしょう。これらのヒントを2ハウスが示してくれます。

2ハウスは主に金運を読む場所ですが、「星が入っている＝金運がいい」というわけでも、「星が入っていない＝金運がない」というわけでもありません。出生ホロスコープで星が入っていなくても、それは関心が少なめなだけ。2ハウスがスタートした地点にあるサインの支配星がどのハウスにあるかを調べれば、そのサインが管轄するものが金運に反映されると考えます。たとえば、出生ホロスコープで2ハウスのサインが射手座だとして、射手座の支配星である木星が3ハウスにあれば、旅行や出版の仕事で稼ぐと読み取れます。

2ハウスの共通キーワード

「価値観」

有意義な「所有」のヒント

何に魅力を覚え、手に入れたいと感じるのか。美を追求したいと思う人も、学びの機会を増やしたい人もいるでしょう。旅行やグルメだってありそうです。たくさんのモノがあれば満足するわけでも、お金を使えば嬉しいわけでもありませんね。消費や所有が有意義なものとなる価値観のヒントを、2ハウスが教えてくれます。

「資産の得方」

自分にぴったりの稼ぎ方を探ろう

一口に「資産を得る」といっても、「お給料をもらう」ばかりが方法ではありません。スピード勝負で稼ぐ人もいれば、ダブルワークが合う人も。2ハウスに木星が入っていれば資産運用で増やすことが好き。土星があれば堅実にコツコツ稼ぎます。水星があれば損得勘定重視。日々の運勢読みでもそうした傾向が反映されます。

「自分で稼ぐお金」

現実的な金運はここでチェック

金運は通常、2ハウスと8ハウスを見ます。家族などの他人が稼ぐお金を管轄する8ハウスに対し、自分が稼ぐお金を指すのが2ハウス。出生ホロスコープでは自分に合った仕事の分野がわかります。日々の運勢読みでは、ショッピング運や浪費傾向など稼いだお金を使うこと、収入アップにつながる仕事上のチャンスなどを見ます。

「スキル」

頑張った自分が得た"モノ"

所有する"モノ"のなかには、コツコツ培ったスキルも含まれます。能力が上がれば稼げる度合いも上がるので、2ハウスにおいて重視します。出生ホロスコープでは自分にしっくりくるスキルのヒントや身につけ方を読むといいでしょう。日々の運勢読みでは「経験が活かせる」「実力がついたことを実感する」などと見ます。

house astrology

3ハウス

「学びとコミュニケーション」の部屋

1ハウスで自分自身を認識し、2ハウスでそれを守るモノを手に入れました。3ハウスでは、外の世界に目を向けることになります。たとえば旅行や近所の人との交流、初等教育やコミュニケーションが3ハウスの管轄です。いきなりイタリアに行ったりせず、まずは日帰りで行けるような場所を見て回る。いきなり東大を受験するのではなく、ドリルをやる。

ある程度成熟した大人であれば「なんか幼稚だな」と思うかもしれません。月は約1カ月で12のハウスを巡ります。太陽なら1年です。そのたびごとに近所や初等教育に目を向ける必要があるのかなという印象もあります。私は思うのですが、子どもの視点に「その発想はなかった」と驚く時の気持ちが近いんじゃないかと思います。当たり前だと思っていた世界を、こんなにも面白い視点で“気づく”ことができる。いくつになっても、そんな視線が必要だということを、3ハウスは教えてくれるのではないでしょうか。

3ハウスの共通キーワード

「学習」

すぐに役立つ面白さ

学びを管轄するハウスは3ハウスと9ハウスです。9ハウスの学びが「すぐに役立つわけではないけれど、自分なりに追い求めたいテーマ」を扱うのに対し、3ハウスは「ベーシックですぐに活用できる学び」を扱います。語学や資格取得、ビジネス書を読むことなどが当てはまります。社会人なら、短期的な努力目標にしてもいいかも。

「情報」

身近な情報をサーチする

情報をどのように得るか、ということが3ハウスからわかります。出生ホロスコープで水星が入っていればインプットもアウトプットも積極的に行うでしょう。土星が入れば抑制的に、天王星が入れば珍しいジャンルに関心を抱きます。日々の運勢読みであれば、ニュースが入ってくるほか、「調べてわかる」ような可能性も。

「出会い」

行動範囲とともに友達の輪も広がる

身近な世界を広げようと学びを求めたり、出かけたりすることで人と出会います。出生ホロスコープであれば、友達づくりの傾向を読みます。日々の運勢読みであれば、趣味つながりで友達ができたり、人と活発に議論を交わしたりする人は多いでしょう。出会いといっても、恋が始まるほどではありません。あくまで友達レベルです。

「コミュニケーション」

どんなふうに、人とかかわる?

学びの機会を持ち、人と出会うことでコミュニケーションのバリエーションも学んでいくのがこのハウス。出生ホロスコープではコミュニケーションの傾向がわかるのですが、日々の運勢読みで使えます。「この時期は、こんなふうに人と接していくといい」というのがわかる、というのは強いはず。恋でも仕事でも、きっと。

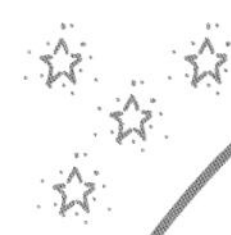

4ハウス

「土台となるもの」の部屋

どんなに素敵な場所に旅行をして、美味しいものをたくさん食べても、帰宅すれば「やっぱり家がいちばんホッとするなあ」と感じる――そんな経験はないでしょうか。ひとつ前の3ハウスは、外界と接するハウスでした。身の回りの世界について学び、さまざまな人と出会う。それは楽しいことですが、一方でちょっと疲れもします。人と接することは、多かれ少なかれ"外向きの自分"をつくって演じることだからです。4ハウスは、疲れを癒やしに帰る安らぎの場。飾らない素顔を出せるスペースであり、ここで自分らしさを再定義して次の5ハウスに向かいます。端的にいえば、4ハウスが管轄するのは家や家族、生まれ育った環境など。私が「土台となるもの」としたのは、単純に環境や場所と捉えてしまうと、このハウスの意味合いがぼやけるからです。家や環境は人の考え方の土台となり、人格を形成します。かたちのない、精神的な土台も、このハウスが管轄するテーマです。

4ハウスの共通キーワード

「ベースキャンプ」

自分が自分らしくいられる場所

外の世界で何があっても、ここに戻ればやっていける。そんな、ベースキャンプ的な場所が4ハウスのメインテーマです。家、自室、サークル、故郷など、「ウチではね〜……」と話し始めるようなところを想像してください。人によっては、会社やサードプレイス的なスポットが当てはまることも。ホッとする場所は、人それぞれです。

「理屈じゃない優しさ」

ここでなら、甘えてもOKな気分

身内でしか通用しないような甘えやワガママ、ちょっぴり身勝手な言い分も「ハイハイ」と聞いてもらえるような、安心して素の自分が出せることもこのハウスの管轄です。外の世界では通用しないような、理屈ではない気持ちを抱いて心の支えを求めたり、与えてもらったりします。主に、日々の運勢読みでそんな風味を加えます。

「仲よしチーム」

ココロでつながる仲間たち

「身内」と呼べるような人や、そうした人たちとの活動は4ハウスの管轄です。心許せる人と情のこもったやりとりをし、信頼と愛のもとにチームワークを発揮するイメージです。チームワークは11ハウスでも扱いますが、こちらは「個」の存在が際立ちます。それぞれに個別の能力を活かし合う、傭兵部隊といった印象です。

「原点・ルーツ」

「あの日の自分」が教えてくれる

4ハウスの精神的な意味合いを象徴するテーマに「原点回帰」があります。故郷や出自、出身校などの「ルーツ」や、「キャリアの出発点」という人もいるでしょう。初めてひとり暮らしを始めた土地、初めて仕事をした緊張感。「あの日の自分」が、人生のある地点でふと振り返った時、大切な気づきをもたらしてくれるのかも。

5ハウス

「ときめきと創造」の部屋

5ハウスは恋愛運を読むハウスですが、それはこのハウスが持つ意味のごく一部にすぎません。根本にある「創造」という意味合いを押さえておくと、それぞれの惑星がグッときらめきを増し、占いを活かしやすくなります。3ハウスで外の世界に触れ、4ハウスでその疲れを癒やして素の自分に戻ったあと、その"素"の部分を5ハウスで「個性」として表現する機会に恵まれます。あるいは、自分でそういう機会を求めるようになります。楽しいことをする、自分の意見を主張する、創意工夫をこらして生み出す——それらのひとつに、恋があるのです。「好きだよ」と伝えるのは、自分の気持ちを表現し、関係を創造していくことだからです。

ちなみに、生活のなかで必要なものを「作る」という作業は2ハウスが妥当。作るというスキルが重視されるからです。5ハウスでの「つくる」は「創る」。ワクワクする、ドキドキする、ときめく、夢中になるといった感覚が伴うことです。

5ハウス の共通キーワード

「恋愛」

胸のときめきを創造に変える

「好きだよ」というのは自己表現、唯一無二の関係を創り出していこうとするのは創造です。デートや愛情表現としてのセックス、刺激を求める駆け引きなどもここに入るでしょう。ちなみに、結婚は7ハウス。5ハウスはあくまで「ときめき」のフェーズです。ときめきを感じない、条件のみで相手を選ぶ行為は7ハウスでしょう。

「趣味・娯楽・レジャー」

夢中になれる自己表現

考えるだけでワクワクが止まらない、夢中になれること。ずっと飽きずにやっていられること。生産性など追求せずに、ただ楽しみのためだけにやっていることは、5ハウスの管轄です。小説を書いたり、楽器を演奏したり、イラストを描いたり……4ハウスまでで培った能力や知識を紡ぎ合わせて、ここで個性として表現されます。

「クリエイティブな仕事」

寝食を忘れて夢中になれること

アートや音楽の才能は5ハウスの管轄です。そのほか、好きで好きでしかたがないことを仕事にした人は、ここに星が入ると活躍にブーストがかかります。それを単なる作業と考えていれば6ハウス、キャリアと考えていると10ハウス。仕事であっても時間を忘れて夢中になるくらいのクリエイティブワークが、5ハウスなんですね。

「子ども」

家族に焦点が当たる

5ハウスでは子どもに関して、お楽しみが増えたり向き合うべき課題が生まれたりします。これは、4ハウスで家や家族に焦点が当たった次の段階が5ハウスだから。「子どもは親が創造するものだから」というのはいささか親の所有物のようで抵抗がありますが、いずれにせよ子どもに関して、思い出がたくさん生まれるでしょう。

「調整」の部屋

自己表現を管轄する5ハウスと、他者との関係を管轄する7ハウス。真逆のものをつなぐ位置にある6ハウスは、意味合いもズバリ「調整」です。細やかに目を配り、メンテナンスを怠らず、大きな飛躍ではなく日常を続けていくために力を尽くすのです。人間は社会というシステムのなかで生きる存在です。思うがままに自分でいる、とことんワクワクを追求する5ハウスのあと、システムに合わせて調整を行い、人と対峙する。このプロセスをすっ飛ばすと、普通に生きているつもりなのに怒られる、衝突するといったことが多くなるのかもしれません。

さて、仕事や健康、役割などにおいて調整を試みる時、何をもって「ちょうどいい」とするかは自分で決める必要があります。明確にルールが決まっていることでも、自分のなかでOKを出すのは自分なのです。そうした意味で、6ハウスに惑星が巡る時期は何らかのかたちで「ちょうどいい」を真剣に考えることになるでしょう。

6ハウスの共通キーワード

「健康」

自分の体は、自分が調整する

健康は6ハウスの大きなテーマ。歯を磨き、体を洗い、栄養バランスと睡眠に気をつける。調子が悪ければ休んで様子を見る。ほぼ習慣化しているため、気に留めることも少なくないかもしれませんが、自分が健やかでいるためのルールをいくつか考えておくのもいい選択です。同じ健康でも、メンタル面は12ハウスが管轄します。

「仕事」

日々丁寧に、続けていく仕事

会社でのルーティンワークや家事といった、当たり前の日常を維持するために必要な作業は6ハウスの管轄です。こまめに目を配り、足りないものを補充して、一定の状態を保つ。効率化、ワークライフバランスもこの範疇でしょう。同じ仕事でも「成功」「活躍」といったキャリアに関することは、10ハウスの管轄となります。

「義務」

課せられた役割に責任を持つ

自分が果たすべき役割を、きちんとやり抜く。6ハウスにはそうした意味合いがあります。たとえば飲み会の幹事、学園祭の会計係。自他を調整して任務をまっとうする人間になることで、人から信用されるのです。義務はつまらない、嫌なものというイメージもあります。でも、自分を生きやすくするためのものでもあるのですね。

「人のためにすること」

優しさは調整があってこそ

「この人のために、何かしてあげたい」という奉仕の気持ちをあらわします。人のために動こうとする時、「あなたのためを思って」という主観ばかりではたいてい、ありがた迷惑になったり相手を甘やかしたりしがちです。自分の思いと相手の思い、自分の都合と相手の都合。そうしたものをすり合わせて「調整」することを模索します。

7ハウス

「人とかかわること」の部屋

12ハウスには複数の分類方法があります。「個人・対人・社会」と3つずつレベルアップしていく分け方、「アングル・カデント・サクシーダンス」とサインのクオリティ（3区分）と同様に分ける方法。なかでもザックリしたものは、1〜6ハウスを「プライベートな活動」、7〜12ハウスを「オフィシャルな活動」とする分け方。そう、6ハウスで個人を“調整”したあとは、ハウスをめぐる旅はグッと広がり、他人とのかかわりが軸となります。7ハウスはオフィシャルな活動の最初の段階であり、一対一で向き合う他人にスポットライトが当たります。

さて「人とかかわる」というのは、いったいどういうことでしょうか。普段から当たり前のように周囲には他人がいるので、改めて考えるきっかけはあまりありませんが、7ハウスでは「相手を理解し、対等な関係を結ぶ」「相手の目を通して自分を再発見し、成長する」などと考えます。そこを押さえると星のきらめきが読み取りやすくなります。

7ハウスの共通キーワード

「契約・約束・結婚」

合意し、協力して関係を築く

人と向き合い、話し合って合意を得る。「契約」というと堅苦しいですが、約束はまさにこのハウスの管轄です。また、人生のなかでも大きな「契約」は、結婚です——と言ってしまうと、いささかロマンに欠けるかもしれませんが、5ハウスのときめきだけで結婚生活は続きません。婚姻届を出すのはまさに「契約」なのです。

「パートナーシップ」

信頼を基盤につながっていく

6ハウスで培った信頼をベースに、一対一の対等な関係を築いていくのが7ハウスです。恋人や配偶者との関係をよくするカギや、ビジネスパートナーとの関係など、ヒントとなる部分が多いでしょう。相手によっては、次の8ハウスでさらに濃い関係を築いていくことになります。その場しのぎでない関係づくりが求められます。

「交渉・商談」

どう動けば、うまくいく？

日々の運勢読みでは、交渉や商談など、利害が異なる相手とのやりとりの場が生じることをあらわします。難航するのか、うまくいくのか。論理的に話を進めるのがいいのか、アイデア勝負でいくか。入る星や星同士のアスペクトによって、そうした傾向を読み取ります。出生ホロスコープではパートナーにふさわしい人がわかります。

「人間関係全般」

社交の場でベストな行動は？

個々の関係性だけでなく、人とのかかわり方や、かかわる機会の多さを指すこともあります。どのように振る舞うべきなのか、うまくいかないならばどう解決するか。星が多く集まればその時期は人と会ったり印象的な出来事が起こったりするでしょうし、出生ホロスコープであれば人間関係に重きをおく人と読むといいでしょう。

8ハウス

「他者から受け継ぐもの」の部屋

7ハウスでかかわりを得た他人と、さらに絆を強めるフェーズに入るのが8ハウスです。ここで扱うテーマは、「他者から受け継ぐもの」全般。血縁関係や就職した企業など、限られたコミュニティのなかで「次は、あなたに」と受け取り、力を受け継ぐもの。家族が稼いだお金や、相続した遺産。命をつなぐという意味合いから、結婚生活や子どもをつくるためのセックスも8ハウスです。出生ホロスコープで8ハウスに何らかの星が入る場合、人から受け継いだものをキーに人生が動くのかもしれません。生活や思考パターンがそれまでの自分とはがらりと変わり、新たな人生が始まるような気持ちをもたらします。

日々の運勢においては、もう少し軽めの意味を持つでしょう。周囲の誰かがたゆまぬ努力で維持してきたポジションや、試行錯誤を重ねて編み出したノウハウ。そうしたプライスレスな何かがキーとなります。金銭的なサポート、昇進のオファーなどにも関連します。

8ハウスの共通キーワード

「アドバイス」

無形のギフトの最たるもの

ベテランの人からのアドバイスやおすすめは、かたちこそないものの素晴らしいギフトです。主に日々の運勢読みの際、ポジティブな意味を持つ星が巡った時は意識して耳を傾けてみるといいでしょう。ただし、受け入れるかどうかの選択権は、あなたにあることを忘れないで。また、納得できるまでにはタイムラグがあることも。

「他人のお金」

自分の一存では動かせないお金

お金は2ハウスの管轄でもあります。ただ、2ハウスが「自分で稼いだお金」であるのに対し、8ハウスの管轄は他人のお金。家族が稼いだお金や家族名義の保険、貯金など、自分にも権利はあっても勝手に使えるわけではないお金です。8ハウスに星が巡ることでそれらを使ったり、整理したりすることになります。

「相続・遺産」

次世代にもつないでいくもの

「他者から受け継ぐもの」の意味合いがストレートに出るのが相続です。財産に遺言、不動産、先祖代々続いてきた商売など形はさまざま。ちなみに、「受け継ぐもの」は、喜ばしいものばかりとは限りません。巡ってくる星によっては借金に代表されるような、はた迷惑なものを受け継ぎ、対応を迫られることもありそうです。

「セックス」

人との深いかかわりの「次」

家族などクローズドなコミュニティにおける深いかかわりを象徴する8ハウスでは、他者から何かを受け継ぐばかりでなく、自分もまた次世代に受け継いでいくことを示します。よって、親から受け取った命を次世代に受け継ぐ生殖のためのセックスは8ハウスの管轄。5ハウスの、愛情表現としてのセックスとは分けて考えます。

9ハウス

「精神的成長」の部屋

7ハウスから8ハウスにかけて、人と深くかかわり、大切なものを受け取ったり学んだりしてきました。この段階で、対人関係における"仕込み"はいったん終了。学んだこと、受け取ったものをぎゅっと抱きしめて、もっと広い世界に飛び出すのが9ハウスです。ここから12ハウスまでは、社会のなかで自分を探求していきます。

9ハウスは従来、「旅のハウス」と呼ばれてきました。実際に、出生ホロスコープで9ハウスが強調されている人は旅好きだったり、ひとつの場所に居着かなかったりします。9ハウスが強調されていても旅を好まない人は、「本の虫」と呼ばれるような読書家だったり、いつも思考実験に興じている浮世離れした人だったり、「脳内の旅」の旅人だったりします。人は自分が知っている範囲内でしかものを考えることはできません。今と同じ場所にいては、成長も限定的なのです。9ハウスでは、そうした成長を促す意味合いでの旅が、根底にあります。

9ハウスの共通キーワード

「精神的な成長」

じっくり向き合い、考えるテーマ

たとえば金星が巡れば、愛を通して精神的に成長をとげる。太陽が巡れば「いかにして生きるべきか」を日々、探求する。わからないことを探求するのは面白いことですが、苦痛がないわけではありません。9ハウスに星が巡った時は、「今はこれが成長の課題なのだ」と思ってみると、人生もしのぎやすいものとなりそうです。

「哲学」

本を手に取るのもよさそう

人生の意義とは何か。愛とはどういうものなのか。そうした、正解のない問いが9ハウスのテーマ。個人の狭い世界を飛び出して人とかかわり、視野を広げ、自分なりに答えを見つけていくしかありません。そうした意味で、哲学の本に手が伸びたり、学びの機会を得ようとしたりすることも多いでしょう。名著にヒントがあります。

「高度な学び」

自ら問いを立てて探求する

対岸の3ハウスにおける学びは基礎的な学びですが、9ハウスの学びは高等教育です。大学や大学院のほかプライベートにおける探求まで、さまざまなものがあるでしょう。「それを学んで、いったい何に役立つの？」と聞かれても、答えが見つからないことも多いでしょう。役立つから学ぶのではなく、学びたいから学ぶのです。

「自分とはかけ離れた人」

まわりの人が、最良の教科書

今の自分とはかけ離れすぎて、なかなか想像が及ばないものは9ハウスの管轄です。いわゆる「雲の上の人」であるとか、「住む世界が違う」と感じる相手です。自分とはまるで違うバックグラウンドの人とご縁ができたり、思わぬ場所で異文化交流の機会が生まれたりすることもあるでしょう。そこから、精神的成長をとげます。

house astrology

10ハウス

「社会における目標」の部屋

対岸の4ハウスの意味に「居場所」というものがありますが、10ハウスにおいては「社会での居場所」を見つけていくことがテーマとなります。集団のなかでどういう人だと認識されたいのか、どんなジャンルで貢献したいのか。そうした目標を管轄するのが10ハウスです。出生ホロスコープでいえば「生涯を通じて追い求める目標」で、自分の使命や生きがいといったことにもつながってきますが、たとえば約1年間滞在する木星が巡ってきた時は、「その年の目標」とするなど、星の公転期間によって目標の規模感を調整するといいでしょう。そんなに頻繁に「人生の目標」を考えたり、変えたりするのも落ち着かないものです。

日々の運勢読みでは、9ハウスで「生きるとは」「仕事とは」とあれこれ抽象的に考えたことが、10ハウスで目標として活かされます。そう考えると、9ハウスでどこまで視野を広げられるかが、仕事の発展にかかわっているのかもしれません。

10ハウスの共通キーワード

「キャリア」

キャリアマップをいかに描くか

就職して組織の一員となるか、フリーランスで働くのか。どんな分野を目指すのか、最終的にどんな立場になりたいか。出生ホロスコープでは自分に向いた仕事がわかりますが、日々の運勢読みで10ハウスの星を役立てると、キャリアプランが見えてきます。今のスキルと体力で、どんな役割を目指すといいかを判断できるのです。

「野心と名誉欲」

欲があるから、頑張れる

人を踏み台にしてでも出世したい、なんとしても成功して高い地位を手にしたい。そうした野心や名誉欲を管轄するのが10ハウスです。他人を犠牲にするのはいささか乱暴すぎる発想と言わざるを得ませんが、もう少しマイルドにすれば「向上心」や「やる気」として運用できるのでしょう。程よく活かしていきたいテーマです。

「成果」

どんな成果を上げるべきか

仕事で認められ、地位を得るためには、ただ「言われたことをやる」のでは不十分です。自分なりに課題を見つけて目標を立て、きちんと成果を出していくことが欠かせないでしょう。そうした意味で、日々の運勢読みでは巡ってくる星により「成果」を意味することがあります。その時々で求められるものがここでわかります。

「転職・独立」

チャレンジに有利な風が吹く

日々の運勢読みでは、ここに星が入ることで転職に前向きなチャンスが巡ってきたり、一念発起して独立にチャレンジしたりと、大きな飛躍の一歩を促されます。環境を変えて頑張りたいと思っている人にとっては、いい転機にできるはず。「来年は木星が巡ってくるから、それまでは現状維持でいよう」などと計画的に使うのも◎。

11ハウス

「皆で描くビジョン」の部屋

社会に出てみると、思いもよらない発想の仕方をする人と出会います。自分にとって都合のいい考え方しかしない人、ズルや不正をはたらく人。もちろんほとんどの人が“まっとう”なのですが、いろいろな人と折り合いをつけてやっていかねばなりません。そうした、社会における経験の次の段階が11ハウスです。仕事でさんざん苦労しているのだから、オフは気が合う仲間と過ごしたい。そしてできれば、未来もよくしていきたい。11ハウスが管轄するのは、そうした仲間の存在や将来のビジョンです。

仕事であれば「これをやって何の役に立つか」「どのくらい利益が出るか」を考える必要がありますが、11ハウスが管轄する活動はそうした制限はありません。そのため、ある意味「理想主義的」「夢見がち」といった傾向もあるかもしれませんが、フラットなつながりはかけがえのないものといえるでしょう。周囲の優しさを素直に受け取るのも、11ハウスの管轄です。

11ハウスの共通キーワード

「友人、仲間」

気が合う仲間と、皆で頑張る

ひとことで言えば「ヨコのつながり」です。ひとりで頑張れることの限界はもう過ぎて、ここからは皆で未来のためによいと思われることに関心が向くのです。同僚や友人など共通のビジョンを持った人たちとどんなスタンスで関わるか、何をするかといったことをあらわします。目的はなくとも、なぜか会いたいと思う人たちです。

「未来」

よりよい「これから」のために

未来は、まだ手にしていない「可能性」です。出生ホロスコープでは、ここにどのような星が巡っているかで、未来についてどのようなイメージを持っているかがわかります。悲観的ならまずはプロセスを具体化する、楽観的すぎるならリスクヘッジをきちんとするなど、よりよい未来にするためのヒントとして読み解くことができるでしょう。

「仲間と目指す夢」

長期的な視点で未来のために

いくら長生きをしても、陰鬱で誰もが不満を抱えているような未来では、心寂しいものです。11ハウスでは周りと協力して、よりよいビジョンを描いて行動に移すことにスポットライトが当たります。たとえばボランティアで子どもたちに何かを教えるとか、スポーツイベントを実施して皆の健康維持に役立てようとしたりします。

「IT」

テクノロジーの力でつながる

SNSでいろいろな人とつながったり、AIを活用したり、テレビ会議システムで仕事や勉強をしたりと、最新のテクノロジーはこの11ハウスの管轄です。12ハウスにも「インターネット」という意味合いがあるのですが、つながりの部分が強調されます。11ハウスの場合はよりテクノロジーの力を活用する、という意味合いになります。

house　　astrology

12 ハウス

「かたちのないもの」の部屋

誰しも秘密や他人には見せたくない部分を持っています。そして、意識というものはすべて認識できているとは限りません。自覚のないコンプレックス、トラウマなどというものは、いつ表にあらわれるか予測もつかないのです。ある意味、1〜11のハウスでは意識せずに取りこぼしてきた、大事なことが12ハウスに集まってくるのでしょう。

12ハウスが扱うのは、今はかたちを持たないものたち。目に見えない、手で触れることもできないものは、どう扱っていいかわかりません。それゆえに、12ハウスに星が巡っていてもなかなかその働きに気づけなかったり、活かせなかったりするといわれています。

ただ——私は思うのですが、自分の気持ちを「わからない」と思ってしまっては、終わりなんですね。12ハウスのところにあるかもしれない。これから出てくるかもしれない。そうやって自分の心に目を向ける時、12ハウスはそっと暗闇のなかから、何かを教えてくれます。

12ハウスの共通キーワード

「心の声に耳を澄ませる」

どんな気持ちも、「ほんとう」だから

人には言わないけれど、強く思っていること。悲しいよ、つらいよという本音。かたちはありませんが、目をそむけていれば強いストレスが生まれます。それらに目を向け、行動に移すのが12ハウスです。自分なりに折り合いをつけることで、ストレスを低減することもできます。それゆえ「救済」という意味も12ハウスの管轄です。

「インスピレーション」

ピンとくる感覚に注目したい

理屈や計算で考えてもなかなか出てこないような心の動きも、12ハウスの管轄です。たとえばひらめきや気づきといったもののほか、「なんかピンときた」という直感も、12ハウスのテーマに当たっています。オカルトやスピリチュアルなテーマ、神秘的なものに惹かれる人は多いのですが、流されない意識は必須となるでしょう。

「バーチャルなつながり」

たやすく「誰か」になれる

「インターネット」という意味合いは11ハウスにも出てきましたが、12ハウスの場合はインターネットがもたらす「匿名性」に目が向きます。本来の性別、名前ではできない秘密の活動をしたり、匿名だからこそ他人と本音でつながれたり、といったことが強調されます。目に見えない場所だからこそ、イキイキと輝けるのです。

「過去」

前へ進むために、振り返る

12ハウスを巡る旅は、ここで終わりではありません。最後まで来たら、次はまた1ハウスから「はじまり」となるのです。私たちがどうあがこうが星はとどまることなく場所を移していきますが、1ハウスはかつての1ハウスではなく、成長した自分としての「はじまり」があります。過去を総括し、前に進む準備をしましょう。

それぞれのハウスに太陽が

	総合	恋愛
1ハウス	苦難に負けない、信念を抱く、 自分を貫く、強い意志を持つ	チャームポイントが生きる、 独自の個性が輝く、等身大の魅力
2ハウス	経済的地盤がある、保守志向になる、 ライフスタイルにこだわる	支配的になる、安定を求める、 ぜいたくなデートをしたがる
3ハウス	好奇心を発揮する、フットワークが軽い、 社交的に振る舞う	刺激を好む、フランクに誘う、 会話を楽しむ、趣味を共有する
4ハウス	家族を大事にする、身内意識が強い、 家庭的、ルーツを探る	おうちデート、自分の価値を相手に投影、 早くに結婚を意識した交際
5ハウス	自信がある、自己表現を求める、 カリスマ性、注目を集める	自分をアピール、グイグイ引っ張る、 恋をリードする、モテる
6ハウス	人に尽くす、慈愛の心を持つ、 サポートに回る、フォローする	相手を立てる、優しく尽くす、 思いつめやすい、完璧な恋人像
7ハウス	パートナーシップ、 相手との関わりで自分を知る、親密な関係	結婚を意識する、玉のこしに乗る、 相手の出世を手助け、内助の功
8ハウス	神秘を好む、何かを継承する、 遺産相続、オカルトへの興味	ミステリアスな魅力、 結婚後に現実と直面する、宿命的な恋愛
9ハウス	理想を探求、哲学への関心、 海外志向を持つ、壮大なビジョン	ともに夢を追う、国際恋愛をする、 知的な議論、二人で旅行する
10ハウス	社会的地位を築く、キャリア重視、 成功を求める、権力志向	仕事のために恋が犠牲に、建設的な関係、 メリットを意識した交際
11ハウス	友人と集う、ネットワークを築く、 自立心がある、人脈を育む	友人からの紹介、グループ交際、 友達から発展、一人の時間を守る
12ハウス	潜在的な願望、直感的になる、 孤独を好む、人に奉仕する	無意識の依存、相手にのめり込む、 精神的な絆、秘密の思い

あるときの読み方キーワード

仕事	お金
リーダーシップを発揮、独立志向、やりたいことをやる、起業家	実力で稼ぐ、お金が入る仕組みをつくる、マネタイズ重視、資金計画
経済的安定が大事、目上の人からのサポート、お金になる仕事	収入にこだわる、ぜいたくを好む、財を成す、才能を生かして稼ぐ
フットワークが軽い、情報のアンテナを立てる、コミュ力を発揮	人づき合いにお金をかける、流行に飛びつく、新しいものを買う
居心地のよい職場、組織の中に居場所を見つける、仕事仲間を守る	身内にお金を使う、家族に還元する、親に通帳を管理してもらう
リスクを恐れない、趣味を仕事にする、責任を回避、挑戦したがる	見栄っ張り、遊びに散財する、大胆な投資、お金の出入りが激しい
組織で働く、尊敬できる人を支える、参謀的役割、黒子に徹する	堅実に貯金する、健康にお金をかける、パートナーのために倹約
ビジネスパートナーとの関係、協力して働く、人と力を合わせる	相手の金運に左右される、お金持ちと結婚、契約や商談がまとまる
家族経営をする、親族の会社を継ぐ、プロジェクトを引き継ぐ	遺産相続、土地財産、金銭的サポート、家族単位でお金をとらえる
未知の分野に挑戦、開拓者になる、海外に赴任する、転職が多い	金銭感覚が異なる土地、現実が見えない、海外で働くことを目指す
出世する、評価を気にする、野心を持つ、組織で頭角をあらわす	昇進で収入が上がる、晩年に財を成す、給料がモチベーションに
気の置けない仕事仲間、価値観やビジョンの共有、公私を区別する	収入にこだわらない、好きなことで稼ぐ、楽観的な金銭感覚
秘めた才能、一人でできる仕事、集中力がある、引き立てられる	直感で金脈を当てる、ネットビジネスで稼ぐ、ひそかに副業する

それぞれのハウスに月が

	総合	恋愛
1ハウス	感受性が強くなる、直感で判断する、豊かな感情表現、内面を表現	まっすぐに愛を伝える、美しさが開花、純粋な愛、素直な気持ち
2ハウス	経済面が潤う、物質的満足感を抱く、収入の安定が精神の安定に	独占欲、相手を支配する、お金が基盤にある恋、プレゼントをする
3ハウス	社交を楽しむ、孤独を嫌う、会話に喜びを感じる、影響を受ける	相手を振り回す、移り気になる、刺激的な恋、出会いを求める
4ハウス	家庭に安らぎを見いだす、母親に甘える、家族をいたわる、童心に帰る	恋が癒やしになる、同棲する、部屋に呼ぶ、身内や仲間に紹介
5ハウス	みんなに好かれる、喜怒哀楽がわかりやすい、ドラマチックな演出	ドラマのような恋、サプライズを好む、恋多き人と言われる
6ハウス	ストレスを抱える、神経過敏になる、心身に疲れが出る、奉仕する	相手の健康をいたわる、恋の悩みがメンタルに影響、奉仕する恋
7ハウス	相手の心を察する、結婚願望が高まる、気疲れして不安定になる	恋人に合わせすぎる、相手の色に染まる、結婚を意識した恋愛
8ハウス	リスクを好む、過去にとらわれる、目に見えない心の絆を重視	本能的になる、運命の赤い糸を信じる、魂の伴侶、刺激がある恋
9ハウス	未知の世界を夢見る、内面世界を追求、海外からの影響、自分探し	束縛が苦手、特定の相手に落ち着かない、外国人との恋、高嶺の花
10ハウス	生きる意味を探る、野心を抱く、使命感を持つ、他人を意識する	社会的に成功してモテる、自信が魅力になる、目上の相手との恋
11ハウス	仲間意識を抱く、友人を大事にする、友情イコール愛情と考える	相手にわがままを言う、恋人よりも友達重視、恋人に甘える
12ハウス	デリケートな心、自己の世界に生きる、甘えたがる、仲間に依存	本音を言わない、我慢する側に立つ、危険な恋に逃避、不倫願望

あるときの読み方キーワード

仕事	お金
楽しんで働く、カンが冴える、部下の面倒を見る、後輩に慕われる	「好き」をお金に変える、部下や後輩に援助、引っ越し資金を得る
引き立てられる、出世する、人と関わる仕事、評価が上がる	経済状況が落ち着く、物質的安定感＝心の安定感、贈り物をもらう
取引先を開拓、話術を仕事に生かす、すぐに動く、困難にめげない	収入が不安定でも楽観的、きょうだいや親戚からの援助、流行モノを買う
アットホームな職場、私生活が仕事に影響、地元で就職する	家族でお金を共有、不動産事業でもうける、投資用マンション
クリエイティブな仕事、モノづくりをする、やりがいを重視	趣味にお金を使う、高価な嗜好品、見栄のための出費、享楽的
仕事が心の支えに、手に職をつける、ワーカホリック、資格取得	募金する、困っている人に貸す、健康グッズを買う、節約する
公私があいまいになる、仕事よりも家庭が大事、仕事で気を使う	結婚資金をためる、体面のためのお金、配偶者がお金を管理する
ルーティンワークを嫌う、あえてリスクを取る、不動産事業	身内や友人の遺産をもらう、過去の借金を清算、奨学金を返す
海外に関わる仕事、旅行ビジネス、やりたい仕事を模索する	納得がいく投資や運用を考える、夢にお金を投資、外貨を買う
天職を見つける、転職する、成功者としての振る舞い、異動する	出世して給料アップ、転職で収入が上がる、生涯資産が高い
みんなを取りまとめる、社会的なネットワーク、人脈を大事にする	交際費がかさむ、コミュニティでお金を回す、お金もうけは二の次
仕事が手につかない、休み時間が大事、単独作業が好き	へそくり、慈善団体に寄付する、子育てにお金を使う

それぞれのハウスに水星が

	総合	恋愛
1ハウス	他人の言葉に敏感、言外の意味を察する、言いたいことを言う	はっきり愛の言葉を言う、チャームポイントを持つ、真摯な告白
2ハウス	お金を回す、人におごる、スポンサーとしての立ち位置を取る	高スペックな印象、お金が自信になる、プレゼントで歓心を買う
3ハウス	社交性が活性化、一人よりも大勢で、人との会話が盛り上がる	言うことがコロコロ変わる、目移りする、相手についてリサーチ
4ハウス	家族とのコミュニケーション、安心して話す、身内の悩みを聞く	優しい言葉をかける、いたわり合う、仲間に恋人を会わせる、思いやり
5ハウス	集団の人気者になる、尊敬される喜び、喜怒哀楽を言葉に出す	ドラマのような演出、恋愛ネタで盛り上がる、自分語りしがち
6ハウス	人の言葉に過敏になる、疲れて無口になる、言葉を悪いほうに取る	アドバイスをする、相手を心配する、真心を込めて説得する
7ハウス	相手に合わせて言葉を選ぶ、まずは話してみる、リアクション上手	相手の言葉に同調、好みに合わせる、結婚話を進める、お見合い
8ハウス	謎かけを好む、かつての会話を思い出す、深く踏み込んだ会話	欲望をむき出しにする、刺激を欲しがる、相手を深く知りたがる
9ハウス	外国語を学ぶ、英会話を習う、遠方の人とつながる、国際交流	オープンな愛の表現、物おじしない、旅先で出会った人との恋愛
10ハウス	緻密な計算による会話、使命を伝える、メッセージを受け取る	礼儀正しい振る舞い、親しき仲にも礼儀あり、堅苦しい恋、誠意
11ハウス	友人と遊ぶ、仲よくなる、仲間を第一に優先する、親友ができる	恋人を置いて遊びに行く、言葉で丸め込もうとする、フランクな恋
12ハウス	言葉の端々に気を使う、無言が苦にならない、言葉が見つからない	恋心を隠す、誰にも言えない恋、既婚者からの誘惑、恋愛に依存

あるときの読み方キーワード

仕事	お金
ビジネス会話がさえる、会話の中にアイデアが、後輩の悩みを聞く	お金へのモチベーション、困った人を援助する、自分らしい使い方
目上の人の話、営業トークに磨きがかかる、信頼の置ける交渉	マネープランを立てると◎、将来への先行投資、計画的な貯金
何事もすぐ動く、マメな業務連絡、幹事になる、取引先に好かれる	クチコミを見て参考にする、スポンサーがつく、話題の商品を買う
温かい職場、家族的な雰囲気、親身に相談に乗る、公私を分けない	家族に仕送りする、お小遣いをもらう、親きょうだいに借金する
カリスマ性を発揮、みんなをリード、先頭に立つ、意欲的に働く	新築の家を購入、高級車を買う、成り金趣味、お金をみせびらかす
仕事仲間を支える、仕事の悩みを聞く、資格についての勉強	寄付する、健康にお金を使う、ファイナンシャルプランナーに相談
交渉・相談事が多い、バランス感覚、対話によって結論を出す	夫婦の金銭感覚をすり合わせる、お金のために共働き、家族計画
先輩の仕事を引き継ぐ、危険な仕事に飛び込む、親の会社を継ぐ	相続について話し合う、生前贈与される、過去の恩返しを受ける
外国人との会話、外国語を使う仕事、海外の情報にヒント	夢のための貯金、外貨預金をする、外国株式、理想を大切にする
座右の銘を心に刻む、教訓を生かす、頭を使う、事業計画を考える	現実的な資金繰り、キャリアに比例した収入増、お金のための転職
公平に判断する、仕事上のつながり、チームワークが高まる	レジャーや飲み会への出費、接待費がかさむ、友達におごる
人との会話を避ける、仕事に没頭する、専門性のある意見を言う	タンス預金、宝くじが当たる、教育にお金をかける、お小遣い帳

それぞれのハウスに金星が

	総合	恋愛
1ハウス	激しい好き嫌い、持ち前の魅力が輝く、出会い、自分の美しさ	劇的な恋愛、恋敵の出現、理想の恋、愛されること、注目を浴びる
2ハウス	お金や収入に関すること、価値観や性格、人脈、経済的基盤	相手のスペックが気になる、プレゼントや贈り物、精神的な交流
3ハウス	バランスのいい時期、穏やかな話し方と説得力、知性的	友情から始まる恋愛、異性の友達、魅力的なコミュニケーション
4ハウス	たくさんの愛情を得る、居心地のよさ、母親や母親的な人物	家族愛、結束感、幸せな家庭、家族に恋人を紹介、おうちデート
5ハウス	芸術的な視点、やりがいや楽しさの中で輝く、人と一緒に楽しむ	流行に敏感、恋に没頭しがち、自分から行動を起こしてうまくいく
6ハウス	自分の体をケアする、ボディメイクする、健康を意識する	相手への思いやり、包容力のある恋、我慢強い、社内恋愛
7ハウス	コミュニケーション能力に優れる、良好な人間関係、人間的な成長	言い寄られる、愛され上手、相手に依存しやすい
8ハウス	積極的、人によって態度を変える、目に見えないものを大切にする	深い愛情、愛するより愛されたい、性的な魅力、嫉妬、秘密の恋
9ハウス	精神性、教養や文化、海外志向、広く浅く取り組む	恋愛の理想が高い、高スペック、お互いに成長し合える恋
10ハウス	強い上昇志向、マルチな才能、人に愛される性格、悩みが多い	誰からも好かれる、仕事での出会い、尊敬の気持ちが愛に変わる
11ハウス	異性の友人をつくりやすい、気心の知れた仲間、グループに所属する	共通の趣味、SNSやマッチングアプリ、お互いを高め合う関係
12ハウス	美意識が高い、秘密主義、スピリチュアルな考え方、見えない才能	友達を好きになる、恋のアシスト、不器用になりやすい、執着

あるときの読み方キーワード

仕事	お金
正義感、責任感、 大きなプロジェクト、大役を任される	外見を磨くための投資、 ファッション・コスメにお金をかける
プレゼンや交渉、納得感のある仕事、 美的センスを活かすと◎	安定した収入、趣味に浪費する、 ショッピング運◎、価値のあるもの
文化や歴史に触れる仕事、調整上手、 グループの裏のまとめ役	旅行や出張、センスのいい買い物、 情報にお金を使う
女性の上司や同僚、献身的なサポート、 個よりも集団	不動産投資、掃除グッズを買う、 新しいインテリアや家具・家電を購入
芸術に関わる仕事、クリエイティビティ、 刺激重視、不真面目	投資や資産運用、副収入、 豪快な出費、趣味や交際費がかさむ
ムードメーカー、お金を扱う仕事、 職場環境が大切、クッション役	趣味がお金に、周囲からの金銭援助、 経済的豊かさを重視する
人脈で仕事を得る、フリーランス、 手に職をつける	成果型の収入、自分なりの生活スタイル、 結婚による経済的安定
結果よりも過程を大切にする、 心理学を使う仕事、安定志向	困った時に助け船がくる、 遺産運、手堅い資産運用
報酬にこだわらない、人助けや奉仕の精神、 法律関係の仕事	外国株や為替、NFT、 新しいものに価値を見いだす
きらきらとしたチャンス、 子ども心・遊び心を楽しむ、地位や名声	目上の人からの援助、お金には困らない、 一獲千金のチャンス
意識の高い職場、ベンチャー企業、 社会を変える仕事	趣味にお金を使う、先行投資、 交際費、贈り物やプレゼント
フリーランスや起業、静かな仕事環境、 独自のルール	目の保養にお金を使う、貯蓄、 占いや神仏参拝、メンタルケアにお金を使う

それぞれのハウスに火星が

	総合	恋愛
1ハウス	意欲的な性格、行動力、エネルギッシュ、勇気がある、敵をつくりやすい	勝ち気な性格、頼られやすい、ケンカが多い、情熱的なアプローチ
2ハウス	せっかち、勝負師、気が大きい、計画よりも直感で動く	相手のファッションや行動に口を出す、独占欲がある
3ハウス	負けず嫌い、フットワークが軽い、情熱的な思想、トラブルが多い	情熱的な愛情表現、言葉よりも行動で示す、恋人とのケンカ
4ハウス	モチベーション、不満や怒り、幼少期のトラウマや家庭環境	内弁慶、恋愛は苦手傾向、素直になれない、癒やしを求める
5ハウス	楽しむことに真剣、攻撃性や闘争心、鋭い洞察力、挑戦する心	熱しやすく冷めやすい、ドラマチックな恋を求める、浮気心
6ハウス	エネルギッシュ、仕事に生きがいを感じる、プライドが高い	恋愛よりも仕事優先、年下の相手、相手に誠意を求める
7ハウス	人間関係、存在感がある、ライバルの出現、衝突を恐れず物を言う	スピード婚、夫婦ゲンカ、雨降って地固まる、仲直り
8ハウス	心理学、オカルト、支配欲、恋人や家族に対する独占欲	怒りや相手への不満がくすぶり続ける、秘密の恋が始まる
9ハウス	未知のものへの挑戦心、知的好奇心、特化された野心	海外旅行中の出会い、「落とす」発想、何かに熱狂する
10ハウス	不屈の精神、プライドの高さ、縛られたくない、キャリアへの情熱	キャリアや仕事観の違いで衝突する、方向性の違いが発覚する
11ハウス	リーダーシップ、仲間意識、集団行動、強い意志、反骨心	口ゲンカ、別れ、復縁、対等な立場、結婚前提の交際
12ハウス	攻撃的な性質、不満を抱える、心の奥底の闘争心、とっさの判断力	不満の爆発、フラストレーション、自分を変えたいという熱意

あるときの読み方キーワード

仕事	お金
スピード、リーダーシップ、 他人を蹴落としてでものし上がる	自分への投資、エンゲル係数が高い、 派手な色の服を買う
競争心がある、駆け引き上手、 成果報酬型、体が資本の仕事	大きな買い物を検討する、 自分磨きやスキルアップに投資
知識を武器にする、奇抜な手法を選ぶ、 攻撃的な主張	おごりたがり、お金にまつわる問題、 投資するならとことんまで
独立志向、キャリアウーマン、 大器晩成型、テリトリーを守る	元手を増やす、不動産投資、 突然のトラブル、生活が困窮する
闘ってでも成功を目指す、アグレッシブ、 起業や独立の才能	あと先考えない浪費、無計画な投資、 お金の管理、家計には不向き
ハードワーカー、早くに出世する、 上司との衝突、責任感が強い	仕事で財を成す、金銭的な面倒見がいい、 新しい投資先
社交的、ムードメーカー、 徹底的な議論、思い切った対話	あらゆる投資に興味を持つ、 定期預金や積立式の金融商品
金融関係や緻密な職業、 研究者や開発職、オタクっぽさ	金銭感覚の不一致、ぜいたくな暮らし、 遺産や相続、空き巣や盗難にあう
転職を繰り返す、チャレンジ精神に富む、 貪欲な向上心	不注意によるなくしもの、海外ファンド、 節税対策を考える
野心家、目標のためにはむちゃもする、 競争社会で勝ち抜く	ブランド物へのこだわり、 成果報酬で大きな財を成す
部下の指導、統率力、支持を集める、 自己中心的、目上に盾突く	将来に備えて貯金する、募金活動、 福祉事業に寄附
サービス残業、モチベーション、 ライバル企業、社会の役に立つ職	先行投資、お守りを買う、 大きなお金が入り、すぐ出ていく

それぞれのハウスに木星が

	総合	恋愛
1ハウス	落ち着いた振る舞い、正しい選択、 早くに頭角をあらわす	誠実な交際、前向き志向、 アクションを起こす、順調な交際
2ハウス	お金に困らない、信仰心、 日々の学び、才能を育てる	相手に貢いでしまう、虚栄心、 自分に自信を持つ必要性
3ハウス	知識に貪欲になる、新しい出会い、 自己表現、旅行や独り旅	高学歴のパートナー、複数の出会い、 SNSでの出会い、目移りする
4ハウス	優しい家庭、大家族、にぎやか、 地元意識、プライベート	幸せな家庭への憧れ、母性を求める、 ルーツが同じ人との出会い
5ハウス	クリエイティブな才能、場を盛り上げる、 芸術や文化への関心	モテる、告白やプロポーズ、 子宝に恵まれる、理想的な家庭像
6ハウス	仕事人間、やればやるほど成果が出る、 健康、ポジショニング	仕事とプライベートの切り替え、 職場恋愛、サポートされる
7ハウス	豊かな人間関係、紹介される、 交渉事をまとめるスキル	人気がある、人の気持ちに鈍感、 後悔、結婚による経済的安定
8ハウス	先祖を敬う、奔放さ、 パートナーからもたらされる幸運、死生観	相手の気持ちを理解する、なだめる、 平和な結婚生活
9ハウス	海外志向、哲学的、フィールドワーク、 探究心、環境に左右される	国際結婚、配偶者の親族からの援助、 型にはまらない夫婦像
10ハウス	社会的な地位、柔軟性、自分に甘い、 生まれてきた意味	柔軟性、交際までのスピードが速い、 激しい自己主張、父性がある
11ハウス	ネットワークを構築する、人望、 慈善事業への関心、精神的な成長	友人関係から発展する恋愛、未来を語り合う、 家族計画
12ハウス	博愛主義者、ボーダーレス、潜在意識、 心の強さ、理想郷	秘密の関係、曖昧な態度、 プラトニックラブ、価値観を重視する

あるときの読み方キーワード

仕事	お金
おおらかさ、発展、 周囲からの信頼を得る、リーダー資質	老後に向けた蓄え、少額の投資、 資格試験や自己研鑽
専門職、順調な昇給、ボーナス、 退職金、社会的地位	金銭感覚の乱れ、貯蓄する習慣をつける、 交際費を減らす
マスメディア、教育事業、著述業、 知識をお金に変える、努力	短期的な投資、複数の投資先、直感を信じる、 不動産、貴金属
不動産関係、食品関係、 終身雇用、オンオフの切り替え	急な引っ越し、まとまった支出、 へそくり、母親からの援助
芸術家や表現者、マルチタスクが苦手、 目の前のことから取り組む	ハイリスクハイリターン、計画的な投資、 趣味、レジャー
真面目な勤務態度、安定志向、公務員、 働きやすい環境、責任感	働いた分だけ収入がある、自分へのご褒美、 健康に投資する
仕事仲間に恵まれる、支援者が集まる、 提携を結ぶ、契約書	パーティ、持ち株制度、玉のこし、 共有財産、違約金、慰謝料
M&Aや事業継承、未開拓の分野への投資、 多額の融資	年金、株式の配当金、保険金、 持ち家や土地、山、遺産の相続
教育、国際的な活躍、 ノマドワーカー、ワーケーション	海外移住、節税対策、 俗世から離れた価値観、経験をお金で買う
堅実な職種、大企業、部下からの信頼、 ステイタス、出世	失敗が失敗を呼ぶ、投資よりも貯蓄、 物質的な充足感を優先する
性別やポジションにとらわれない、転職、 NPO法人、市民活動	ネットワークビジネス、情報商材、 SNSのフォロワー数が収入に
医療関係、セラピスト、スピリチュアリスト、 アート、静かな環境	支援を受ける、理性ある浪費、 通販サイト、無駄遣いをしない

それぞれのハウスに土星が

	総合	恋愛
1ハウス	誠実、根気強い、ポーカーフェイス、コンプレックス、完璧主義者	落ち着いた魅力、年齢を重ねた魅力、熟年夫婦、亭主関白的
2ハウス	安定志向、経済観念、若い頃の苦労、世間とのギャップ	金銭感覚の一致、手痛い恋愛、苦悩、相手に認められたい
3ハウス	実用性重視、根っからの真面目、学歴コンプレックス、苦手意識	控えめな恋愛、自信がない、押しに弱い、非常識な振る舞い
4ハウス	控えめな性格、家庭にまつわる問題、窮屈感、子どもっぽい	熟年夫婦、家族に対する責任感、子どもとのトラブル、感情的な口論
5ハウス	質素倹約、禁欲的、無趣味、職人肌、自信がない、無気力感	慎重、恋愛を楽しめない、消極的、相手を信用できない、年齢差
6ハウス	仕事に対する責任感、オーバーワーク、心労、細部へのこだわり	相手に尽くそうとする、愛情の温度差、アピール不足、失恋
7ハウス	世間からの評価、コンプレックス、信頼できるパートナー、慎重	長期の交際、年上の相手、家柄や収入、晩婚傾向、相手に任せる
8ハウス	深い人づき合い、嫉妬心、人間関係のトラブル、経済的な苦労	結婚前提の交際、相手の両親、厄介事、交際相手の借金
9ハウス	マジョリティ思想、常識人間、一点集中型、保守的、海外移住	礼儀正しい、一途、落ち着いた恋愛、中流家庭、大失恋
10ハウス	成功への渇望、認められたい、試練、アイデンティティの喪失	理想が高い、諦められない恋、ステイタスとしての恋愛、破局
11ハウス	親友、信頼関係、集団が苦手、ネガティブ思考、現世利益	第一印象が悪い、素を出せない恋愛、独り身という選択
12ハウス	憂鬱、精神世界に生きる、後悔、内省、立ち直りが遅い	失恋を引きずる、無意味な自己犠牲、被害妄想、精神的な未熟さ

あるときの読み方キーワード

仕事	お金
忍耐力、ストレス耐性、 自律心、努力した分だけ報われる	ネガティブ思考、ケチ、 買い時を逃す、機能性を重視する
年功序列、ルーティンワーク、 福利厚生、正当な評価を受けない	堅実、地道に稼ぐ、 貧困に対する恐れ、所有欲が満たされない
分析能力、物語をつくる、 教師や塾講師、習得に時間がかかる	ローリスクローリターン、好機を逃す、 狭いコミュニティ
年配の上司との関係、イライラする、 ストレス解消法	家業、後継ぎ、負債、 保証人、旅行、家具を買う
ニッチな分野、理系、職人、 研究職、遂行力、日進月歩	節約をする、趣味へのこだわり、 無駄な出費、財産管理
職場での苦労、仕事への不安感、 失敗を過度に恐れる、心身の不調	医療費、保険料、心配性ゆえの倹約、 低賃金、自分をいたわるためにお金を使う
実力と評価のギャップ、人一倍の努力が必要、 社会的地位への憧れ	アドバイスに従う、パートナーの収入に頼る、 アンティーク調のインテリアを買う
ビジネスパートナー、取引先の信頼、 コンプラ意識、会社の倒産	人間関係からくる出費、お金を貸す、 連帯保証人、仕送り
研究心、物事の原因を突き止める、 学びの姿勢、海外への単身赴任	事前調査、過度な期待をしない、 海外ファンド、情報商材
権力志向、社会的地位、 実力で成り上がる、不屈の精神	意識が高い、見当違いな投資、ケチ、 退職金、老後の資金
個人プレー、悩みを相談できる上司、 資格を身につける	すぐに成果が出る投資、派手な賭けはしない、 不測の事態に備える
疎外感、失敗が重なる、 苦境をバネにする、特殊な分野での成功	心の平穏を保つグッズを買う、直感に従った買い物、 本を買う、お守りを買う

アスペクトの基本

アスペクトを作る星同士はお互いに影響し合っている

アスペクトとは、星同士の位置関係のこと。アスペクトを作る星たちは、お互いに影響し合っていて、それぞれに力関係があります。この位置関係から、ご自分のなかでどんな性質が出やすくなっているかを見たり、気になるお相手との関係や向き合い方のタイミングを読んだりします。

アスペクトにはメジャーアスペクトとマイナーアスペクトがあり、メジャーアスペクトには、惑星同士の角度が0度（コンジャンクション）、60度（セクスタイル）、90度（スクエア）、120度（トライン）、180度（オポジション）の5種類があります。ここでは、5種類のメジャーアスペクトに、30度（セミセクスタイル）、150度（インコンジャンクト・クインカンクス）の2種類のマイナーアスペクトを加えた、7種類の代表的なアスペクトをご紹介しています。

0度は2つの星が同じ場所にある状態で、アスペクトのなかでも最強の布陣です。これは、アスペクトのなかでも別格と考えたほうがよいでしょう。30度は隠された才能や内なる葛藤をあらわす角度、60度はお互いにない部分を認めてフォローし合える角度、90度は双方が反発し合う緊張状態になります。120度はよさを引き出し合える調和関係、150度は調整や作り直しに適した関係、180度はお互いを強く意識している張り詰めた状態です。また、その星が

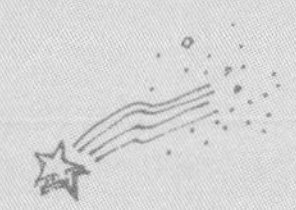

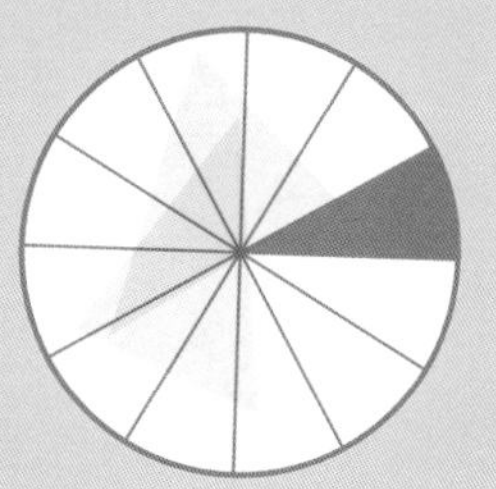

ほかのどの星ともアスペクトを持たないことをノーアスペクトといい、その場合、その星の性質がわかりやすく出なかったり、逆に強く出すぎたりすることがあります。

これらのアスペクトは、別格である0度をのぞいてソフトアスペクトとハードアスペクトに区分され、たとえば30度、60度、120度はソフトアスペクト、90度、150度、180度はハードアスペクトに入ります。前者は調和がとれた円満な状態、後者は調和がとれていない緊張関係を意味しますが、これはソフトアスペクトならよいとか、ハードアスペクトなら悪いというものではありません。それぞれの角度が持つ意味を紐解き、咀嚼して、それを学びに変えていく姿勢が大切です。

アスペクトは本来、星同士の位置関係を指しますが、その星が入っているサイン同士で見る方法もあります。なお、アスペクトは正確に角度を作っている場合だけではなく、「オーブ」と呼ばれる許容範囲＝誤差として扱う範囲を持っているということも知識として覚えておいてください。

次のページからは7種類のアスペクトについて、それぞれの星同士が角度を形成するとどんな関係になるのかといった視点からお伝えしていきましょう。

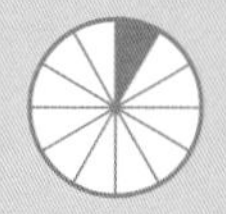

0 度 < コンジャンクション(合) >

影響力は最強。性格&運勢の大注目ポイント

2つの星が同じ場所に巡ることを「コンジャンクション(合)」といいます。アスペクトのなかでも最強の布陣で、性格や運勢に反映されます。コンジャンクションがあると、同時にそのサインやハウスの意味も強調されます。

星同士が0度になるとこうなる

☉ 太陽 × 月 ☽

新月。太陽は意志、月は無意識。その2つが重なり合ってズレがないので、迷いはゼロ。性格なら「裏表がなくストレート、ただし単純」、運勢なら「気持ちにブレがなく、行動力もあるので認められやすい」と読む。

☉ 太陽 × 水星 ☿

太陽と水星は常に近くにあるため、出生ホロスコープでは0度とオーブを入れてギリギリ30度のみ。性格なら「意志を言葉で具現化できる有言実行の人」、運勢なら「会話がキー。主導権を握り意見を述べたい」と読む。

☉ 太陽 × 金星 ♀

太陽と金星は常に近くにあるため、出生ホロスコープでは0度と30度のみ。性格なら「自分の魅力をよくわかっているかわいい人」、運勢なら「心から求めていた美や愛にあふれた素晴らしい時期、ただし甘えがち」と読む。

☉ 太陽 × 火星 ♂

太陽は意志とアイデンティティ、火星は情熱と闘い。性格なら「闘ってでも欲しいものを手に入れる好戦的な人」、運勢なら「エネルギッシュにチャレンジできる、勇気とやる気に満ちた時。ただしヤケドしがち」と読む。

☉ 太陽 × 木星 ♃

太陽は人生を切り開く力、木星は拡大する力。性格なら「広い視野を持ち、幸運は前提として前向きに頑張れる人」、運勢なら「もりもりと拡大・発展・前進を目指していける時。新しいことを始めるのも◎」と読む。

☉ 太陽 × 土星 ♄

太陽は意志やアイデンティティ、土星は厳しい現実を突きつける。性格なら「頑張ろうと思う時、どこか自分にブレーキをかけがちだが克己心が育つ」、運勢なら「超真面目に頑張れる。苦労は買ってでもせよ」と読む。

☽ 月 × 水星 ☿

月は無意識、水星はコミュニケーション。性格なら「相手の細やかな心情を自分のことのように自然に理解したうえでコミュニケーションを取る」、運勢なら「共感力が高まり、いいコミュニケーションができる」と読む。

☽ 月 × 金星 ♀

月は心や感情、金星は愛や魅力をあらわす。性格なら「愛し愛されることを希求する優しい人。ただし打たれ弱い」、運勢なら「キラキラとした状況に憧れる時。今だけのラクさや喜びにおぼれがちな一面も」と読む。

☽ 月 × 火星 ♂

感情をあらわす月と、情熱や闘いをあらわす火星が重なる。性格なら「正義感に富みケンカ上等。衝動的」、運勢なら「アグレッシブな気持ちに。チャレンジしたいことがあるなら強いが、周囲と摩擦を起こさないよう注意」と読む。

♄ 月 × 木星 ♃

無意識をあらわす月と、楽観を後押しする木星。ラッキーなアスペクトのひとつ。性格なら「自己肯定感が高くポジティブだがいささか軽率」、運勢なら「未知の世界に飛び込んでみたくなる、希望にあふれた時期」と読む。

月 × 土星

月は感情、土星は制限をかけ現実を見せる意味合いを持つ。性格なら「責任感は強いが心の柔らかいところを抑えがちでストレスフル」、運勢なら「真面目かつ慎重すぎる傾向はあるが熟考にはいいタイミング」と読む。

水星 × 金星

知性とコミュニケーションを司る水星を、愛と美を司る金星が活性化。性格なら「おしゃべり上手の愛されキャラだがやや浅薄」、運勢なら「センス抜群でトークが盛況に。会話で心の距離を縮められる」と読む。

水星 × 火星

水星の知性やコミュニケーション能力を、火星の闘争心が刺激する。性格なら「摩擦を恐れずものを言える勇気の持ち主。ただし口論も」、運勢なら「アツい対話が可能。どんな話題でも切り込める。集中力抜群」と読む。

水星 × 木星

水星の知性を、拡大という意味を持つ木星がどこまでも広げていくアスペクト。性格なら「好奇心旺盛でユーモアたっぷり。多角的な視野を持つ」、運勢なら「コミュニケーションが広がる。SNS活用は◎」と読む。

水星 × 土星

水星のコミュニケーション能力に現実主義の土星が抑制をかける。性格なら「落ち着きのある知性的な人。四角四面になりすぎるきらいも」、運勢なら「集中力と根気、持ち前の知性がリンクして生産性が高い」と読む。

金星 × 火星

金星と火星は男女を象徴。そのため、この2星の重なりはセクシーな意味合いを持ってくる。性格なら「生まれついての恋愛体質」、運勢なら「刺激を好む愛のシーズン。創作や趣味にもいい後押しとなるかも」と読む。

金星 × 木星

愛と美の星である金星と、拡大を司る木星。どちらもラッキースターで申し分なし。性格なら「愛に対して前向きで素直」、運勢なら「恋を探している人は出会いが増えそう。ずっと続く愛が見つかるかも」と読む。

金星 × 土星

愛の星・金星と制限の星・土星。この2星が重なることで、性格なら「自分に自信が持てず愛することに抑制的。でも時間をかけて頑張れる」、運勢なら「地に足の着いた愛を求める時。試練は幸せの前準備」と読む。

火星 × 木星

火星の闘争心が木星の拡大パワーであおられ、広がっていきそう。性格なら「健康的なファイティングスピリットの持ち主。勝負強い」、運勢なら「人生はエキサイトしてナンボ。盛り上がっていこう！　ファ〜！」と読む。

火星 × 土星

情熱と闘いの星である火星と、制限の星である土星。性格なら「ややフラストレーションがたまりがちだが克服する」、運勢なら「闘ってでも手に入れたいもののためなら忍耐もいとわないタフなムード」と読む。

木星 × 土星

20年に一度のアスペクト。木星の楽観に土星の悲観が加わり、性格なら「現実主義でありながら目の前のことに希望を持ち続ける」、運勢なら「時代の大きな切り替わり。社会の変化には柔軟に乗っていきたい」と読む。

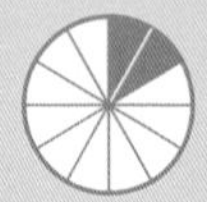

30度 < セミセクスタイル >

隠された才能や内心の葛藤をあらわす

2つの星が30度の角度に位置することを「セミセクスタイル」といいます。セクスタイル（60度）の半分です。アスペクトのなかではマイナーアスペクトのひとつであり、隠された才能や内心の葛藤を意味します。

星同士が30度になるとこうなる

☉	太陽 × 月 ☽	社会をあらわす太陽とプライベートな感情をあらわす月が30度だと、性格なら「公私の顔がまったく違う人」、運勢なら「オン・オフのメリハリをつけるといい」という意味に。ただ、仮にそうしなくても大きなストレスはない。
☉	太陽 × 水星 ☿	太陽と水星は常に近くにあるため、出生ホロスコープでは0度とオーブを入れてギリギリ30度のみ。性格なら「意志と言葉がバラバラだが自覚はない人」、運勢なら「安易な物言いをしがちだがトラブルはない」と読む。
☉	太陽 × 金星 ♀	太陽と金星は常に近くにあるため、出生ホロスコープでは0度と30度のみ。性格なら「自覚はないが愛らしい魅力を持った人」、運勢なら「まるで意図していなかった場所や機会に恋のチャンスがあるかも」と読む。
☉	太陽 × 火星 ♂	太陽は意志とアイデンティティ、火星は情熱と闘い。性格なら「意思とは別のところで情熱を燃やしがち」、運勢なら「なんとなくポジティブで元気。おおむねゴキゲンな日。チャレンジはまずまず」と読む。
☉	太陽 × 木星 ♃	太陽は人生を切り開く力、木星は拡大する力。性格なら「楽観的かつ広い視野を持つが、特に何かを成しとげるわけではない」、運勢なら「気楽に過ごせる心地よい日。頑張りたいなら目標を決めること」と読む。
☉	太陽 × 土星 ♄	太陽は意志やアイデンティティ、土星は厳しい現実を突きつける。性格なら「おっとりとして気負わない分、ストレスも少ない」、運勢なら「やるべきことはやるが、自分を鍛えるなど無理をしてまで頑張らない」と読む。
☽	月 × 水星 ☿	月は無意識、水星はコミュニケーション。性格なら「相手の気持ちを察知し感じよく接するが、さらりとした関係を維持する」、運勢なら「言われたことを問題なく進め、特にトラブルもない普通の日」と読む。
☽	月 × 金星 ♀	月は心や感情、金星は愛や魅力をあらわす。性格なら「恋している時と素の自分のキャラが違うが、矛盾はしない」、運勢なら「誰にでも感じのいいキャラを演じられる。そのことのストレスは特にない」と読む。
☽	月 × 火星 ♂	感情をあらわす月と、情熱や闘いをあらわす火星。性格なら「怒りや欲求などが表に出やすい人」、運勢なら「直情的に行動を起こしやすいが、心の奥底では実はそんなにアツくなっているわけではない」と読む。

♄ 月 × 木星 ♃

無意識をあらわす月と、楽観を後押しする木星。性格なら「感情のアップダウンがなくおっとりしている」、運勢なら「なんとなく時間が過ぎていきがちだが、生産的とはいえないがストレスがないよさもある」と読む。

☽ 月 × 土星 ♄

月は感情、土星は制限をかけ現実を見せる意味合いを持つ。性格なら「良識があるようでいて、実はちょっと子どもっぽいところもある」、運勢なら「言われたことをやる、というスタンスになりがち」と読む。

☿ 水星 × 金星 ♀

知性とコミュニケーションを司る水星と、愛と美を司る金星の30度。性格なら「恋も仕事も両立できるタイプ。どちらかがダメでももう一方でエナジーチャージ」、運勢なら「意外性あるキャラで恋が始まりがち」と読む。

☿ 水星 × 火星 ♂

水星の知性やコミュニケーション能力を、火星の闘争心が刺激する。性格なら「闘争心と理性を両方発揮可能。二面性のあるキャラになるかも」、運勢なら「どんな話題にも合わせることができる応用力がある」と読む。

☿ 水星 × 木星 ♃

水星の知性を、拡大という意味を持つ木星がどこまでも広げていくアスペクト。性格なら「おおらかで広く浅く興味を持つタイプ。時に器用貧乏」、運勢なら「人と会ったり用事が増えたりでとにかく忙しいかも」と読む。

☿ 水星 × 土星 ♄

水星のコミュニケーション能力に現実主義の土星が抑制をかける。性格なら「真面目でカタブツそうに見えて意外としゃべる人」、運勢なら「いろいろ制約はあるが自分としては満足いくだけ話せて◎」と読む。

♀ 金星 × 火星 ♂

金星と火星は男女を象徴。しかし30度は困難はないものの干渉し合わない。性格なら「刺激的なことと恋は分けて考えるタイプ」、運勢なら「遊びの恋もアリかも、というよからぬ思いがむくむくと湧いてくる」と読む。

♀ 金星 × 木星 ♃

愛と美の星である金星と、拡大を司る木星。どちらもラッキースターだが30度は干渉しない。性格なら「友達は多いが恋は少ない」、運勢なら「行動範囲も出会いも広がるが、結局関係のないところで出会う」と読む。

♀ 金星 × 土星 ♄

愛の星・金星と制限の星・土星。この2星が30度になることで、性格なら「結婚につながる真剣交際と遊びの恋はしっかり分けるタイプ」、運勢なら「立場上ダメとわかっているが惹かれる相手と出会えそう」と読む。

♂ 火星 × 木星 ♃

火星の闘争心と木星の拡大パワーがお互いに干渉しないまま弱く調和する。性格なら「いつも忙しくポジティブに飛び回っている人」、運勢なら「やるべきことが多くて多忙に。人の2倍くらい用事がある」と読む。

♂ 火星 × 土星 ♄

情熱と闘いの星である火星と、制限の星である土星。性格なら「二重人格と見られることがあるくらい、場所によって態度が変わる」、運勢なら「ストイックかつ安定的な努力と情熱の両方を活かせる」と読む。

♃ 木星 × 土星 ♄

木星の楽観に土星の悲観が30度を形成。性格なら「お金はたまりにくいが好きなことをして暮らす人」、運勢なら「夢を見ることもストイックに頑張ることも両方大事にする」と読む。

60度＜セクスタイル＞

お互いの違いを認め、フォローする

2つの星が60度の角度になることを「セクスタイル」といいます。お互いに自分にない部分を持っていて、フォローし合えるアスペクトです。セクスタイルは、安定して協力関係を築ける、調和のとれた状態です。

星同士が60度になるとこうなる

☉ 太陽 × 月 ☽

性格なら月＝無意識、太陽＝意識で、「好調な人間関係を築こうと努力する素直な人」、運勢なら月＝自分、太陽＝社会で、「流れに乗ることが大事。自分の心の声に従って、まっすぐ相手を愛してみて」と読む。

☉ 太陽 × 火星 ♂

性格なら「主張も行動も直球ストレート。パワープレイで行動するタイプ」、運勢なら「ガツンと行動あるのみ。細かいことはあとから考えればOKなので、勢いにまかせて行けるところまで行こう」と読む。

☉ 太陽 × 木星 ♃

可能性を大きく拡大していく意味合いが出る。性格なら「小さなことに頓着せず、どんどん行動を起こしていける人」、運勢なら「拡大を意識して動くといい時。自分を『常識』や『普通』に当てはめないこと」と読む。

☉ 太陽 × 土星 ♄

アイデンティティや意志と現実にうまく折り合いをつけていく。性格なら「常に自分を鍛えながら前に進む。フラストレーションはあって当然と考えるタイプ」、運勢なら「苦労する道をあえて選び自分を鍛える」と読む。

☽ 月 × 水星 ☿

知性やコミュニケーションを求める気持ちが無意識の扉をノック。性格なら「自分の心の声を上手に表現し伝えられる。相手の心情も理解しようと努力する」、運勢なら「好奇心が刺激され、人と会い、学ぶ」と読む。

☽ 月 × 金星 ♀

愛が満ち、人に優しくできる。性格なら「あたたかな対人関係に恵まれる。自分磨きをすることで人気運アップ」、運勢なら「人に優しくしようという気持ちが働き、社交の場で人気者になることが可能になる」と読む。

☽ 月 × 火星 ♂

火星の激しさが、月の感受性と呼び合うようにしてマイルドに。性格なら「前向きな気持ちを意識して持つようにするタイプ」、運勢なら「落ち込んだり、傷ついたりした状態から徐々に立ち直っていける」と読む。

☽ 月 × 木星 ♃

自分でも意識していないうちに、視野が広がっていく。性格なら「人に対しても経験に対してもオープンに向き合う」、運勢なら「“いつもどおり”に飽き足らず、リスクも織り込みずみで行動を起こす」と読む。

☽ 月 × 土星 ♄

土星が素直な感情をセーブし、きちんとしなければと自分を律する。性格なら「常に慎重で、確実に物事を進めて周囲から信頼される」、運勢なら「ルールを守り、義務を果たすことが何より大事な時」と読む。

☿ 水星 × 金星 ♀

コミュニケーションの水星と、愛の金星の組み合わせ。性格なら「相手が誰であってもいい関係を取り結んでいくことのできる気遣い上手」、運勢なら「アート、美容、趣味つながりの交流が盛り上がりそう」と読む。

☿ 水星 × 火星 ♂

火星の情熱と水星のコミュニケーションと調和。火星の激しさはマイルドに活かされる。性格なら「頭の回転が速く、議論・交渉に強い」、運勢なら「聡明さと分析力を活かし、交渉により有利な立場を得る」と読む。

☿ 水星 × 木星 ♃

水星の知性に、発展・拡大の木星がアドオン。頑張りたい人には嬉しいアスペクト。性格なら「学び、理解する能力が非常に高い」、運勢なら「物事を想定どおり進められる。意思疎通も的確で広がりが生まれる」と読む。

☿ 水星 × 土星 ♄

水星の軽やかさを土星がほどよくセーブし、人間関係に落ち着きをもたらす。性格なら「思慮深く、安定を好み誠実」、運勢なら「効率的かつ的確に物事を進め、責任を持ってパーフェクトを目指す」と読む。

♀ 金星 × 火星 ♂

感性と行動力が努力によってリンクする、という読み方をする。性格なら「感性や欲求を効果的にアピールできる魅力的な存在」、運勢なら「趣味に没頭すると充実する時。ファッションへのこだわりも◎」と読む。

♀ 金星 × 木星 ♃

ラッキースター同士の調和が、愛や金銭感覚などで活かされる。性格なら「愛も交友関係も大事にする人情家」、運勢なら「大切に思う相手のためなら惜しみなく愛を与える。金運は良好だが気が大きくなりやすい」と読む。

♀ 金星 × 土星 ♄

愛の星・金星に、土星の制限がふんわりと降りかかる。性格なら「堅実な生活を好む。人間関係をある程度しぼり、大切に思える人と交流する」、運勢なら「愛や人間関係に安定を求める。長続きさせる前提で努力を」と読む。

♂ 火星 × 木星 ♃

火星の情熱がポジティブな方向に拡大していく時。性格なら「エネルギッシュで行動的に人生を切り開いていく」、運勢なら「チャレンジ精神が吉と出る時。未知のことにも前向きにかかわって」と読む。

♂ 火星 × 土星 ♄

火星の情熱と土星の制限は相性がよくないようでいて、吉角では前向きな働きに。性格なら「困難な状況でこそ粘り強い力を発揮。タフな人」、運勢なら「困難があっても諦めないこと。時間をかけてアプローチを」と読む。

♃ 木星 × 土星 ♄

木星の楽観に土星の悲観が、あくまでも前向きなかたちでベールをかける。性格なら「大局観を持ち粘り強く目的に向かって進む」、運勢なら「本質を見すえて自分を厳しく律し、努力し続けることが何より大事」と読む。

90度＜スクエア＞

プレッシャーを感じ、現状を打破する

2つの星が90度の角度であることを「スクエア」といいます。お互いにプレッシャーを感じていて、反発心を抱いています。現状に問題意識を持っていて、打破しようとするエネルギーを秘めています。

星同士が90度になるとこうなる

☉ 太陽 × 月 ☽
半月。月＝無意識、太陽＝意識で、性格なら「自分自身のなかに矛盾や葛藤をかかえがち」、運勢なら月＝自分、太陽＝社会で「思ったように社会に受け入れてもらえず生きづらさを感じる。もがくなかで成長する」と読む。

☉ 太陽 × 火星 ♂
意志と情熱がぶつかり合う角度。性格なら「一度怒りが生まれると自分をコントロールしにくく、強く出てしまいがち」、運勢なら「矛盾や相反することが気になり、ちょっとしたことでカッとしがち」と読む。

☉ 太陽 × 木星 ♃
太陽は自分自身、木星は拡大する力。両者がネガティブな意味で組み合わさる。性格なら「自分に甘く金銭感覚がルーズに」、運勢なら「何事も雑で気が緩みがち。自分を必要以上に高く見積もる」と読む。

☉ 太陽 × 土星 ♄
太陽は自我、土星は責任や制限をあらわす。性格なら「自分にダメ出しばかりする、自己評価の低い人」、運勢なら「やるべきことが多すぎて結局何も進まない。窮屈な環境でストレスを感じやすい」と読む。

☽ 月 × 水星 ☿
月は無意識、水星は思考で、それらが葛藤を生じる。性格なら「思考と感情が矛盾し、目の前のことに集中しにくい」、運勢なら「どうでもいいことで悩んだり、想像力が広がりすぎて心ここにあらず状態になる」と読む。

☽ 月 × 金星 ♀
月は心や感情、金星は愛や魅力をあらわす。性格なら「恋愛でうまく振る舞えず、強く出てケンカになるなど葛藤が多い」、運勢なら「恋愛で相手の気持ちを考えすぎてナーバスになり、関係も気持ちも安定しない」と読む。

☽ 月 × 火星 ♂
感情をあらわす月と、情熱や闘いをあらわす火星が摩擦を起こす。性格なら「怒りやいら立ちを覚えると自分で自分が止められない」、運勢なら「ケンカ早くなる。普段の自分なら考えられないようなところでキレることも」と読む。

☽ 月 × 木星 ♃
月の無意識に、木星の楽観がネガティブな影響を与える。性格なら「自分ではOKと思ったことが周囲から受け入れられず矛盾や葛藤を感じる」、運勢なら「なんとなくダラダラ過ごしてメリハリをつけられない」と読む。

☽ 月 × 土星 ♄
月は感情をあらわすが、土星はそれに制限をかける。性格なら「常にプレッシャーをかかえストレスでイッパイイッパイ」、運勢なら「感情をあらわすのがヘタで、自分をうまく表現できない」と読む。

☿ 水星 × 火星 ♂	水星の知性と火星の闘争心が摩擦を起こし物議をかもす。性格なら「頭はいいはずなのに、うまくその知性を活かすことができない」、運勢なら「言ってはいけないことを言って場を凍りつかせやすい」と読む。
☿ 水星 × 木星 ♃	水星の知性と、拡大という意味を持つ木星のネガティブな面が出る。性格なら「現実とは乖離した見通しを立てがち。自信はあるが実力はそうでもない」、運勢なら「集中力散漫でやるべきことが滞る」と読む。
☿ 水星 × 土星 ♄	水星の素直なコミュニケーションに現実主義の土星が摩擦を生じさせる。性格なら「頑固で自分の考えにこだわり、他人を否定する」、運勢なら「いいことなんて何ひとつないような気がして憂鬱になる」と読む。
♀ 金星 × 火星 ♂	楽しさを求める金星と火星の闘争心が正面衝突。性格なら「恋愛において、愛はあるのにお互い欠点ばかりが気になってケンカ」、運勢なら「好きなのにすぐ口論になるなど、自分の衝動を止められない」と読む。
♀ 金星 × 木星 ♃	愛と美の星である金星と、拡大を司る木星がアスペクトを組むことで、性格なら「楽しさを追い求めてもたいして満たされず、次の刺激を求めてむなしくなる」、運勢なら「何事もやりすぎる傾向がある」と読む。
♀ 金星 × 土星 ♄	愛の星・金星と制限の星・土星。この2星が90度になることで性格なら「愛がネガティブモードに。どうせ誰も愛してくれない、うまくいかないと思い込む」、運勢なら「冷たい、乗り気でない印象を相手に与えがち」と読む。
♂ 火星 × 木星 ♃	木星が火星のエネルギーを拡大することで、摩擦が生じます。圧倒的なパワーで行動を起こし、不屈の精神で前に進む。性格なら「何事もやりすぎる」、運勢なら「浪費する、周囲がひく」と読む。
♂ 火星 × 土星 ♄	情熱と闘いの星である火星と、制限の星である土星。性格なら「怒りを感じる自分をダメな人だと否定し、さらにフラストレーションをかかえる」、運勢なら「怒りたいがそれを表に出せず、ひたすらイライラする」と読む。
♃ 木星 × 土星 ♄	木星の楽観に土星の悲観が摩擦を生じる。性格なら「真面目に努力するが限界に達するとどうでもよくなって急に適当になる」、運勢なら「常に何かに見張られているようで緊張が絶えず、落ち着かない」と読む。

120度＜トライン＞

よいところを引き出し合う調和関係

2つの星が120度をかたちづくっていることを「トライン」といいます。お互いのよいところを引き出し合う関係で、調和がとれています。3つの惑星がそれぞれ120度をかたちづくっている場合は「グランドトライン」といいます。

星同士が120度になるとこうなる

☉ 太陽 × 月 ☽	性格なら月＝無意識、太陽＝意識で、「矛盾のない性格。周囲と自然に協調でき、人間関係も好調」、運勢なら月＝自分、太陽＝社会で、「素直に行動すれば自然と社会に受け入れてもらえる流れができる」と読む。
☉ 太陽 × 火星 ♂	性格なら「主張も行動も直球ストレート。何かと勝負に持ち込み決着をつける」、運勢なら「ガツンと行動あるのみ。強い意志を持ってやれば周囲もつられるようにして動き、目的を達成できる」と読む。
☉ 太陽 × 木星 ♃	人生における可能性が自然と大きく広がっていく。性格なら「おおらかな行動派。いい人なので人気運がある」、運勢なら「積極的に行動すれば世の中に受け入れられる。が、大ざっぱ＆適当なムードも出る」と読む。
☉ 太陽 × 土星 ♄	責任を持って主体的に、という雰囲気が出る。性格なら「自分の使命を定め、己を鼓舞して責任を果たす」、運勢なら「マジメにコツコツやるのが性に合う。成果はゆっくり出るので焦らずに行動を」と読む。
☽ 月 × 水星 ☿	知性やコミュニケーションを求める気持ちが無意識と自然に調和。性格なら「機転をきかせてパッと行動できるバランスのとれた人」、運勢なら「メチャクチャおしゃべりになる。楽しくて止まらない」と読む。
☽ 月 × 金星 ♀	愛が満ち豊かな気持ちに。性格なら「意識せずとも言動に愛が満ち、周囲から愛される」、運勢なら「優しさ全開。美や豊かさを愛し、シビアな現実や人との衝突は無意識のうちに避ける。悪くすると甘えも出る」と読む。
☽ 月 × 火星 ♂	火星の激しさがマイルドになり感情と調和。性格なら「欲望に忠実で、ガツガツせずとも自然にかなえていく」、運勢なら「なんの根拠もないけれど、基本的にポジティブで元気、冒険を恐れない」と読む。
☽ 月 × 木星 ♃	人生を肯定し、どんなことからも前向きな意味を見いだす。性格なら「楽天的で自分にも他人にも寛容」、運勢なら「広い視野を持ち、できると思って行動することで実際に幸運をつかむ流れに乗れる」と読む。
☽ 月 × 土星 ♄	土星が感情をセーブし、努力や自制が苦にならない。性格なら「理性的で忍耐強い努力家。責任ある立場を任される」、運勢なら「社会のために役立つ喜びがある。じっくり時間をかけて取り組める活動が◎」と読む。

☿ 水星 × 火星 ♂

火星の情熱と水星のコミュニケーションと調和。火星の激しさはマイルドに活かされる。性格なら「集中力抜群。野心的。身体能力が高く、反応が早い」、運勢なら「言葉の力が冴え、討論や議論で有利な立場に」と読む。

☿ 水星 × 木星 ♃

水星の知性と発展を意味する木星が調和。性格なら「聡明でポジティブ発想がデフォルト。善良で人生の苦労が少ない」、運勢なら「仕事を中心に、スケジュール・コミュニケーションともに順調」と読む。

☿ 水星 × 土星 ♄

水星と土星の合理的な部分がポジティブに働く。性格なら「多少堅苦しい発想をするが論理的かつ的確な判断力に富む」、運勢なら「現実的かつ最善の手段を自然に選択できる。仕事で手腕を発揮できる」と読む。

♀ 金星 × 火星 ♂

火星の強さはマイルドになり、金星が意味する感性にしなやかな強さを与える。性格なら「素直な欲求をストレートに出して周囲に愛される」、運勢なら「楽しいと思えることに夢中。テンションは最高潮に」と読む。

♀ 金星 × 木星 ♃

愛や美、楽しいことが大きくクローズアップ。性格なら「魅力のかたまり。周りの人までいつの間にかハッピーに」、運勢なら「楽しいことやいとしいもの、豊かさを感じさせるものが増え、幸福感でいっぱいになる」と読む。

♀ 金星 × 土星 ♄

快楽を好む金星に土星が責任感を与えてほどよいバランスに。性格なら「長続き、幸せになるために忍耐も必要と考える。優れた金銭管理能力」、運勢なら「愛や豊かさを長続きさせるための努力が苦にならない」と読む。

♂ 火星 × 木星 ♃

火星のエネルギーがいいかたちで拡大。性格なら「エネルギッシュで興味のあることにとことん打ち込み、人生を楽しみ尽くす」、運勢なら「恋も仕事も、チャレンジあるのみ。どんどん冒険すると◎」と読む。

♂ 火星 × 土星 ♄

火星の「情熱」と土星の「制限」がスムーズに調和。性格なら「情熱と体力をベストなバランスで使っていける努力の天才」、運勢なら「困難が苦にならない。むしろ『やってやろうじゃん！』と前向きに」と読む。

♃ 木星 × 土星 ♄

木星の楽観に土星の責任感がヘルシーな形で調和。性格なら「責任感が強く努力家だが、楽観的かつ陽気で重荷を感じさせない。金運◎」、運勢なら「仕事運および金運が好調。努力が結果につながる時」と読む。

150度 ＜インコンジャンクト（クインカンクス）＞

お互いに しっくりこないが ガマンしている

2つの星が150度の角度を作ることを「インコンジャンクト（クインカンクス）」といいます。何かを調整したり、作り直したりといったことを示します。お互いに違和感を抱いていますが、努力して歩み寄りをみせている状態です。

星同士が150度になるとこうなる

☉ 太陽 × 月 ☽	意志と感情にまるで共通点がない組み合わせ。性格なら「本当の気持ちと口で言っていることがバラバラで自己矛盾が多い」、運勢なら「ホンネと建前がまるで違う。熟考して近づける努力が必要」と読む。
☉ 太陽 × 火星 ♂	太陽は意志とアイデンティティ、火星は情熱と闘い。性格なら「情熱のツボがズレがち。あれこれ手を出すよりもひとつのことに集中を」、運勢なら「やる気はあるし立ち回りは派手なのに詰めがちょっと甘い」と読む。
☉ 太陽 × 木星 ♃	太陽は自分自身、木星は拡大する力。両者が中途半端に組み合わさる。性格なら「『たいていのことはなんとかなる』と細部への目をそらしがち」、運勢なら「見通しはいいが現状では見えていない問題があとから頻発」と読む。
☉ 太陽 × 土星 ♄	太陽は自我、土星は責任や制限。性格なら「責任や自制心を持って努力し続けることと常に向き合わされる」、運勢なら「やや閉塞感はあるが、努力を継続することで自分を成長させられる時期」と読む。
☽ 月 × 水星 ☿	月は無意識、水星は思考。両者の間に共通点が生まれず、話が通じない。性格なら「何も決められない優柔不断さ」、運勢なら「常に神経が休まらない状態。リラックスできる時間がないとメンタルがもたない」と読む。
☽ 月 × 金星 ♀	月は心や感情、金星は愛や魅力をあらわす。性格なら「外見と内面のキャラが違うため人からの扱いに差があったり、矛盾を感じたりする」、運勢なら「外見や経験に関するコンプレックスが気になるかも」と読む。
☽ 月 × 火星 ♂	感情をあらわす月と、情熱や闘いをあらわす火星が摩擦を起こす。性格なら「運転すると急に言動が荒くなるなど自分でもよくわからない衝動性を持つ」、運勢なら「急にイラッときたり、キレたりする」と読む。
☽ 月 × 木星 ♃	無意識をあらわす月と、楽観を後押しする木星。性格なら「ちょっとしたことに過敏に反応してうろたえてしまい、判断力を欠く」、運勢なら「人を簡単に信じては、つど『こんなはずでは』と頭をかかえる結果に」と読む。
☽ 月 × 土星 ♄	月は感情をあらわすが、土星はそれに制限をかける。性格なら「自分らしさを出せずにいるうちに、何が自分らしいのかわからなくなる」、運勢なら「傷つくことから自分を守ろうとして皮肉っぽくなり、敬遠される」と読む。

☿ 水星 × 火星 ♂

水星の知性と火星の闘争心が変なところでかみ合ってしまう。性格なら「勉強はできるのに人づき合いの方法がわからず、欲求不満をかかえる」、運勢なら「なにげない発言に対して突然キレられ、ケンカになる」と読む。

☿ 水星 × 木星 ♃

水星の知性と、拡大という意味を持つ木星のネガティブな面が出る。性格なら「知性やスキルに自信があるが、実力が伴わない」、運勢なら「スピードだけを求めて頑張るが、忙しいわりにたいして成果が上がらない」と読む。

☿ 水星 × 土星 ♄

水星のコミュニケーション能力と現実主義の土星が葛藤を引き起こす。性格なら「自分が傷つかないように、人と積極的に関わらない」、運勢なら「人とのつながり不足を別のもので補おうとするが、孤独を感じる」と読む。

♀ 金星 × 火星 ♂

楽しさを求める金星と火星の闘争心が微妙に葛藤。性格なら「愛はあるのに、相手が思いどおりにならないと『ちゃんとしてほしい』といら立つ」、運勢なら「毎回同じケンカをしているなら、そろそろ根本から改善を」と読む。

♀ 金星 × 木星 ♃

愛と美の星である金星と、拡大を司る木星が不協和音を奏でる。性格なら「愛における理想が高まりすぎて、かえって選択肢をなくす」、運勢なら「欲しがっているばかりでは何も手に入らないと学ぶかも」と読む。

♀ 金星 × 土星 ♄

愛の星・金星と制限の星・土星。この2星が150度になることで、性格なら「自分を好きになりたいのにコンプレックスが気になる」、運勢なら「理想の人と大切にしてくれる人は違うなどの、愛のヒントが見つかる」と読む。

♂ 火星 × 木星 ♃

火星の闘争心が木星の拡大パワーであおられ、克服できるレベルの葛藤を生む。性格なら「意識が高まりすぎて現実からかけ離れたものになりがち」、運勢なら「やる気はあるが行動はから回りしがち」と読む。

♂ 火星 × 土星 ♄

情熱と闘いの星である火星と、制限の星である土星。性格なら「やる気が生まれても、人からアレコレ言われると面白くなくなってやめてしまう」、運勢なら「目標は自分で立て、継続力を意識するとうまくいく」と読む。

♃ 木星 × 土星 ♄

木星の楽観に土星の悲観が合わさりギクシャクする。性格なら「楽観と悲観が同時に働き、ストレスをかかえやすい。だがどちらもそれぞれに大事と感じる」、運勢なら「頑張ろうと思った時ほど失敗を想像する」と読む。

180度 < オポジション(衝) >

お互いを強く意識する緊張関係

2つの星が真正面で向き合うことを「オポジション(衝)」といいます。お互いを強く意識していて緊張が張り詰めた関係にあります。オポジションは、その人のなかにある葛藤や相反する感情をあらわすこともあります。

星同士が180度になるとこうなる

☉ 太陽 × 月 ☽	満月。月=無意識、太陽=意識で、性格なら「自分を客観的に見つめ、矛盾を解消し存在感を示す」、運勢なら月=自分、太陽=社会で、「周囲のニーズを読むことで、自分を活かす方法を探る時」と読む。
☉ 太陽 × 火星 ♂	意志と情熱がぶつかり合う角度。性格なら「一度怒りが生まれると自分をコントロールしにくく、人間関係で対立が生まれる」、運勢なら「相手の欠点がよく見えケンカになりやすい。スポーツなどで発散すると◎」と読む。
☉ 太陽 × 木星 ♃	太陽は自分自身、木星は拡大する力。両者がネガティブな意味で組み合わさる。性格なら「自信過剰で、基本的に物事や他人をナメているところがある」、運勢なら「油断して判断を誤りやすい」と読む。
☉ 太陽 × 土星 ♄	太陽は自我、土星は責任や制限。性格なら「勝手な行動をとり、自分から進んで苦労を呼び込む」、運勢なら「制限ばかりでまるで身動きがとれないように感じる。それを周囲からは無責任だと非難されやすい」と読む。
☽ 月 × 水星 ☿	月は無意識、水星は思考で、それらが対立を生じる。性格なら「思考と感情が対立し合い、一貫性に欠ける。よく考えずにものを言ったり行動したりする」、運勢なら「集中力が散漫になり、気分にムラが生じる」と読む。
☽ 月 × 金星 ♀	月は心や感情、金星は愛や魅力をあらわす。性格なら「恋愛でつい相手にパーフェクトを求めてしまい衝突しがち」、運勢なら「デリケートになりすぎていら立ちを覚える。気分のアップダウンが激しい」と読む。
☽ 月 × 火星 ♂	感情をあらわす月と、情熱や闘いをあらわす火星が対立する。性格なら「感情が高ぶって衝動的に行動を起こしてしまいがち」、運勢なら「カッとして周囲に当たったり、心にもないことを言って後悔しがち」と読む。
☽ 月 × 木星 ♃	月の無意識に、木星の楽観がネガティブな影響を与える。性格なら「自分の願望や欲望をコントロール下におけず、ほうぼうに影響をきたす」、運勢なら「ガマンできない。自分で自分が止められない」と読む。
☽ 月 × 土星 ♄	月は感情をあらわすが、土星はそれに制限をかける。性格なら「自分らしさを否定して抑え込む。自信を持てず、叱られると人格否定されたと思い込み傷つく」、運勢なら「真面目になりすぎて自ら苦労を背負い込む」と読む。

☿ 水星 × 火星 ♂

水星の知性と火星の闘争心が摩擦を起こす。性格なら「せっかくの知性を調和よりも対立のために使って恐れられる」、運勢なら「知性が言葉のジャックナイフに変わり毒舌・皮肉・罵倒しがち」と読む。

☿ 水星 × 木星 ♃

水星の知性と、拡大という意味を持つ木星がマイナスな意味で結びつく。性格なら「何事も過剰。楽観的すぎたり好奇心旺盛すぎたりで何もまとまらない」、運勢なら「集中力散漫でやるべきことが滞る」と読む。

☿ 水星 × 土星 ♄

水星の素直なコミュニケーションに現実主義の土星が抑制をかける。性格なら「ネガティブで愚痴っぽい、自分で自分の可能性にふたをする」、運勢なら「何を言っても否定的に受け止め、周囲が扱いに困る」と読む。

♀ 金星 × 火星 ♂

楽しさを求める金星と火星の闘争心が正面衝突。性格なら「パートナーシップにおいて、愛しているがゆえに衝突も激しくなる」、運勢なら「刺激とスリルを求めすぎてトラブルを起こす可能性がある」と読む。

♀ 金星 × 木星 ♃

愛と美の星である金星と、拡大を司る木星がアスペクトを組むことで、性格なら「楽しさや外見の美しさなどを追い求めるが、上には上があると感じる」、運勢なら「恋は高望みしがち。ふらふらし、安定しない」と読む。

♀ 金星 × 土星 ♄

愛の星・金星と制限の星・土星。この2星が正反対の位置にくることで、性格なら「自信がまったく持てず、魅力がないと思い込む」、運勢なら「自分を大切にしてくれないような人ばかりを恋の対象に選びがち」と読む。

♂ 火星 × 木星 ♃

火星の闘争心が木星の拡大パワーであおられ、ネガティブな部分が広がっていく。性格なら「何事も極端かつ過剰。経験から学ぼうとしない」、運勢なら「何事もやりすぎる傾向になり『ちょうどいい』がわからない」と読む。

♂ 火星 × 土星 ♄

情熱と闘いの星である火星と、制限の星である土星。性格なら「怒りを表に出すまいという忍耐力があるが、フラストレーションが常に伴う」、運勢なら「怒りのオーラで周囲を圧倒し気をつかわせてしまう」と読む。

♃ 木星 × 土星 ♄

木星の楽観に土星の悲観が正面衝突。性格なら「楽観的になりたい自分を否定しつつ、悲観的になることそのものがストレスとなりやすい」、運勢なら「楽観と悲観、気持ちのアップダウンが大きい時」と読む。

Column

星占いは誰も仲間外れにしない

世の中にはいろいろな占いがありますが、私が西洋占星術を好きな理由のひとつは「誰もが同じものを持っている」という点です。占いを比べるというのもぶしつけなものですが、手法の紹介ということでちょっとだけ他の例を挙げさせてください。たとえば東洋の占いでは、「10個の星のうち、6種類を持っている」「この人は帝王の星を持っている」などという見方をするものがあります。一方、西洋占星術の場合は10個の星がどの人も、どのタイミングでもホロスコープ上にバッと散らばっています。もちろん東洋の占いだって十分運気を読み解けますし、"当たる"のです。星が「ない」ことから推測・考察できることもあります。どちらが優れているというお話ではないのですが、ホロスコープを見るたびに「誰も仲間外れではないよ。欠けているものなんてないし、どの運も活かしようなんだよ」と、星たちが話しかけてくれているような気がするのです。正直なところ、私も雑誌などで「作家として世に出ることが決まっていたかのような星回り」「トップリーダーになるべくしてなった出生ホロスコープ」なんて解説を見るたびに「いいなあ」なんて思ってしまうのですが、その天才と同じ星が自分にもそろっていると考えると、「さて、自分はどう活かしていこうかな」と前向きな気持ちも出てきます。

現実社会では、生まれ持ったものには差があります。誰もが優しく理解のある親のもとに生まれるわけではないし、金融資産も文化資産も大きく差があります。音楽の才能は幼少期からでないと伸びないと言われたりもしますし、身長や体質などは変えようがありません。努力によって獲得できるものもたくさんありますが、そうでない部分もあります。それでも、うらやましがられるような要素をたくさん持っているからといって幸福とは限らないというのは、誰しもよくご存じだろうと思います。どう生きるか、どう考えるか。そのヒントを、西洋占星術は教えてくれる気がするのです。

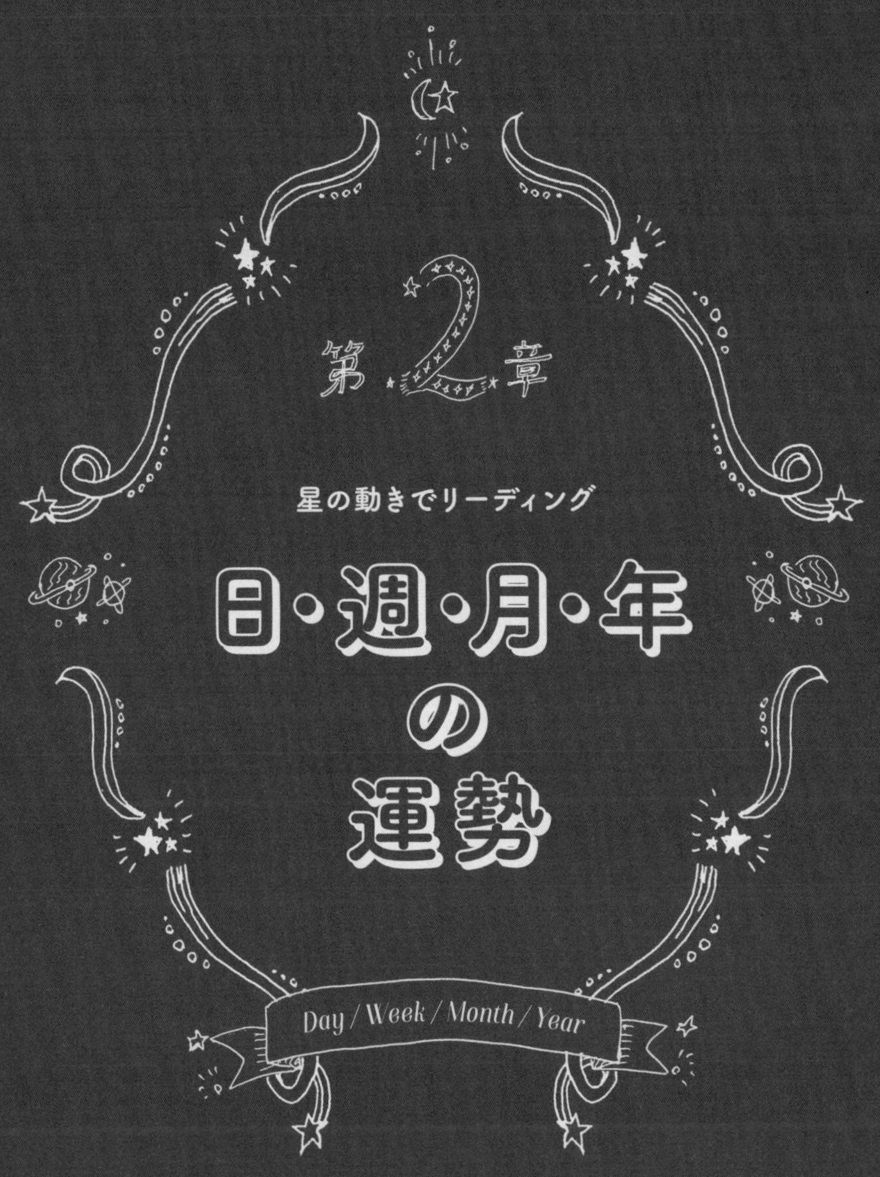

日・週・月・年の運勢は、それぞれ影響を与える星や位置関係が違います。移り変わる状況を星の動きから読み解きましょう。

移り変わる運勢を読む

生まれた時の星の配置に星の動きを掛け合わせる

自分や占いたい相手が生まれた時の星の配置は、基本的に動かないものですが、日・週・月・年の運勢は、それぞれのタイミングによって、星から受ける影響が異なります。今日が昨日と同じではなく、明日が今日と同じではないように、私たちの状況は刻々と変化し、その中ではいいこともそうでないことも体験します。そのため、日・週・月・年の運勢を占う場合は、生まれた時の星の配置だけでなく、その時々の星の動きを掛け合わせて、運勢の移り変わりやその時にどうすればいいかを読み解きます。

その際に大事になってくるのが、第１章でご紹介した「ハウス」の考え方です。占いたいタイミングでそれぞれの星がどのハウスにあるのかをチェックすることで、その人が置かれた状況やその時々で向き合うべきテーマが明らかになり、より意識的に時間を使うことができます。

それぞれの星と書きましたが、どの星を掛け合わせるかは、占いたい時期によって異なります。短いスパンを占う場合は、月や水星、金星などの地球から近い星を使って読みますし、中長期的なスパンを占う場合は、木星や土星といった地球から遠い星の影響も加味します。さらに、もっと長いスパンを占う場合は、天王星、海王星、冥王星などを使うこともあります。

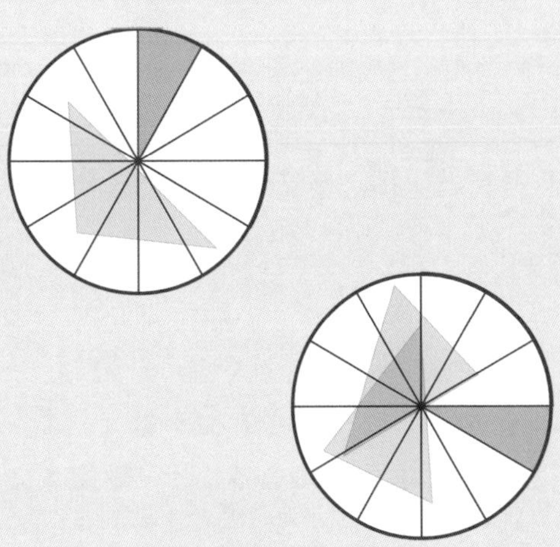

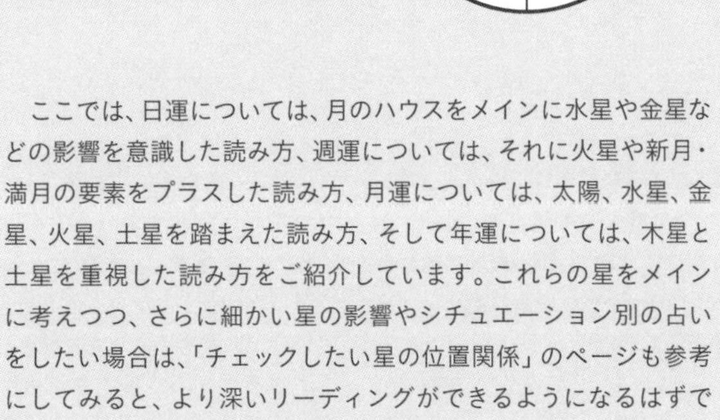

ここでは、日運については、月のハウスをメインに水星や金星などの影響を意識した読み方、週運については、それに火星や新月・満月の要素をプラスした読み方、月運については、太陽、水星、金星、火星、土星を踏まえた読み方、そして年運については、木星と土星を重視した読み方をご紹介しています。これらの星をメインに考えつつ、さらに細かい星の影響やシチュエーション別の占いをしたい場合は、「チェックしたい星の位置関係」のページも参考にしてみると、より深いリーディングができるようになるはずです。

ただ、実際のところ、日・週・月・年の運勢を占ううえで大切なのは「おおまかに俯瞰してとらえる」ことでもあります。星は日々動いていて、好不調には波があります。喜びは悲しみのあとに、という言葉があるように、たとえば日運が悪いから今日はだめだとか、年運がいいから一年中、悩み知らずというものではありません。その時感じている葛藤や苦しみはいつまでも続くものではありませんし、何に喜び、幸せを感じるかも時期とともに変化します。ひとつひとつの結果に一喜一憂するのではなく、全体の運気の流れをとらえて参考にしつつ、ご自身が生きている今現在を大切に積み重ねてください。

その日の傾向をつかんで、自分を活かす1日に

read the *Daily* fortune

日運を読む

Point 日運を読むポイント

- ★ **月をメインに"近い星"を読む**
- ★ **ざっくり「傾向」をつかむ**
- ★ **1日単位でできることを想定する**

日運でメインに読むのは月。その日に月が入ってるハウスを調べます。サブで読むのは水星、金星。その日に入っているハウスを調べます。月・水星・金星の運行表は191ページから。さらに108、109ページでアスペクトをチェック！

テレビやウェブサイトでおなじみの「今日の運勢」の価値は、「その日1日を能動的に生きる」という点にあると私は考えています。人は、「わからないこと」が多ければ多いほど、不安になります。悪い方向にばかり想像力をたくましくしたり、「最悪の事態」ばかりをリアルに夢想し、小さくまとまってしまいます。これは本能的な危機意識であり、だからこそ人類は滅亡せずにいられたのでしょう。しかし現代の私たちにとっては、過度な不安は創造的な人生の妨げになることもあります。不安材料を減らす手段のひとつとして日運を押さえておくのは、自分の人生を楽しく有用なものにするためにも、いい選択になるのではと思います。

私がおすすめしたいのは「ざっくり傾向をつかむ」ということ。たとえば「自己表現が大事な日」ということが前もって読めていれば、どう出るか迷った時でも判断がつきやすいでしょう。「流れに合わせて柔軟に」という日もあれば、「自由にやるのが一番」という日もあります。焦って変な人に心乱されることも最小限にできますし、振り回されるだけのつらさも味わわずにすむでしょう。生きやすさって、実はこんなところにあるのではないかと、私は思っています。

日運は月をメインに、水星や金星など地球からの距離が近い星を読んでいきます。ざっくりつかむだけであれば、110ページからの「月のハウス」を押さえればOK。恋や仕事など、気になる運がある場合は108、109ページの水星・金星の位置関係を参考にしていただけたらと思います。ただ、月は2、3日でひとつのハウスを移動しますから、水星や金星との位置関係もすぐに変わります。ピンポイントで意識して、深読みしすぎないことも大事でしょう。1日でできることには限りがあります。あまり重く受け止めて「占いに振り回される」状態になっては本末転倒です。行動するリズムをつかむ、そんな感じで楽しみながら読みましょう。

月が日運にもたらす意味

月は気分や感情、飾らない本音を扱う星。太陽が「意志」をあらわすのに対し、時に子どもっぽい願望や甘えも反映されるでしょう。約1カ月（正確には29.5日）かけて12サイン／ハウスを巡り、それをぐるぐると繰り返しながら日々は過ぎていきます。よって日運読みにおいては、冒頭の意味合いではなく「月＝繰り返し行う日常」をあらわし、「月が巡ったハウス＝その日の運」と考えるといいでしょう。アスペクトが生じると、その運にプラスもしくはマイナスの意味合いが加わります。

サインの意味は第1章でご紹介したとおりですが、かなり壮大なものもありますね。「相続・遺産」（8ハウス）や「転職・独立」（10ハウス）などは、とても1日でどうにかなる話ではありません。話の発端くらいはあるかもしれませんが、毎月のように遺産の話が出るわけでもないでしょう。日々の生活で「活かす」ためには個別のキーワードにとらわれすぎず、ハウスの意味をふわっと押さえましょう。

水星が日運にもたらす意味

水星は「知性とコミュニケーションの星」と呼ばれ、人間関係とコミュニケーションを読み取る星です。まあ悩みというのはほぼ全部が人間関係なわけですが、「この時期は人間関係を広げていく時期」「話をリードしたほうがうまくいく時期」などとわかっていると、仕事やコミュニティ内での振る舞いを選びやすくなるでしょう。この水星のハウスと月のハウスが60度、120度などのアスペクトを組むと話はスムーズに進むことが多いですし、90度、150度、180度などのアスペクトを組むと注意や工夫が必要でしょう。仕事などの作戦を立てるのに活用して。

サブで見る星

金星が日運にもたらす意味

金星は「愛と美の星」と呼ばれ、恋愛運一般を読み解く星です。この星が今どこにあるかで、恋の傾向や出会いのチャンスを読み取ることができます。ひとつのハウスには約1カ月前後滞在するため、ときめきも涙も、お誘いのチャンスも1カ月もすれば状況が変わる……などと言ってしまうと夢がなさすぎでしょうか。それはともかく、毎日アップダウンがあるわけではありません。ハウスを移動する時、月やその他の惑星とアスペクトを組んだ時（第1章も参考にしてください）は強く意味合いが出る、と考えておくといいだろうと思います。

read the Daily fortune

日運を読むうえで

0度

月と水星がコンジャンクション

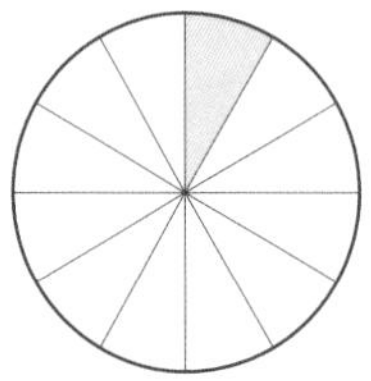

よい意思疎通ができそう

自分の気持ちや考えをよどみなく整理できており、仮に矛盾があったとしてもそれをも理解できている状態。相手の気持ちをくむことにも長け、最適なコミュニケーションをとれるタイミングです。「人の心は移り変わるもの」という意識が念頭にあるので、目の前の人の気持ちの上下にも敏感に気づきます。話すのみならず、文字によるコミュニケーションもはかどります。SNSやメールでいいやりとりができるはず。

120度

月と水星がトライン

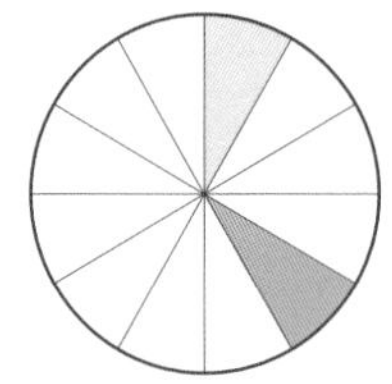

言葉があふれて止まらない

自分の気持ちをスムーズに言葉にできるので「言葉がどんどんあふれて止まらない！」という状況に。どちらかの星が3ハウスや5ハウス、9ハウスに入っていると、自分が興味を持っていることをひたすら話すような展開も。7ハウスに入れば相手の話にも耳を傾けることができそうですが、「自分ばかりが楽しくて、話す相手の気持ちはおいてきぼり」なんて可能性も。コミュニケーション上手になるためには、ちょっとした気づかいが大事に。

150度

月と水星がインコンジャンクト

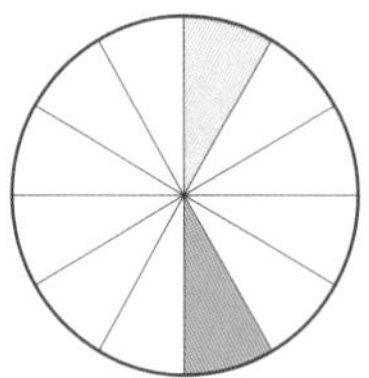

なんとなくモヤモヤ

「話が見えない」「相手の気持ちが理解できない」など、相手の気持ちや自分がおかれている状況がわからないことがちょっぴりストレスに。共通点がまるでない人とコミュニケーションをとることで神経をつかって疲れてしまうこともありそう。気にしなければOKとはいえ、このアスペクトの場合はイヤでも気をつかってしまう運命にあり、「なんかイヤだな～」という気持ちがつきまとうでしょう。大人の対応で時間が過ぎ去るのを待つのが賢明。

180度

月と水星がオポジション

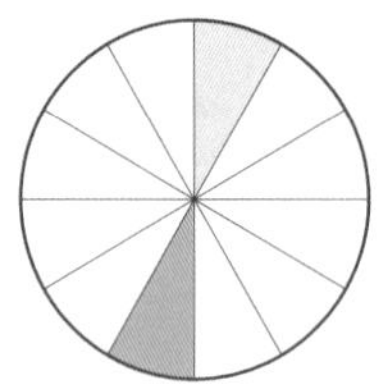

本質を見失いがちに

相手の言動の細かなところまで、実に敏感にキャッチできる時です。ただ、それだけに「気にしすぎる」部分はありそう。「木を見て森を見ず」の人間関係バージョンになってしまうので、「えっ？　このYESは本当にYES？　表情を見る限りではNO寄りのYESという感じ……あっ、また目が合った、ヤバ！」という感じで、肝心の話の本質にまで目が行き届きません。集中力も散らかりがちで、大事なシーンでも「心ここにあらず」状態に。

チェックしたい星の位置関係

0度

月と金星がコンジャンクション

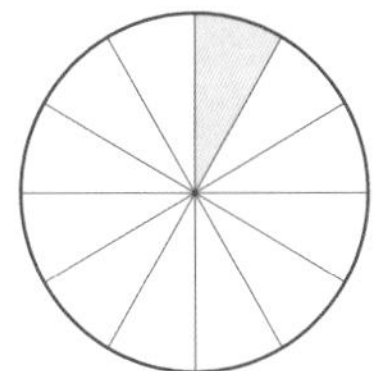

協調性抜群で楽しい時間に

思いやりや協調、愛といった感情が意図せずとも自然にあふれ出るタイミング。自然と愛され、かわいがられる人間関係をつくれるでしょう。いい人間関係をつくろうという気持ちから、人のお手本となるような行動を自然にとることも多いでしょう。仮に、そばにいる人同士がピリピリしたムードになっても「まあまあ」ととりなし、穏やかな場を保ちます。ただし、暴言や意地悪を真正面から受け止めてショックを受けがちなところも。

120度

月と金星がトライン

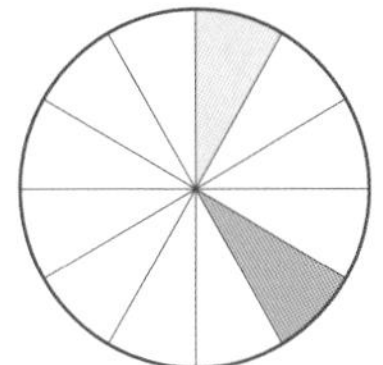

愛に満ちた時間に

恋をしている人にはうれしいアスペクト。心いっぱいに愛が満ち、愛を行動であらわしていくことで相手からも愛されるという循環が生まれます。恋愛のみならず、誰に対しても優しく接するので好印象を持たれるでしょう。ただ、そこに成長や鍛錬といった厳しさは皆無。「嫌われるのを覚悟で言う」「衝突も恐れず白黒はっきりつける」といった行動は避けたがるので、問題を先送りしていることも。セクスタイル（60度）でも同様の意味に。

90度

月と金星がスクエア

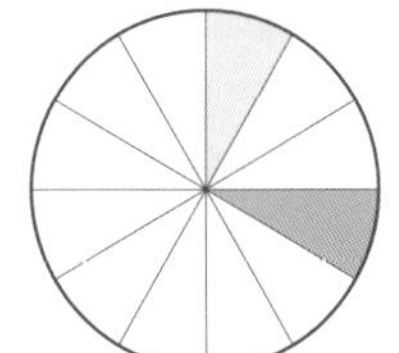

考えすぎて不安定に

「相手はどう思っているのだろう」「SNSで書いていたあの言葉は誰に向けたものなのだろう」などと詮索するような気持ちに。面と向かって聞くこともできず、モヤモヤばかりがつのりそう。どちらかの星が8ハウスや12ハウスに入っていると、思い悩みすぎてメンタルが不安定になったり、挙動不審になって自己嫌悪に陥ったりすることも。月はすぐに移動するので、趣味に没頭したり友達と会ったりして。気をまぎらわせると◎。

180度

月と金星がオポジション

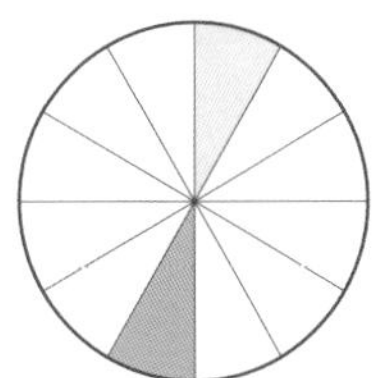

気分の上下に注意して

ひとことで言えば「対立」。好きな相手のいいところはもちろん、嫌なところや心配のたねまでつぶさに見えてしまい、気持ちが過剰にデリケートに。「どんなふうに振る舞えば相手は気に入ってくれるだろう」などと思い始めると際限がなくなり、自分らしく振る舞えなくなってしまうこともありそう。気にしすぎないのが一番ですが、その前に「細やかに目を配れている自分」を褒めてあげることも大事でしょう。つらいばかりにしないこと。

慣れてきたら、これら以外のアスペクトも活かして読もう！

1ハウスに月がある日の運気

一歩前に出る日

自分らしさを出してどんどん前に進もう

仕事

人や集団をリードする

自分らしさや自分のやり方にとことんこだわりたい時。人にあれこれ指図されるのを待つよりも、自分がリードするかたちで場の雰囲気を引っ張っていったほうがいいでしょう。仮にリードできるような立場でなかったとしても「意見をはっきりと言う」「自分のキャラを活かして得意なポジションに立つ」ことを意識してみるといい1日にできるはず。同時に、「自分らしくないな」と感じていた物事からは、そろそろ卒業を考えて。

転機

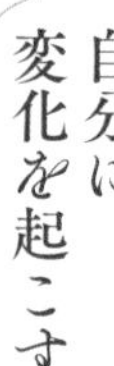

自分に変化を起こす

外見でも行動でも、「いいかも！」と思ったならどんどん変えてみるといい日です。たとえば髪型やメイクを変えたり、夜型を朝型にシフトしたりと、思いつきでもOK。とりあえずやってみることが大事です。周囲の反応が変わり、停滞していたことにも動きが見られるかもしれません。この日に訪れる新しい出会いはあなたの胸を特別にワクワクさせるはず。行きたい場所に行ったり、気になっていたものを買ったりしてみるのもよさそう。

悩み

自分がやる

今まで他人まかせにしてきたことを、自分で頑張ることになりそうです。あなた自身が「やっぱり自分でやらないと」と自覚することもあるでしょうし、「そろそろ自分でやって」と相手に言われることもあるでしょう。仕事なら、先輩に手伝ってもらっていた仕事を「今日は自分でやってみます」などと言うのもいい選択に。その主体性が評価されますし、あなたも気持ちを引き締めて頑張れます。勇気を出す価値がある日といえるでしょう。

恋愛

自分の気持ちに正直に

「気がつけば体が動いていた」など、瞬発力が増す時。たとえば仕事において反射的に「やります！」と手をあげたり、理不尽な指示に対して衝動的に反論したりと、スピードとエネルギーが制御しにくくなるのかもしれません。恋においても「初対面で好きになった」「目が合った一瞬で心を奪われた」なんてことが多い時です。その相手と気持ちやタイミングが一致すれば、予想もしない恋がスタートすることもあるだろうと思います。

2ハウスに月がある日の運気

安定を目指す日

1ハウスで一歩前に出た自分を安定させる

お金

いわゆる「金運がいい日」

2ハウスの月は「自分が手に入れたものを安定させ、維持する」というかたちで理解すると、現実的な読み解きができます。たとえば、お金というのは、生活を安定させるための最重要課題。2ハウスのお金は棚ぼた式に舞い込んできたものではなく、自分で稼いだお金です。お金は経験やモノと交換できますが、どう使うと自分のためになるでしょうか。そうした観点から考えると、よく言われる「金運がいい日」にできるだろうと思います。

仕事

安定収入を目指す

培ってきたスキルを磨くこと、スキルを活用することで自分の能力を示すのが、月が2ハウスにある日の重要なテーマです。お金を得るためには、能力をたゆまず磨き続ける努力が欠かせませんね。この日は努力の継続を意識してみるといいでしょう。人によっては副業など、本業とは別に収入源を持つことが、「安定」につながることも多いはず。スキルをどう活かせるかを考えてみると、月が3ハウスに移ってから情報が集まります。

仕事

自分のやり方を守れるか

安定のためには、自分のペースや自分なりの成功法則、手堅い計画・見通しといったものが欠かせません。自分なりに磨き上げたこれらのものを守り抜こうとする時で、他人に乱されると強い抵抗感が生まれます。アウェーな環境ではストレスも大きいでしょう。ただ社会のなかでやっていく以上、ある程度は折り合いをつける必要も出てくるでしょう。自分の意見ややり方をどう通すのか、シビアな調整力が求められる日となりそうです。

恋愛

恋はよくも悪くも計算しがち

恋に関しても、安定が軸となります。たとえば結婚すると家計がひとつになりますが、「それで幸せになれる？」という計算が無意識のうちに働くでしょう。素敵な人と出会っても、経済面ばかりが気になってしまうようなこともありそうです。これは打算的な姿勢に見えますが、逆に言えば「好きになると悪条件を全スルーし、あとで泣く」というタイプの人には重要な視点です。自分の金銭感覚とすり合わせる機会にしたいですね。

3ハウスに月がある日の運気

世界を広げる日

コミュニケーションと情報を武器に広い世界へ

仕事

情報収集がはかどる

2ハウスで安定に力を入れたあとは、安定させたものを活かす段階に入ります。それが3ハウスの命題……といっても日々の生活ではそんな大義名分のもとに頑張りすぎなくても大丈夫ですが、連続の課題として考えると面白い時もあるかもしれません。さてこの日は情報収集に力が入ります。特に相性がいいのが、SNSや雑誌、テレビなどトレンドを追う媒体。今の自分に必要な情報をキャッチできるでしょう。気になった情報はすぐ調べて。

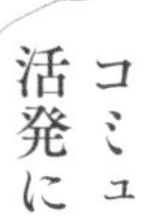

対人

コミュニケーションが活発に

メッセージのやりとりが活発になったり、雑談が盛り上がったりと、楽しい言葉に満ちた1日となりそうです。深刻な議論というよりも、ぽんぽんと言葉のラリーが続いていくような印象です。あなたも相手も普段以上によく話し、あっという間に時間がたってしまうことも。それでもまだ話し足りない人も多いかもしれません。返信はスピーディな方がよく、長文よりも短文が好まれるでしょう。SNSの通知が止まらなくなる人も⁉

趣味

フットワーク軽く動いてみたい

仕事帰りにふと気になるお店に立ち寄ったり、休日であれば偶然見つけたイベントに飛び込み参加してみたりと、好奇心の赴くままに動いてみると、いいことと出会えます。以前から「面白そうだな」と思っていた趣味の道具をそろえにお出かけ、なんてプランも楽しそうです。体を動かすことで、運が動きます。いつもと違う風景を目にすることで、いい刺激ももらえるでしょう。好情報をつかむなど、3ハウスの運がさらに活性化することも。

恋愛

好奇心が恋につながる

趣味が同じ、好きなアーティストが同じ……など、関心を示す範囲が同じ人とご縁が生まれそう。ミュージックバーで隣り合わせになったり、SNSでフォローしたりと、つながるご縁を大切にしたいですね。ただ、金星と良好なアスペクトをとっていない場合は、おしゃべりは盛り上がっても恋が生まれそうな気配にまでは至らないかも。とはいえ、空振り感があっても気にしなくてOKです。今は進展よりも、楽しい時間を共有するほうが大事です。

4ハウスに月がある日の運気

プライベートの日

素の自分を見せることができる場所と相手

「ホーム」といえる場所

月が４ハウスに入る日は、世界を広げる３ハウスの日とはうってかわって"内向き"です。飲み会で盛り上がりまくって帰宅して、「楽しかったけど、家が一番だな〜！」とくつろぐようなシーンを想像してください。そんなふうに家でくつろぐ時間を大切にすると、英気が養われ、やる気をチャージできます。自宅よりも、恋人の家や行きつけのバーがもっともホッとする人もいるでしょうか。安心できる場所で、疲れた自分を癒やしましょう。

身内だから許す／許される

家族や仲間など、「身内」と呼べるような間柄の人のために力を尽くすことになるかもしれません。急に送迎をする、コネを使って手続きをするなど、親身になってあげると感謝されるでしょう。あなたとしても、役に立てたということが何よりうれしいはずです。あなた自身も、ちょっぴり甘えたり頼ったりといったことが許される雰囲気でもあります。成人しても親の前では子どもに戻ってしまうように、甘えられるうれしさがあるはずです。

等身大の自分を大切に

私たちは社会のなかで生きていくために、いろいろなよろいや飾りをつけています。しっかりして見えるように、攻撃されないように、役割に見合う自分でいるために——これらは決して自分を偽るという意味合いではなく、その場その場にふさわしいように努力している証拠です。ただ、月が４ハウスに来る時はそれらを脱いで、等身大の自分になってみてもいいのかもしれません。自分の「本心」を、正しく理解できる時でもあります。

安心第一の恋をする時

恋は守りに入りがち。傷ついたり、失恋したりすることを避けようと、思い切った選択には出ないでしょう。一方で、守られたいとか安心させてほしいという気持ちも、普段以上に高まります。よく知っている身近な人、包容力を感じさせる人に惹かれる人は多いのですが、自分が依存モードになってしまっていないかは、よくよくチェックしておきたいところです。恋人がいる人はマメに世話を焼きますが、おせっかいにはならないように。

5ハウスに月がある日の運気

ときめきの日

ワクワクするようなことを日常に呼び込んで

自分から愛する日

恋愛運に動きがある日です。日運では「恋愛運が好調」などと書かれることが多いのですが、素敵な人から告白されるような“モテ期”とは異なります。あくまでチャンスメイクするのは自分であり、それしだいでは空振りになりやすいでしょう。なお、「特別に好きというわけではないけれど、この人だったら幸せにしてくれそう」といった、打算優先で進めたくなった恋は進展しにくいかも。この日の恋は、ときめきがスタート地点です。

刺激的な恋愛

スリルやドキドキがメインの、ドラマティックな恋愛がこの日の管轄。「ときめき」よりもかなり濃い印象ではありますが、それでも胸が高鳴るような気持ちにさせられる恋のチャンスを手にしやすいでしょう。ただ、刺激を好むがゆえに、ときめきがなくなったら終了……と短命に終わりやすいかもしれません。時にはワンナイトということもあるでしょう。そうした関係もまた恋のうちですが、長続きさせたいなら会話や思いやりも大切に。

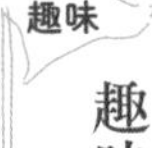

趣味にときめく

5ハウス＝恋愛の日と思われがちですが、根幹には「自己表現」への欲求があります。その自己表現のバリエーションのひとつが「あなたが好きです」という思いなわけですね。それと同じように、好きでハマっているものを、自分なりのかたちで表現したい、と考える人はとても多いでしょう。たとえば趣味の創作活動に没頭したり、“推し活”で愛を叫んだり、「好きーーー！」と全世界に叫ぶような時間を持つと充実するでしょう。

仕事

オリジナルな表現で勝負する

クリエイティブな仕事に携わる人にとっては、月が5ハウスに巡ってくる日は活躍のチャンス。おそらく自然にアイデアがわき出てくるかと思うのですが、普段から「ウケそうなもの」をベースに発想している人は、ぜひ軌道修正をはかりましょう。月が5ハウスに巡る時に運気が上がるのは、「自分が表現したいもの」です。「こんなことをしたら面白いかも」という遊び心をうんときかせて、見る人を楽しませるつもりでいるとよさそうです。

6ハウスに月がある日の運気

忙しい日

バタバタの1日。無理はしないで過ごそう

仕事

責任感が高まるがゆえの忙しさ

月が6ハウスに巡る日は、かなり忙しくなります。仕事に家事にとやるべきことが山積みで、なかなか終わりが見えません。あなた自身も、自分に課せられた役割を全うできることは喜びでもあるのでしょう。近道や抜け道など考えもせず、真っ向勝負で力を尽くすはずです。ここでの努力には、多くの場合「見てくれている人」がいます。ここで培った信頼が次の7ハウスで人間関係に活きますので、無理せず力を尽くしていけると素敵です。

ワークライフバランスの調整を

多忙さはすべて引き受けなければいけない、というほど人生は厳しいものではありません。月が6ハウスに巡る時の多忙さは「調整が可能」ということをよく覚えていてください。できないことはできないと言う、現実的なスケジュールを提案するなど、あなたの健康と仕事の完遂を両立する方法を模索するのに向いた日です。根性論は選択肢に入れないこと。おそらく、ここであなたが無理と思うことは「本当に無理」だからです。

健康

自分の体を大切に

疲労がたまっているところに月が6ハウスに巡ると、無理がきかなくなります。すでに無理な状態が続いてしまっているからです。さらに用事を上乗せするようなことは避けましょう。この日はやるべきことが終わったら、栄養のあるものを食べてさっさと寝てしまうのがいい選択といえそうです。すでに体調を崩しているなら、まずは病院へ。有給をとってゆっくり過ごすなど、自分をきっちりと休ませることを意識するといいでしょう。

恋は相手のサポート役に

恋愛が大きく盛り上がる日ではなく「ときめきよりも日常」です。ただ、人生がキラキラした日ばかりではないように——むしろ、おおかたは退屈で地味な時間の積み重ねであるように——こうした日も前向きに乗り切ってこそ、愛も確かなものになるのでしょう。日常モードのなか、相手のために力を尽くせるのがこの時期です。手伝ったり、グチを聞いてあげたりと、今のあなたにできることをやってあげるとよさそうです。

read the Daily fortune

7ハウスに月がある日の運気

あなたとわたしの日

フラットな視線で向き合い、つながる

対人

いい関係をつくれる日

月が7ハウスに巡る日は、一対一の人間関係が活性化。お互いがお互いのことをしっかり見すえることができるため、課題やテーマを「私たちが向き合うべきこと」と自分ごと化してとらえることになります。人は形式上、協力関係にあっても課題を押しつけ合ったり、逃げ腰でいたりすることがあります。そういった経験がある人ほど、この日に導き出される結論や「話ができた」という記憶は尊く、ありがたく思えるだろうと思います。

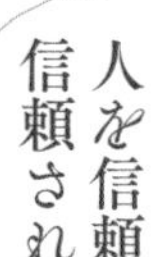

仕事

人を信頼し、信頼される

ここまでの真摯な努力によって、人からの信頼がすでに「ある」状態で話が進んでいきます。信頼してもらうための努力がショートカットできるので、話が早くスムーズだと感じられるだろうと思います。仕事の打ち合わせや交渉、お願いごとなどをするにはぴったりの日といえるはずです。ただ、この日の1～2日ほど前、つまり月が6ハウスに巡っている間にサボったりダラけたりしていた人は、ここからの誠意が試されているかも!?

対人

つながる喜びを感じよう

思いもよらないところで、あなたを思ってくれている人がいたことを実感できそうです。知り合いが連絡をくれたり、「頑張っているね」と褒めてくれたり。人と人をつなぐ絆は目に見えないけれど、それでも「つながりは確かにあるのだ」と感じられるでしょう。周りに人はたくさんいるのに孤独を感じてしまうような日も、誰かに裏切られて心にぽっかりと穴があいたような日も、このつながりに助けられたりするのだろうと思います。

恋愛

愛に前向きな追い風が吹く時

信頼感を持ち合えているカップルであれば、7ハウスに月が巡る日はちょっぴり特別感があります。「わかり合えている」「つながっている」という実感のもとに、さらに関係を深めていける人は多いでしょう。7ハウスで新月が起こった場合は、結婚やそれに準ずる関係に向かって一歩、進展があるかもしれません。もちろん、「あなたとお相手が望むなら」のお話ですが。理想のパートナーシップについて、お話ができるといいですね。

8ハウスに月がある日の運気

深める日

相手を受け入れ、思いを受け取る

仕事

真剣&集中モードに

月が8ハウスに巡る日は、いったん何かに取り組むと、深く深く没頭することができる集中力抜群の日。一度にひとつのことに取り組める環境に身を置くと、素晴らしいパフォーマンスを発揮できるでしょう。一方、ながら作業やマルチタスクのように、いくつかの物事を同時並行で進めるととたんに調子が狂い、中途半端な成果にとどまり、時間ばかりを浪費してしまうことも。物事に優先順位をつけ、集中しやすい環境を整えて挑戦しましょう。

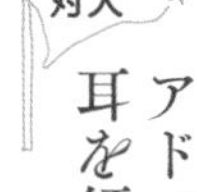

対人

アドバイスに耳を傾けて

「思いを受け継ぐ」という意味合いも、月が8ハウスに巡るこの時期ならではでしょう。人からアドバイスをもらったり、ノウハウを教わったりすることが多いのですが、あまりピンとこなくてもまずは素直に耳を傾けてみるといいだろうと思います。意外なほど、核心を突いたような指摘も多いことでしょう。聞いてから時間がたって、ふとした瞬間に「そういうことか！」とわかることも多そうです。その瞬間を、どうぞお楽しみに。

対人

どんな感情からも、目を背けない

身近な人の心の裏側がふと、かいま見える瞬間がありそう。ブラックなホンネになまなましい感情など、「この人が!?」とびっくりすることもありそうですが、同時にそれは自分のなかにもあると気づけるのかもしれません。根に持つ、恨む、憎む。そうした感情は隠されてはいるものの、確かに存在します。それほどまでに強い感情を乗り越えてなお人間関係を取り結んでいこうとする時、真につながるべき人もわかってくるのかもしれません。

恋愛

ディープな恋の香りが広がる

「この人しかいない」「この人と結ばれるためなら、何だってする」などといった、強い感情が生まれる時。そう思えるほどに素敵な人と出会える、ということでもあろうと思います。ただ、一歩間違えば愛が執着に変わりやすくなる時期ともいえるでしょう。相手のSNSを何度も見てしまうような時は、ちょっと肩の力を抜いていけるといいですね。シングルの人は、なぜかワケアリの人との接点が多めに。流されないよう冷静に考えて。

9ハウスに月がある日の運気

視野を広げる日

自分の知らない世界を見てみたくなるかも

対人

既成概念を吹き飛ばされそう

自分とはまるで違うバックボーンを持った人の意見に「目からウロコ」的な気持ちになりそう。「考えたこともなかった」「そうくる!?」などと、ワクワクしながらアタマもココロも柔らかくなっていくのを感じるはず。リアルな知り合いはもちろんのこと、SNSで気になる人をフォローしてみるとよさそう。仕事やプライベートで感じていた閉塞感を、思ってもみない角度から吹き飛ばしてくれるようなこともあるかもしれません。

仕事

「いつもの風景」を飛び出そう

海外のニュースやテクノロジーからいいヒントを得られる時。仕事でアイデアに行き詰まった時は、海外事情を調べてみるといいでしょう。「いつもの風景」とはまるで違う世界の事情がいい刺激をもたらしてくれます。ただ「海外はこんなに進んでいるのに、日本は遅れている」などと批判的になると、学びの機会は半減してしまうかも。どちらにもいいところがあるという視点に立って、見えてくるものを大切にしたいところです。

自分

限界を超えたっていい

月が9ハウスに巡ると、楽観的な気分になる人も多くなります。普段なら選ばないような選択肢も、この日なら「やってみないとわかんないよね！」という心境に。新たな世界への扉を気軽に開き、「ここが限界」と思っていたラインを軽々と超えていくようなこともあるでしょう。ただ、慎重さや丁寧さは多少犠牲にならざるをえないので、ザツだったりいいかげんだったりする部分もありそう。ハメをハズしすぎないことが大事です。

恋愛

恋によって、ちょっと成長する

恋は「オトナにならなきゃ」と思うような出来事がありそう。衝突したり険悪になったりするわけではなく、どちらかというとイージーモードで楽しい時期なのですが、「好きな人や今の関係を本当の意味で大切にするには、自分がちゃんとしていないとダメなんだ」と気づくのかもしれません。学びを強いられるというよりも、成長したいという意欲が自分のなかから、すっくと気持ちよく立ち上がってくるのだろうと思います。

10ハウスに月がある日の運気

頑張れる日

仕事でも勉強でも、本気でコミットする

仕事

今日の積み重ねが未来に活きる

仕事や勉強など、今やるべきことに全力を尽くせる日です。目標は高めに設定してみるとやる気が出ますし、意外とスルッと達成できそう。10ハウスはキャリアや転職、独立などのハウスですが、日運ではそういった一大チャンスに至る前の日常を扱います。キャリアも転職も、ただ目指すだけでは何も起こりません。こうした「全力を尽くす」という日々を積み重ねた先に訪れるチャンスこそが、あなたにぴったりのものであろうと思います。

目標

アツい熱意を行動に変える

意欲や向上心、野心といったものがふつふつとわき上がってきそうです。現状に甘んじることなく、もっと上を目指してみたくなるのです。もしそんな感情に気づいたら、ノートや手帳に気持ちを書き出してみるといいでしょう。熱意が宿る時は、意外と具体策は「なんかアツい感じで」などとアバウトになりがちです。書き出すことで明確になり、計画に落とし込んでいくことができるでしょう。一歩一歩、成長していけるはず。

仕事

本気モードになれる

ここ最近、楽しいことや現実離れしたことにばかり気持ちが向かっていた人は、ここで「自分の本分を全うする」ことに意識が戻りそう。「やっとエンジンがかかった」「面白くなってきた」といった感覚で自覚できる人も多いことでしょう。ここでいう「本分」は、仕事や勉強といったおおまかなジャンルのほか、「他人のことにばかり首を突っ込んでいた人が、自分のやるべきことに意識を戻す」といった意味合いもあります。

恋愛

「しっかりしたい」気持ちが裏目に

恋は少々、世間体を気にする気持ちが強まるかも。「人からどう思われるか」なんて、愛し合っていればどうでもいいと頭ではわかっていても、ネットで見た誰かの言葉が妙に気になってしまったりするのでしょう。そういう気持ちは止めようがないけれど、月が移動すれば気分も変わります。悩みすぎずに2、3日程度待ってみてはいかがでしょうか。カップルは無責任に思える言動をされるといら立ちを覚えるよう。ケンカより話し合いを。

11ハウスに月がある日の運気

みんなとわたしの日

社会全体に思いをはせてよりよい未来を目指す

仕事

“ヨコのつながり”を強めていく

ひとりで頑張るよりも、皆でワイワイ頑張ったほうが得るものが大きい日です。ここでいう「皆」とは、仲間や同僚、同期など“ヨコのつながり”の人。抜群のチームワークを発揮して、ひとりではとうていかなえられない目標も射程距離に入ってくるでしょう。ここでの関係は「みんな同じようにやろう」という段階からは、すでに卒業しています。「どの人も、自分の個性や能力を活かして自由にやろう」という、ゆるいまとまりが特徴です。

対人

損得抜きで人とつき合う

人の「善の部分」に触れることが多い日です。当たり前のように親切に、丁寧に接する人に力を貸してもらえたり、そういう人を見かけて心温まる思いがしたりするでしょう。そうした経験の優れたところは、「自分もそういうふうに行動したい」と思わせてくれるところ。あなたもまた無意識のうちに人に親切にし、優しさが循環していくのです。大事なのは損得抜きで行動すること。見返りを求めはじめると、疲れるうえに運も停滞します。

成長

社会問題への理解を深める

11ハウスに月が入ると、不思議なほど社会的な課題が目に飛び込んできます。ジェンダーの問題、マイノリティへの差別、弱者に厳しい社会など、さまざまな問題が見えてくるでしょう。そうしたものに関心を持ち、自分のなかにある偏見をなくしていくのがこの日です。偏見や差別意識などないつもりでも、知らないうちにそう受け取られるような発想をしていたこともあるでしょうか。こうした星回りの日を上手に活用したいですね。

恋愛

友達の延長線上に恋の予感が⁉

交友関係が活発な時期だけに「恋をしたい！」という欲求はそれほど強くはならないでしょう。気になる人ができるとしたら「友達が好きな人に昇格する」というパターンでしょう。同僚のふとしたしぐさにドキッとしたり、SNSで友達が見せた笑顔に心惹かれたりと、自分の気持ちの変化にとまどうことも。急いで進展させるよりも、なんでもない会話をしながら楽しい関係を維持した先にこそ、友情が恋に変わる可能性が見えてきそうです。

12ハウスに月がある日の運気

インスピレーションの日

ひらめきや直感は意外と正しいかも

生活

ひらめきが冴える日

「なんとなく、こっちがいいと思った」「言葉ではうまく説明できないけれど、こう思う」というひらめきに従って動くと、不思議とうまくいく時です。その時は思いついた内容にピンとこなくても、あとから振り返ればその直感が正しかったことがわかったりもするでしょう。頭に浮かんだことがあれば、メモしておくと面白いかもしれません。ただし、疲れている時は判断力が低下しやすいので、まずは体力回復に努めましょう。

対人

ひとりの時間を大切に

誰にも打ち明けられない、自分のホンネと向き合う時です。弱かったりズルかったりする自分は、大人になればなるほど「いいトシをして」「もっと大変な人もいる」などといった発想から押し込められることが少なくありません。ただ、それでは自分は救われませんよね。この日は短時間でもいいのでひとりの時間を持って、そうした自分をも肯定してあげるといいだろうと思います。それでこそ、気分も上向きになっていくでしょう。

対人

自分を犠牲にしてでも、人を助ける

人の弱さや孤独、誰にも言えない秘密といったものを察するばかりでなく、同情心のようなものがわいてくる時期です。自分にできることがあれば助けてあげたいと考えますし、実際に力も尽くすのでしょう。相手を選ばないと過剰に頼られて難儀したり、自分がしたいことができなくなったりすることも。優しい気持ちをいいように利用されたり、心の余裕をなくすことになったりしないよう、少しだけ注意を払っておくと安心です。

恋愛

優しい気持ちが恋に変わる

基本的に恋を楽しむことに前向きな気持ちの時期ではないのですが「かわいそうな人」「報われない人」になぜか弱く、一目惚れのようにして恋に落ちてしまうことがありそうです。過去の恋の痛手から立ち直れない人、モテなくて幸せを諦めている人など、どこか人生の迷子になったような人を「自分がなんとかしてあげたい」と思い、気になり始めるようなことがあるでしょう。同情なのか愛なのか、自分の心をよく見つめて。

計画を立てて充実の1週間に

read the weekly fortune

週運を読む

Point 週運を読むポイント

- 「流れ」として読み計画に活かす
- 「流れ」＝得たものを活かして次に行く
- いけそうな気になることが大事

週運でメインに読むのは月。月は1週間に3つのハウスを移動するので、その流れを読んでいきます。サブで読むのは水星、金星、火星。その週に入っているハウスを調べます。月・水星・金星・火星の運行表は191ページから。さらに124、125ページでアスペクトをチェック！

雑誌やウェブサイトでよく見かける「今週の運勢」。学校や企業の多くが月曜スタートで土・日曜に休む、というスケジュールで動いている現代。世の中のイベントもだいたい、そうしたリズムで動いていますから、「今週はどんな運勢なんだろう」と気になるのはもっともなことだろうと思います。「今日の運勢」は1日限りなので運試し的な役割がありますが、「今週の運勢」は調整や計画の参考にすることが可能です。「週の前半はのんびりして、後半は本気を出していこう」「決戦は金曜日だ。計画的にやろう」などと思えるようになるのです。運気を先読みすることで、毎日にリズムをつけていく。そんな読み解き方ができると、人生は楽しいものになるのではないでしょうか。

読み方としては、ベースとなるのは月の動きです。月は1週間に3サイン程度を移動するため、ひとつのサインで学んだことを次に活かすように読むと毎日につながりと意味が出てきます。これは、「今日の運勢」で日々をぶつ切りにして読むのとはまるで違う楽しみといえるでしょう。新月や満月を加味して読むことで、これから挑戦しようとしていること、今、頑張っていることにも目処をつけやすくなります。

ほか、週運の読み解きで使うのは水星や金星など動きの早い星々、それから人間関係に影響が出やすい火星です。これらの星がサインをまたぐ際、あるいは月とアスペクトをとる際に、通常の月の意味合いにプラスして読むといいでしょう。水星と金星がサインをまたぐのは約1カ月に1回、火星は約1カ月半に1回です。加えてこの3星は、定期的に後戻りするかのような動きを見せる「逆行」というイベントが定期的にあります。この時期は、惑星の力がストレートに発揮されにくい一方で、普段は気づけないことに気づける時期として週運に読み入れます。また、アスペクトはハードアスペクトを特に意識すると、要注意ポイントのように使えるでしょう。

月が週運にもたらす意味

メインで見る星

週運では、月は「自覚できる感情の流れ」ととらえます。「なんかいい感じ」「積極的に頑張れそう」といったプラスの感情もあれば「何もしたくない」「頑張れない」という日もあるでしょう。占いというと前向きな内容に落とし込まなければいけないようなイメージもあるかもしれませんが、まずは自分が“そういうモード”になりやすい、ということを月から読み取ります。月は1週間にほぼ3つのハウスを移動するため、多少落ち込んだとしても2、3日すれば気分は変わるというとらえ方もできます。そう考えておくと、人生もしのぎやすくなりますね。

新月は「スタートの時」、満月は「物事が一定のラインまで到達するので、それを踏まえて振り返りと調整を行う時」と読みます。年に2回程度起こる日食・月食は特別な新月・満月です。日食は「ゼロベースからの出発の時」、月食は「結論が出るので、“次”を考える時」と読むといいでしょう。

水星が週運にもたらす意味

人間関係とコミュニケーションまわり、仕事におけるポイントを読みます。サインをまたぐ日は意識を向ける対象ややりとりする相手が変わる時。約3カ月に1回訪れる水星逆行時は「連絡の遅延」「勘違い」「予定の仕切り直し」「再会」が起こりやすい時です。

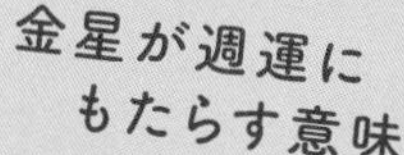

金星が週運にもたらす意味

恋愛全般を読みます。パートナーとの間で起こること、出会いや進展のチャンス・場所、それからあなた自身の、恋におけるテンション。金星は美容やお金にも関連の深い星で、1ハウスにあれば魅力が増す時、2ハウスにあればショッピング運が好調です。

火星が週運にもたらす意味

自分が何のために野心や闘争心を燃やす時期なのかを意味します。「いら立ちを感じやすいポイント」「怒りの傾向」と考えてもいいでしょう。水星や金星と合わせて読むとケンカしやすいポイントが、月と合わせると「ついカッとなってしまう」傾向がわかります。

週運を読むうえで

180度

月と火星がオポジション

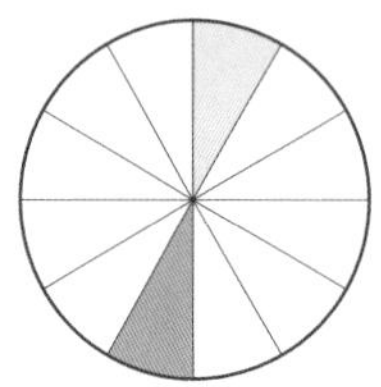

衝動性が増す可能性大

心がヒリヒリと高ぶる時。いつもの自分なら受け流せるようなことも、イラッときたりカッときたりと衝動性が高まるタイミングです。1日もたてばおさまる感情だけに、「自分でもどうしてあんなに腹が立ったのかわからない」などと感じることも。あなたもご存じのとおり、「ひとこと言ってやらないと気がすまない」「カッとして手が出た」などの行動は人間関係を破壊するだけ。自分を上手になだめるすべを身につけて成長につなげて。

180度

水星と火星がオポジション

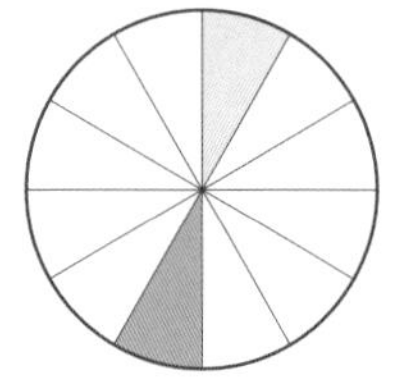

言葉がナイフに変わる時

知性と闘争心が真正面から対立し、ケンカが頻発するタイミング。相手のズルさや目論見が正確に見えてしまうだけに考えれば考えるほど腹が立ち、傷つけるための言葉を使ってしまいがちに。皮肉や毒舌ですめばまだいいのですが、口ゲンカや怒鳴り合いに発展してしまうと冷静な議論はできなくなってしまいます。また「キレやすい人」という噂ばかりが広がって、結局自分が損をすることもありそうです。月のハウスも読んで対策を。

180度

金星と火星がオポジション

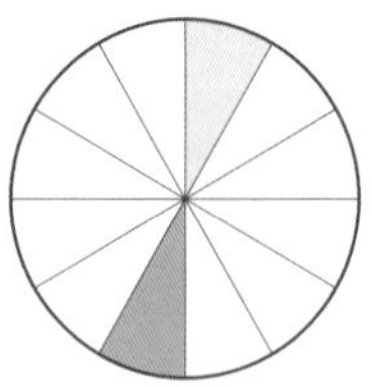

愛ゆえに争いも

愛や情熱も、度がすぎればトラブルのもとに。それをもっとも感じさせるのがこのアスペクト。このアスペクトができている間は、「愛が強すぎて腹が立つ」といった状態になりがちと考えておくといいでしょう。「自分はこんなに尽くしているのに、あなたは何もしてくれない」「愛しているのになぜこたえてくれないの」などと、常に相手に感情の刃を向けている状態に。本心をあらわす月の位置によっては、水面下で思いをくすぶらせることも。

チェックしたい星の位置関係

0度

水星と火星がコンジャンクション

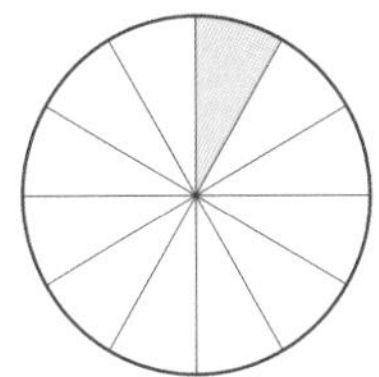

言葉も熱意も使いよう

スピード感のある意思決定能力が備わる時。自己主張もしっかりできるので、会話ではアドバンテージをとれることが多いでしょう。ただ口を開いて出てくる言葉は無意識のうちに強いものになりがちで、激論を交わすか口角泡を飛ばすようなケンカに発展するかは相手しだいに。ただ、摩擦を恐れることなくどんな話題にでも切り込んでいけることから、停滞した現状・環境を変えていく強さが備わるタイミングともいえそうです。

150度

水星と火星がインコンジャンクト

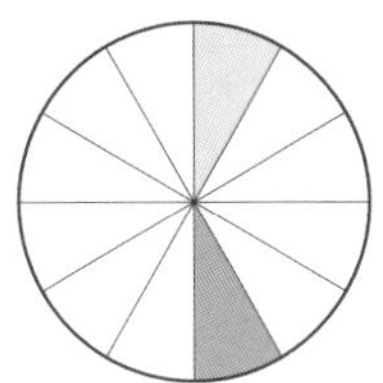

アタマとやる気が葛藤する

知性と情熱がいまひとつかみ合わない時。聡明さや判断力は打ち出しどころを見誤り、情熱は無駄に消費されるばかり。頑張っているしエネルギーをそれなりに使っているのに、うまくいっている感覚を得にくいでしょう。言ってみればアタマとやる気がバラバラに動いている状態なので、それを自覚すればフラストレーションはためすぎないですむはず。アタマ主体で動くと葛藤が大きいので、情熱が主、アタマが従と思うとよさそう。

150度

金星と火星がインコンジャンクト

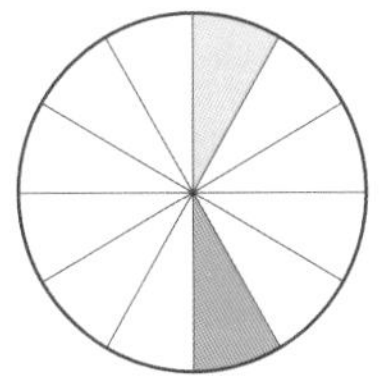

愛のいら立ちを学びに変えて

恋愛関係において「愛はあるはずなのになぜかぶつかる」「好きなのに相手の一挙手一投足にイライラする」といったことが起こりやすい時。相手の問題と思ってしまうと衝突するだけなので、自分の気持ちを丁寧に読み解いていくことが大事なタイミングと思ってみるといい機会にしていけます。特に、「どの相手とも最初はいい関係なのに、だんだんイライラが増えていく」などと特定の怒りのパターンがある人は、ぜひ学ぶ機会に。

1・2・3ハウスに月が巡った週の運気

スタートが肝心の週

スタートダッシュをきかせて流れに乗ろう

仕事

先手必勝！
細かなことはあとから

仕事はスタートダッシュが肝心。「始めてしまえばなんとかなる」精神で、月が1ハウスにある間にあれこれ着手しておきたいところ。細かなところは後追いで大丈夫。月が2ハウスに入れば補うアクションがとれ、3ハウスに入れば情報収集や新しい知識のインプットもはかどるはず。個人的なことは1ハウスから2ハウスの時期にやっておき、3ハウスになってから拡大路線を狙うという作戦も悪くなさそう。好奇心が役立ちます。

恋愛

まずはアクションありき
迷いなく行動できる

月が1ハウスにある時は、思い切った行動ができる時。普段は勇気が出ない人も、自分らしいアプローチができるはず。なかには「自分で自分を止められない」と衝動まかせになる人も。ライバルに差をつけたい、と思う気持ちがあるとさらにむちゃをしがちです。2ハウス以降はちょっと冷静に。好きという気持ちだけで突っ走ってきた人は、ふと現実を突きつけられることもあるのかも。自分の都合ばかりで相手を翻弄しないように。

お金

ショッピングは
2ハウスを上手に使って

月が2ハウスに巡る日は金運上昇。といっても、臨時収入があるのは金星、収入アップを目指すなら木星と、お金を得る・増やすといった行動は他の惑星もあわせてチェックする必要があります。さて、1週間という単位で見ると、月が1ハウスにある間は衝動買いの可能性アリ。安価なものなら買ってみるのもいいですが、月が2ハウスに移動すると冷静に検討できるので、衝動買いを思いとどまる余裕がある場合は2ハウス以降で検討を。

悩み

視野が広がるまで
気楽に過ごすのもアリ

月が1ハウスにある間は、どんなに理性的に考えたつもりでもどこか気持ちが“はやる”ようなところがありそう。2ハウスに入ればメリット・デメリットに目が向かうので、そこから自分がどうしたいかを検討すると建設的な判断がしやすいでしょう。人に相談するなら月が3ハウスに入ってから。自分にはなかった視点から意見をもらえたり、自信を確かなものにする情報が手に入ったりと、視野が広がって、より総合的に判断できるはず。

2・3・4ハウスに月が巡った週の運気

安定志向の週

自分のペースを大切に過ごそう

仕事

小さくまとまりがちだが大きな失敗もなさそう

時間をかけて堅実な判断をしたい、という発想でスタートする1週間。自分のスキルにある程度自信が持てる状態であれば安定した1週間になるでしょう。ただ、仮にスキルや基礎知識が心もとない場合は、焦って表面的な知識で勝負しようとすることも。そして、結局はコツコツと地道にやるしかないと気づきもするでしょう。そうした意味では、自分の実力を自覚し地道な努力の必要性を再確認する、頑張りやさんの週といえるでしょう。

恋愛

安心したいという気持ちが先に立つかも

かなり冷静。打算的といってしまえばいささか辛辣にすぎるかもしれませんが、月が2ハウスにある間は相手のスペックが一番に気になりそう。この時期にマッチングアプリを使ったり、紹介を受けたりすると計算ばかりが働きそうです。ユニークな感性に目が向かうのは月が3ハウスに入ってから。ただ結局は「安定した恋がしたい」という方向に落ち着きそうです。すでにパートナーがいる場合、相手をジャッジする視線はほどほどに。

お金

滑り出し好調！確かな判断力がきく週

月が2ハウスに滞在する間は金運が好調に。自分が求めるものと、金額の妥当性を正しく判断できるので、納得のいくお買い物ができるでしょう。欲しいものについてあまり知識がなく、詳しい人の判断を仰ぎたい場合は月が3ハウスに入った日に相談を。「その発想はなかった！」と膝を打つような、いい意見が聞けるはず。住まいや家族に関することは、独断専行はNG。月が4ハウスに入ってから、丁寧に話し合って決めるといいでしょう。

悩み

即断即決は葛藤を生む打算からも目をそらさずに

自分の幸せを軸に明確な判断を下せる時期。答えは自分の知らないどこかではなく、自分がいちばんよくわかっているでしょう。人に相談したり、ネットで"正解っぽいもの"を探したりしても、結局は最初に胸に浮かんだ答えに行き着く予感です。月が2ハウスにある時は「せかされること」、3ハウスにある時は「わからないこと」、4ハウスにある時は「アウェーなこと」でストレスフルに。4ハウスではストレスを癒やす予定を。

3・4・5ハウスに月が巡った週の運気

お楽しみいっぱいの週

胸がときめくことを一番に

仕事

情報×アイデアで新しい視野が開けそう

冴えた好奇心を胸にスタートする１週間。月が３ハウスにある間はフットワーク軽く行動することを心がけてみると、仕事のフィールドがどんどん広がっていくはず。好きほうだいやっても、月が４ハウスに入れば自分にとって必要なものと、そうでないものをしっかり選り分ける目が備わるので問題ないでしょう。ここで自分を見つめ直すことで、月が５ハウスに入ると「みんなができることをやっても意味がない」という発想が生まれます。

恋愛

自分らしくいてこそいい恋ができる

「恋はこうあるべき」「モテるためにはこうすべき」などという、誰が決めたのかわからないような恋の“アタリマエ”からはちゃんと距離を置いたところで恋と向き合える時。あなたらしい笑顔でいられること、一緒にいるとホッとすることなど、気どらない素直な欲求を大切にして。月が５ハウスに入ると恋愛運が上昇。恋を探している人はときめく気持ちを大切に。カップルは「楽しいね」と言い合えるような時間を持てると素敵です。

お金

身近なことに楽しく使おう

月がどのハウスに入っている時に、何に使うといいものが手に入ったり、チャンスにつながったりするかを押さえておくと有意義な出費ができそう。いい時期に手に入れたものは、いい運を運んでくれます。月が３ハウスにある時には本や勉強のテキスト、通信費などに。４ハウスにある時は家で使う雑貨、インテリア用品、バスグッズなど。５ハウスにある時はわくわくするような趣味のアイテムに使うと、広がりのある運気になります。

悩み

デリケートな自分に優しくつき合ってあげて

ちょっとした気晴らしを大事にしたり、人に相談したりすると解決法が見つかりやすい週。気晴らしをするなら断然、月が３ハウスか５ハウスに入る日です。３ハウスはお出かけ向き、５ハウスは趣味に没頭。悩みからいったん離れることで、ネガティブスパイラルから抜け出せるはず。人に話せるテーマなら、月が３ハウスに入る日に友達に相談を。注意したいのは月が４ハウスに入る日。くよくよと悩みやすいので、癒やしの時間も大切に。

4・5・6ハウスに月が巡った週の運気

自分ファーストな週

自分なりのベストを丁寧に見つけよう

仕事

「自分らしさ」にこだわってみたい

月が4ハウスにある週の始まりはスロースタート。前進・向上よりも、自分の原点を見つめ直したいという気持ちが強くなるはず。そして、それでこそ5ハウスに入ってからの伸びしろが大きくなります。クリエイティブな仕事をしている人は、4ハウス、5ハウスの流れで、とことん自分らしい表現を追求してみるといいでしょう。ここでは少々のヤンチャも許されますが、月が6ハウスに入るとしっかり後始末、そして責任を果たすモードに。

恋愛

大きく盛り上がり優しい流れに推移

恋を探している人は、月が4ハウスにある時期こそ守りに入りがちですが、5ハウスに入ったところでスイッチが入ります。自分から行動を起こしてこそチャンスが生まれる時なので、いいなと思う人と接点を持ったり、連絡をとってみたりするといいでしょう。カップルは楽しい時期。4ハウスに月が入る日はおうちデート、5ハウスの日はワクワクすることをするといい思い出に。月が6ハウスの日はお相手のサポートをすると◎。

お金

心のうるおいは必要経費といえるかも

プライベートでの出費が増加しそう。癒やしアイテムや趣味への投資など心のうるおいになるものは、ケチケチしすぎないほうが◎。合理的に考えると無駄に思える出費も、あえて自分にOKを出してみると元気になれます。月が個人のハウスの最終段階の6ハウスに入ると、仕上げとして健康面の課題が浮上。サプリメントや筋トレグッズなどへの出費は◎です。またワークライフバランスを考えるうえで、仕事量と収入のバランスを検討する人も。

悩み

悩みすぎずに気晴らしをしよう

週のスタート、月が4ハウスに入っている間はどーんと落ち込みやすい時。ひとりでかかえ込みがちですが、よけいなことまで心配しているふしも。アウェーな場所はさらにストレスを感じることになるので、家など安心できる場所で過ごせるといいでしょう。対人関係の悩みであれば翌週に具体的解決をはかれるはずなので、月が4ハウスを抜けたら気晴らしに徹するのも◎。5ハウスの時期はエンタメ、6ハウスの時期は散歩が気分転換に。

5・6・7ハウスに月が巡った週の運気

自分らしく人とつながる週

大切な人とよい関係をつくっていこう

仕事

活気ある忙しさを うれしく感じる時

「自分だからできること」を周囲にアピールするチャンスが到来。週のスタート、月が5ハウスにある日は、他人と同じことをやっていてはもったいない時期。個性と感性を思い切り発揮し、自分の意見を出していきましょう。ここではまず「出してみる」ことが大事。細かいことは月が6ハウスに移動した時に回収できます。あなたらしさがキュッと際立ったところで、7ハウスに入って対人関係が活性化。キーパーソンとの出会いも。

恋愛

恋愛のチャンスが多い ハッピーウイーク

今を楽しむ「恋」も、ずっと一緒にいるための「愛」も追い求めていける、チャンスをつくりやすい時期。出会いのきっかけをつかみやすいので、恋を探している人は積極的に行動を起こしてみるといいでしょう。「自分から動く」というのがポイントです。月が5ハウスにある時は自分らしさを前面に出すことでうまくいく時。6ハウスでは理想的な人と出会えるかも。7ハウスでは出会いのチャンスが多く、駆け引きも恋のスパイスに。

お金

人のために使うお金が 増え始めるかも

家事を手伝ってあげようと食材や掃除用具を買ったり、人と会ったり食事をしたりと、人との接点が増えるなかで出費も増えていきそう。時間を捻出するために家事代行サービスを利用したり、時短家電を買ったりと「時間をお金で買う」ようなことも検討してみるといいでしょう。自分のために使うお金は、趣味と健康、ファッション関連でかさみそう。きちんとした場でも着られる服を大あわてで買ったり、急いで美容院に行ったりすることも。

悩み

対人関係の悩みは まっすぐに向き合ってこそ

月がお楽しみいっぱいの5ハウスにある間は悩みを感じにくいものの、6ハウス以降は「楽しいばかりじゃ、社会では通用しない」と背筋を正す心境に。自分をほどよく律することで、周囲の人から信頼を勝ち得ることになります。これが効いてくるのが、月が7ハウスに移動した時。相手と対等な目線を持つことでうまくいく時期なので、きっといい関係を築いていけるはず。対人関係の悩みは、ここで話し合いを持てると解決への近道に。

6・7・8ハウスに月が巡った週の運気

人と慎重にかかわる週

状況と相手をよく見て判断しよう

仕事

多忙ながら やりがいを感じられそう

週明けから急にバタバタと忙しくなりそう。ただ、誰かにタスクを強いられる“やらされ仕事”ではなく、「ベストを尽くそう」という意識があるのがこの時期です。ある意味、自分から忙しくしている部分もありますが、近道を狙わない姿勢が週の中盤から功を奏するでしょう。周りの人から信頼されて仕事がやりやすくなるほか、引き立てを受けることもありそうです。集中して取り組むタイプの仕事は、月が8ハウスに移動してからが◎。

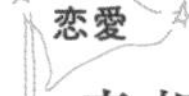

恋愛

相手のために 真摯に考え抜く

恋の美しいばかりではない部分が見えてくる時。地味に関係をつくっていくこと、まっすぐに向き合うこと、独占欲や嫉妬心など心の暗闇と闘うこと。片思いの人は相手にどう見られているかばかりが気になり、複雑な関係の人は相手のために尽くせないこと、思うように会えないことがいつも以上につらくなるかもしれません。ただ、今は信頼できる関係を築いていく時。なまなましい感情とも向き合ったところに、長続きする愛の基礎が。

お金

いただきものや おごられ運がある

月が6ハウスにある時は堅実モード。歩合制など、仕事量によって収入に変動がある人は、労働時間と収入のバランスをとるといいでしょう。頑張りすぎている人は、収入よりも健康を優先したいところです。この時期なら交渉もしやすいはず。月が7ハウスに移動すると交際費が増える予感。人間関係が深まる8ハウスに移動すると、いただきものがあったり、おごってもらえたりとうれしい展開もありそうです。ひとり占めよりシェアが◎。

悩み

真剣に悩み始めると きりがないかも

張り詰めたような気持ちで過ごす1週間。特に月が6ハウスにある時は、「繊細」と呼べるうちはいいものの「過敏」になると出口が見えなくなりがちに。出口が見いだせるとしたら次の7ハウスです。話し合いの場を持ちやすい時ですが、対等な目線を持てるかどうかがカギとなるでしょう。月が8ハウスに入ると、「絶対にこうなってもらわないと困る」などと自分の考えにこだわりすぎることが悩みの原因になりやすいでしょう。

7・8・9ハウスに月が巡った週の運気

オトナの発想が求められる週

自分ひとりで生きているわけではないから

仕事

「私」よりも「公」が強い時

社会人としての自覚が求められる時期。もちろん仕事である以上、誰もが自覚はあるとは思いますが、時には「顔で笑って、心で泣いて」といったこともあるかもしれません。ただ、そうやって頑張る姿を見てくれている人が必ずいるのが今週です。重要な仕事をまかされたり、評価されたりする人も多そう。月が9ハウスに入った時は、出張や出向、研修などアウェーな場に出ることが多いかも。未知の環境から多くを学べる時です。

恋愛

本物の絆をつむいでいける

月が7ハウス、8ハウスにある時は、愛する人との絆を強める時期。ここでは対等さがなによりのキーワードになります。相手からどう思われているかは気になっても、何から何まで合わせよう、好みになろうと思いすぎると振り回される一方になるのでご注意を。つながりたいという願望がいっそう深まるのが、月が8ハウスに入る時。いわゆる“曖昧な関係”は許せなくなるでしょう。9ハウスに月が移動すると、緊張はふっとゆるみます。

お金

シェアすることで喜びが増える

金運に関しては、月が8ハウスに入る時に「ツキが巡っている」と実感することが多いでしょう。価値あるものを譲ってもらえたり、おごってもらえたりする人は多そうです。いただきものはひとり占めするより、皆におすそ分けしたほうが運がよくなるでしょう。その場にいる人たちのなかで、あなたが年齢や地位が上の場合は、あなた自身が飲み物やお菓子などをごちそうする側に回ることも。頑張った部下には、特別扱いもいいかも。

「悩む」から「考える」にしていける

人間関係が深まる時期だけに、悩みもまた深い時期。好きな人との未来、こじれた関係、どんどん深まっていく思いなど、真剣であればあるほど悩みも深くなっていくのでしょう。ただ、月が9ハウスに入ると、ただ「悩む」だけの状態を脱し、「考える」にシフトしていけます。つらい、苦しいと思うだけの状態から「じゃあ、どうしたい？」と考えられるようになるのです。苦しんでまで関係を続けたいと願う、愛の意味を考える機会も。

8・9・10ハウスに月が巡った週の運気

集中と拡散の週

だんだん視野が開けていくかも

仕事

とことん究めたあとだから広がる視野

月が8ハウスに入る日は集中力抜群。ひとつのテーマをとことん突き詰め、考え抜くことでいい仕事ができます。ここではマルチタスクよりもシングルタスクがおすすめ。状況が一気に変わるのが9ハウス。とことん突き詰める状態からパッと解き放たれるように視界が開け、活躍のフィールドが広がってくるのです。これまでとは違ったフィールドで頑張ってみるのもいいかもしれないと、未知の可能性を追いかけ始める人もいそうです。

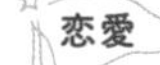

恋愛

人を愛する意味をとことん考え抜く

月が8ハウスにあるうちはジレンマが多そう。思いは深まる一方で、苦しい時です。そうした感情が相手に重たさとして受け取られてしまうこともあるので、あえてひとりの時間を持つのも悪くない選択といえるでしょう。月が9ハウスに入ると、「愛とは何か」「ふたりが出会った意味は」などと、正解のない問いが浮かんできます。とことん悩み抜いたからこそたどり着ける境地といえるでしょう。名著と呼ばれる本がヒントをくれることも。

お金

未知の世界を知るための出費が有意義に

頑張っている人にコーヒーを差し入れたり、応援したい友達にプチギフトを贈ったりと、気どらない金額の出費は思った以上に喜ばれそう。それとは別の流れで、未知の世界を知るために大きめの出費を検討する人もいるかも。本、教材、セミナーの受講費用などは出す価値があるでしょう。ほか、海外旅行をマジメに検討するなかで、費用面を画策する人も多いだろうと思います。変にケチケチしないほうが、この星回りを活かせます。

悩み

自分のなかで納得のいく答えを見つける

週明けは先が見えないような感覚を抱きがちなのですが、月が9ハウスに移動すると楽になってきます。自分なりに納得のいく答えを見つけ、「大丈夫」と思える状態に変えていけるでしょう。ちなみに、ここでは「自分で考え抜く」ことが何より大事。ネットで検索すれば、ものの数秒でもっともらしい答えや、名言らしきものが見つかるでしょう。しかし、それで“わかったつもり”になっても、腑に落ちることはないのだろうと思います。

9・10・11ハウスに月が巡った週の運気

理想を追いかける週

夢を見るならうんと大きく

仕事

フィールドを広げ先々を見通す

広やかですがすがしい視界が広がっているだろうと思います。この週は、自分の可能性にフタをしないでいることが何より大事。「できない理由探し」を「できる方法探し」に変えていくことができる時でもあります。そうすることで、今後のキャリアにも広がりが出てきます。月が10ハウスに入るとチャンス到来の予感。仲間にも恵まれる時期なので、いいなと思ったら即行動を起こして。転職を希望している場合は、いい情報が見つかるかも。

恋愛

視野を広げてくれる人に惹かれる可能性が

「なんとしてでも恋を」とダイレクトに恋愛を求めるよりは、「考え方に共感できる人がいれば」と一歩引いたような姿勢でいる時期。それでも、これまで好きになったことがないタイプの人にふと惹かれるようなことがあるでしょう。月が10ハウスに入ると仕事関連で「すごいな！」と思わせてくれる人、11ハウスに入るとずば抜けて個性的な人など、知的好奇心を刺激されるような人との出会いのなかに、恋も芽生えるのかもしれません。

お金

ある意味無欲になれる時かも

稼ぎたい、豊かになりたいという個人的な願望よりも「精神的に成長をとげたい」「世の中に貢献できることをしたい」という思いのほうが先に立つ時。人によっては「お金をたくさん持つ意味はあるのだろうか」と考えることもありそうです。すぐに答えは出ないだろうと思うのですが、この問いはずっと心のなかに残り、キャリアや未来設計に影響を与える可能性も。浮世離れした、仙人のような思考実験を繰り返すのも楽しそう。

悩み

納得がいけばあとは楽になる

哲学や心理学といった学問ジャンルに触れるとよさそうです。悩みをすっきりと昇華させてくれたり、「完全に解消するのは無理で、うまくつき合っていくしかないのだ」と前向きに諦めがついたりと、頼もしい相棒になってくれるでしょう。月が10ハウス、11ハウスに移動すると、仕事や仲間との交流が悩みからいったん引き離すような役割を担ってくれることも。いったん離れることで、客観的に悩みを見つめられるようになります。

10・11・12ハウスに月が巡った週の運気

社会のなかで生きる週

「みんなが幸せ」を考えていく

仕事

仕事運は最高潮 今こそ力を尽くす時

仕事でやりがいを感じられたり、実力を発揮できたりと満足度の高い時期です。より上のポジション、より安定した会社など、今以上の環境で働きたいと考える人も多いでしょう。まさに今が頑張りどころという人も多いだろうと思うのですが、ライバルを蹴落とすようなまねはしないでおくこと。月が11ハウスに入ると、仲間との関係にスポットライトが当たるからです。月が12ハウスに入ると、人の役に立ちたいという思いが強まるでしょう。

恋愛

恋のお相手は すぐそばにいる

恋を探している人は、ともに働く仲間や上司など、ごくごく身近なところでドキッとさせられそう。尊敬の気持ちが愛に変わっていることに気づいたり、仲間の意外な一面にふとときめいてしまったりと、自分でも驚くような展開も少なくないでしょう。あなたが真剣に仕事をする横顔に惹かれる人もいるのかもしれません。ただ、仕事に全力を注ぎすぎると気持ちの余裕がなくなり、自分の気持ちにも誰かの気持ちにも気づけないことも。

お金

キャリアアップによる 年収アップが視野に入りそう

「もっと収入を上げたい」という気持ちが高まっていきそう。収入アップを視野に入れた転職も頭に浮かんでくるかもしれません。ただ、月が11ハウスに移動すると、個人的野心よりも社会全体の豊かさに目が向かいます。格差をなくす方法や理想の社会について考えることも多いでしょう。寄付をはじめとする社会貢献に思いが向かうのも素晴らしいのですが、月が12ハウスに入ると過度に同情的になり、無理をしがちなのでご注意を。

悩み

理屈の使いどころを 押さえて悩みと向き合って

月が10ハウス、11ハウスにある時は、「悩むよりも解決法を考えていこう」という現実的な発想をしやすい時。ただ、「悩んでも意味がない」などと、悩みを軽く扱うような発想はしないでおきたいところ。理屈で抑え込んでも、また同じ悩みが浮上してきます。自分の本心と適度に向き合って。月が12ハウスに入ると一転して「自分がガマンすれば丸くおさまる」という発想に。その時は、あえて理屈で考えるのも賢明な判断です。

11・12・1ハウスに月が巡った週の運気

心の動きが複雑な週

自分の本心を大切に

仕事

スタートラインまで自分の心と向き合って

月が11ハウスに入る時はチームワークを重視し、未来を展望する時期。「普通はこう」「常識で考えるとこれが正解」といった発想に嫌気がさし、自由で新しいやり方に目が向きます。その「個人」のワクが、月が12ハウスに入ると消えます。理屈や効率よりも同情心やインスピレーション、共感などエモーショナルな部分が強調されるようになるでしょう。ビジネス向きではない発想ですが、1ハウスに移動すると新しいパワーに生まれ変わります。

恋愛

友情が愛に変わる意外などきめきの時期

今まで「友達」「仲間」と認識していた人が急に素敵に見えてきて、自分でもとまどうようなことがあるのかも。この時期はどこかドライな心境で、月が12ハウスに入ると少々内向的になります。すぐに行動を起こすことはまずないでしょう。月が1ハウスに入ると積極性が出てくるので、相手と今までどおり接点を持ちながら自分の気持ちを確かめていくようなこともあるのかもしれません。カップルは友達同士のような雰囲気が漂ってきます。

お金

欲のなさが目立つゆえに計画性は持ちたい

なんとしても得をしてやろうという思いもなければ、たくさん稼ぎたい、あれもこれも欲しいといった欲もそう強くない時期。執着心がないので、比較検討せずにパッとものを買ったり、困っている人に簡単に貸したりしやすいでしょう。月が1ハウスに入ると、衝動買いをする可能性が高まってきそう。無意識レベルの話なので意識で止めることも難しいかと思いますが、「お金は貸さない」などと最低限のルールは決めるとよさそうです。

悩み

V字回復を狙っていけそう

基本的に悩みをあまりかかえない時期なのですが、週の中盤に月が12ハウスに巡る時だけはデリケートな感受性を持て余すような状態になります。"かわいそうな自分"にひたり、努力で解決しようとするよりも、人の助けを待つでしょう。ただ、月が1ハウスに入るとスパッと気持ちを切り替えて「自分のことは自分でやるのがいちばん早い」などと考えるように。一時的な落ち込みと思って、極端な行動に走ることを控えれば問題ないでしょう。

12・1・2ハウスに月が巡った週の運気

右肩上がりな週

ベストな選択は自分が知っている

仕事

週の中盤から ガンガン前に進める

週明けは少々不安定な気分。「仕事なのだから、気持ちを切り替えて頑張らねば」などと思うものの、同情や甘えなどの私情も挟まります。スケジュールに余裕があれば、「月が１ハウスに入ってから本気を出す」と決めておくのもいいかもしれません。１ハウスはスタートダッシュがきく時期、続く２ハウスは１ハウスで得たものを活用して頑張る時期。仮にスロースタートを決め込んだ場合でも、あとから十分追いつくことができるでしょう。

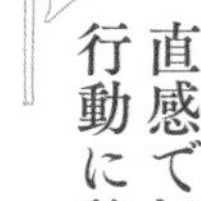

恋愛

直感で好きになり 行動に移すことも

「愛に理由はいらない」とばかりにどうしようもなく惹かれ、アプローチをしかけたくなる週。ただ、「自分がいてあげなくちゃ、この人はダメになってしまう」「世界中を敵に回しても自分だけは味方でいてあげる」などと、極端な発想がある時は努めて冷静になりたいところです。寂しいからと復縁にすがってしまうような時も要注意。それでも抗いがたいのが恋なのかもしれませんが、月が２ハウスに入ると冷静になれます。

お金

ショッピングは 冷静になってから

気分や衝動で買い物をしやすい時です。衝動買いもしやすい時ですが、賢いお買い物ができるのは月が２ハウスに入ってから。そのつもりでショッピングの予定を立てると、変に迷ったりしないだろうと思います。気をつけたいのは、月が12ハウスにある時は悪徳商法や強引なセールスにだまされやすいということ。「売れないとクビになる」と泣きつかれたり、必死そうな人に思わず同情したりして財布のひもをゆるめないようにしましょう。

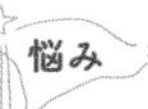

悩み

悩むことを頑張る 状態から抜け出したい

月が12ハウスにある間は、悩むことに一生懸命になりがちに。「簡単に解決できるような話ではない」と、悩みを必要以上に大きく見てしまうこともあるでしょう。ただ、月が１ハウスに入ればスパッと気持ちが切り替わります。さらに２ハウスに入れば合理性も宿るので問題ありません。ただ、仮に「一度決めたことは守り通さなければいけない」などという思い込みがあると解決は困難に。状況が違うのだから変わってOKと、自分に許可を。

ビビッドなイベントを知る

read the Monthly fortune

月運を読む

Point 月運を読むポイント

- 「ワッショイ期」と「通常期」を読み取る
- 惑星の集中「ステリウム」に注目
- 惑星逆行は恐れすぎなくていい

月運でメインに読むのは太陽。太陽が入っているハウスと、サブの水星、金星、火星が入っているハウスとの掛け合わせで、流れを読んでいきます。また、土星も加えて読み、長期的な努力目標の指針としても。太陽・水星・金星・火星・土星の運行表は191ページから。さらに140、141ページでアスペクトをチェック！

運命というものは「あらかじめ決まっているもの」ではなく「決まっている部分もあるが、行動によって変えていけるもの」です。そう考えると、ポピュラーな部類に入る「今月の占い」もとたんに躍動感あふれるものへと変わります。なぜなら、1カ月もあればある程度対策することも可能になるから。たとえば日運で「いい出会いがあるかも。人が集まる場所に顔を出して」とあっても、時すでに遅し、残業待ったなし状態であることも多いでしょう。ただ、月運であれば計画を立てる時間的な猶予があります。「この時期は仕事運がパワーアップするから、仕事を頑張ろう」「新月のタイミングでアレをやろう」などと思えれば、新たな1カ月も楽しみに思えてくるはず。

それぞれの星の見どころは右ページをご参照ください。ここでは月運を読むポイントについて触れてみましょう。まず「『ワッショイ期』と『通常期』を読み取る」ですが、ワッショイ期というのは星の動きが多い時期。満月・新月と惑星移動が重なったり、星の逆行の開始・終了と日食・月食が重なったりと、イベントが多い時期はやはり「祭りだー！」という感じになります。そうかと思うと、1週間くらい目立った動きがなく、アスペクトを意識するくらいで通常運転の時期もあります。それを押さえておくと、見通しを立てやすいでしょう。

星がひとつのハウスに集中するのは「ステリウム」と呼ばれます。正確には星の度数も計算に入れる必要はありますが、「同じハウスに3つ以上あればステリウム」とみなしていいでしょう。時には5つ、6つと集まることもあります。ステリウムが起こる時期は、そのハウスに関連した出来事がクローズアップされます。

星の逆行は、水星以外は気にしすぎなくて大丈夫。木星以遠の星は毎年、数カ月にわたり逆行します。始まりと終わりは影響が強く出やすいので、見ておく程度です。

メインで見る星

太陽が月運にもたらす意味

太陽は毎年、同じ時期に同じ場所に巡ってくる「自分自身」の星。毎年取り組むことになっている「今月のテーマ」と考えると活かしやすいでしょう。月がプライベートな自分なのに対して、太陽はオフィシャルな自分です。今月のテーマは、「社会において、どのような努力を求められるか」という解釈もできます。

水星が月運にもたらす意味

水星は「知性とコミュニケーションの星」。月運では「この時期、どんな相手と接点が多そうか」「どんな分野でワクワクしたり、思考力・洞察力を活かせたりするか」がわかります。自分が話すべき時期と聞き役に回るべき時期、トーク力が冴える時期とじっくり考える時期。知っておくと仕事や対人関係で役立つでしょう。

サブで見る星

金星が月運にもたらす意味

金星は「愛と美の星」。人生において、胸がときめくようなお楽しみの部分を管轄する星です。月運においては「この時期、恋愛運はどう動くか」。積極的に動くべき時期か、それとも現状維持を目指すべきか。自分の恋へのモチベーションと、出会いの可能性。ほか、お金やクリエイティブな才能も金星の持ち場となります。

火星が月運にもたらす意味

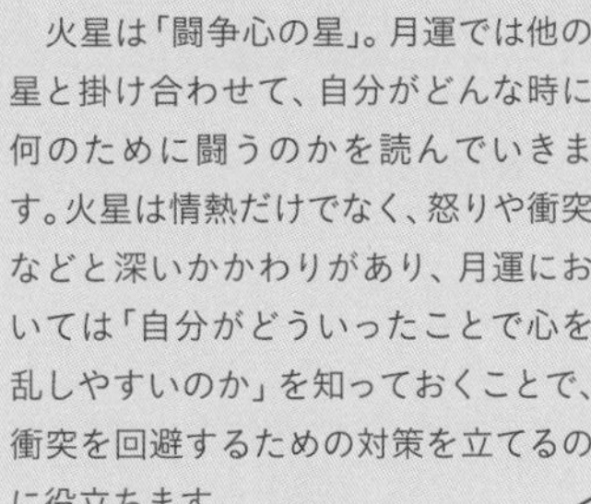

火星は「闘争心の星」。月運では他の星と掛け合わせて、自分がどんな時に何のために闘うのかを読んでいきます。火星は情熱だけでなく、怒りや衝突などと深いかかわりがあり、月運においては「自分がどういったことで心を乱しやすいのか」を知っておくことで、衝突を回避するための対策を立てるのに役立ちます。

サブで見る星

土星が月運にもたらす意味

土星は「制限と試練の星」。人はポジティブなことよりもネガティブなことのほうが強く感じます。さらにいえば、土星が管轄するのは「時間をかけて努力すべきテーマ」です。日々コツコツとやってこそ意味があるので、月運でも頭の隅に入れておきましょう。困難も理由があるとわかれば前向きに頑張りやすいはず。

月運を読むうえで

120度
水星と土星がトライン

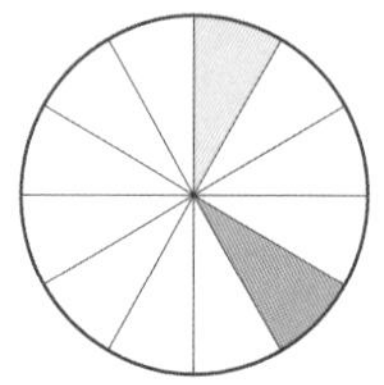

的確な判断力・思考力を発揮する

知性と現実的な発想をベースに、的確な判断を下しつつ物事を進めていける時期。普段は集中力に欠け、思考がなかなかまとまらない人も、この時期は集中して今、やるべきことに取り組むことができるでしょう。既成概念にとらわれがちで変化球のアイデアは浮かびませんが、現実的な判断力はリスクも少なく、周囲からも信頼されるでしょう。無駄を嫌うことから効率よくタスクを進めるものの、それが味気ないと受け止められることも。

120度
金星と土星がトライン

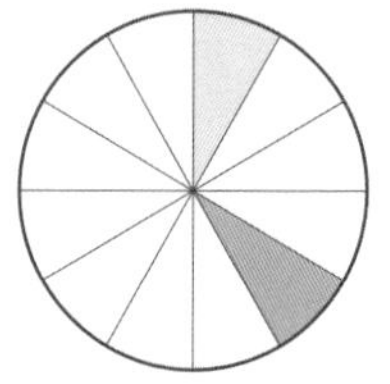

厳しくも必要なダメ出し

制限をもたらす土星が、金星が司る豊かさや愛、美しくなろうとする気持ちにダメ出しをします。全否定ではなく「イージーモードでいることを許さない」というイメージです。豊かさも愛も、美しさも簡単かつスピーディに手に入ればうれしいもの。ただ、このアスペクトではそうした気持ちをキュッと引き締め、コツコツと努力して手に入れたものこそが価値のある「本物」であることを教えてくれるでしょう。前向きに受け止めて。

180度
水星と土星がオポジション

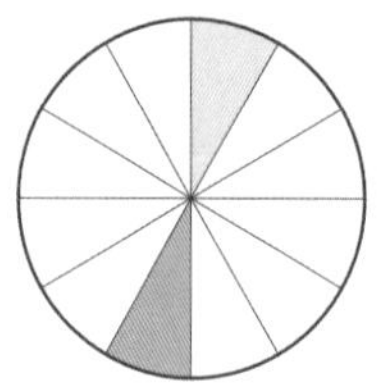

何をやるにもネガティブ路線

デメリットや瑕疵(かし)、配慮の行き届かなさなど、物事のネガティブな部分ほどくっきりと「わかってしまう」時。自然と悲観的なものの見方に偏るうえ、それを前提にコミュニケーションをとりがちに。よってこの時期は、話す相手から神経質で細かい人と思われたり、やる気がないのかと疑われたりしがちです。判断力は実に的確で、リスクをよく把握したうえで発言できる聡明さはあるのですが、伝え方を工夫しないと伝わりにくいでしょう。

180度
金星と土星がオポジション

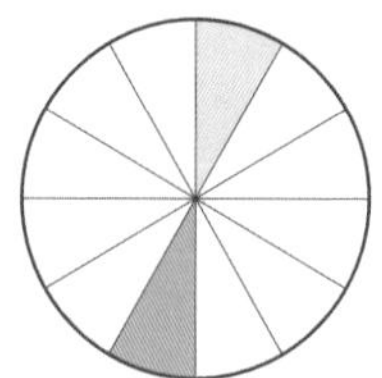

人生の喜びを否定しがちに

愛や美、豊かさを司る金星が試練を司る土星と向き合うと、人を愛すること、美しくなろうとすること、お金を手に入れることに真正面から「否定」の意味合いが加わります。自分の価値を低く見積もったり、「どうせ愛されない」「お金儲けはよくないことだ」などと否定的なイメージを持ったりすることもあり、恋愛や仕事で自分らしくない判断をしがちになるでしょう。人から褒められてもそれを否定し、気まずいムードになることも。

チェックしたい星の位置関係

0度
太陽と土星がコンジャンクション

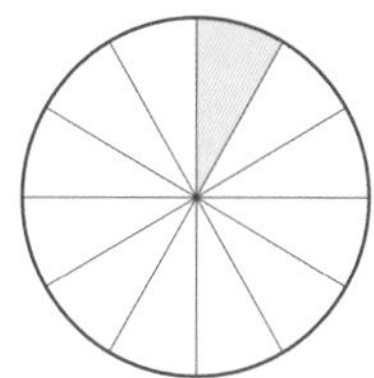

厳しい状況で自分を理解する

自分自身をあらわす太陽と、試練や制限を与える土星が重なると、「自分をまるごと否定される」ような出来事が起こりやすくなります。頑張っていることに対して「そんなことに意味はない」と言われたり、自分らしく振る舞えない環境で一時的に過ごすことになったりします。そうした時期を過ごすのは気持ちのいいものではありませんが、その経験を通してアイデンティティや、自分が本当にやりたいことを再確認できるでしょう。

0度
太陽と火星がコンジャンクション

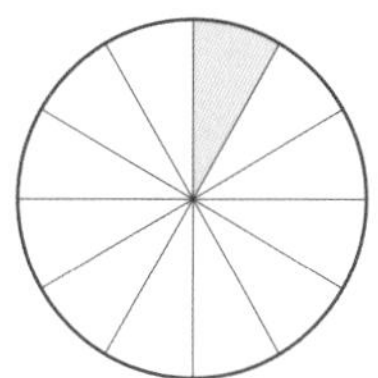

飛び出していく勇気を持てる

チャレンジ精神がわいてきます。未知のことであっても飛び込んでいく勇気が生まれるので、自分の限界を突破できる人は多いはず。闘ってでも手に入れたいものができるのです。爆発的なエネルギーが宿る時なのですが、熟考したり段取りを整えていたりすることは少なく、行動は衝動的で勢いまかせです。結果としてケガをすることもあるのですが、そのケガを通してバランスのいい頑張り方を身につけられることもまた事実でしょう。

120度
太陽と土星がトライン

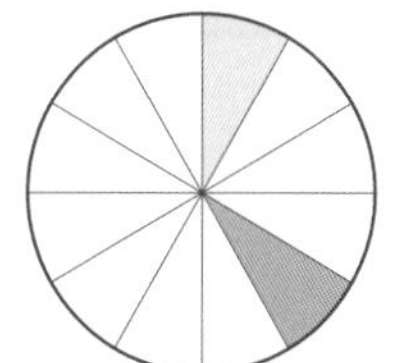

自分を磨くいい機会に

「完璧主義のデキる先輩と一時的に過ごすことになる」といった印象の時期です。この時期ははっきりと否定されることはなくとも、自分の至らなさや気がきかなさ、浅はかさなどをさまざまなところで実感させられることになるでしょう。その感覚はいささか自分を低く見積もっている部分はありますが、こうした機会でもなければ、自分の真の姿や能力というのはなかなか把握できないもの。前向きに受け入れられれば成長するはず。

120度
太陽と火星がトライン

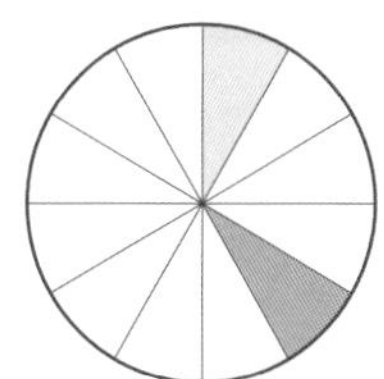

頑張りたいと素直に思える

火星の持つエネルギッシュな性質と、太陽の意志の力が前向きな意味で結びつき、素晴らしい行動力につながっていきます。普段はなかなか勇気が出ないことも、この時期であれば行動に移しやすいでしょう。それも「やらされる」のではなく「自分から進んでやる」のでいい結果につながりやすく、ストレスも少ないはずです。プレッシャーに負けやすい人、絶対にかなえたい目標がある人は、この時期を活用するといいでしょう。

それぞれの惑星の「ひとつのサインを通過する期間」と月運

月運で太陽、水星、金星、火星を使うのは、これらの星が基本的に1カ月から2カ月でひとつのサインを通過するため(太陽以外は逆行があり、その際に長期滞在します)。つまり、月ごとにまるで異なるドラマが展開されるのです。さらに土星を加えたのは、人はツキがあることより困難なことのほうを強く感じるため。つらい気持ちに振り回されすぎることなく、「今の課題なんだ」と前向きにとらえて。

太陽 >>> 約1カ月

毎年、同時期に向き合う自分のためのテーマ

太陽はひとつの星座に約1カ月滞在し、その時々で私たちに「1カ月で頑張るべきテーマ」を与えてくれます。毎年同じ時期に同じテーマが巡ってくるので「毎年、この時期は仕事で大きな変化が起こる」「この時期はきまって体調を崩す」といった定例イベントに心当たりがある人は、太陽の影響を強く受けているのかもしれません。このテーマを「やらされている」「押しつけられている」と考えると、成長の機会を失ってしまいます。意志を持ってやってみる。それでこそ太陽が活かせるでしょう。

水星 >>> 約1カ月

仕事や対人関係は短期間で変化。勝機を読んで

コミュニケーションや学びを司る水星は、足の速い星です。1カ月のうちに1、2回はハウスをまたぐので、対人関係ががらりと変わったり、受け入れられやすさに変化があらわれたりします。交渉や相談事などは、一度話してダメでも、サインが変わってから話せば受け入れてもらえることもあるでしょう。3ハウス、7ハウスは意思疎通が好調に。3ハウス、9ハウスでは知的好奇心が高まります。水星は3カ月おきに20日ほど逆行し、コミュニケーションの遅延や勘違い、公共交通機関の遅延を引き起こします。

金星 >>> 約1カ月

愛をめぐる ドラマも毎月 変わっていく

金星は愛や美、お金など豊かさを司る星です。月運においては、今の恋愛運をはかる指標になります。1ハウスにあればモテ期、5ハウスなら自分から行動することでうまくいく時期、7ハウスなら結婚に動きが起こるでしょう。8ハウスに入ると嫉妬や束縛につながり、10ハウスでは仕事つながりの出会いが期待できそうです。金星は1年半に1回、40日ほど逆行し、ひとつのハウスに長期滞在します。この間、恋愛運は滞在するハウスのテーマで見直しの動きに。復活愛を願う人にとってはチャンスが多い時期です。

火星 >>> 約1.5~2カ月

情熱の源泉と 怒りの注意点は 月をまたぐ

火星は情熱とコミュニケーションの星。毎月サインを移動するわけではないのでテーマが変わらない月もあります。月運でのポイントは、火星が情熱だけでなく、ケンカや衝突、怒りといった、心を乱しやすいものと深いかかわりがあるからです。火星が滞在するハウスからは「今の自分が何にどう怒りやすいのか」、アスペクトからは「何が発端となりやすいか」がわかります。火星は約2年に1回逆行し、ひとつのサインに長期滞在します。まとまった情熱を、ひとつのことに注ぐことになります。

土星 >>> 約2年半

土星のテーマは 2~3年かけて じっくり向き合う

制限と試練をもたらす土星は、2年半に一度サインを移動します。毎月イベントが起こるわけではないのですが、土星が司るのは日々時間をかけて努力すべきテーマ。「自分が今、何に対して努力すべき時期なのか」は常に、課題として頭に入れておくといいでしょう。また、土星はそれなりのストレスももたらす星。アスペクトや逆行期を明確にしておくことで、いたずらに振り回されたり焦ったりするのを防げます。そのため、月運でも意識しています。土星は8カ月おきに140日程度と、少し長めに逆行します。

大きな流れをつかむ

read the Yearly fortune

年運を読む

Point 年運を読むポイント

- **木星で「幸運のポイント」を読む**
- **土星で「努力のポイント」を読む**
- **トランスサタニアンはハウスをまたぐ時に意識する**

Chapter ☆ 2

年運でメインに読むのは木星、土星。その年に木星、土星が入っているハウスを調べます。木星・土星の運行表は191ページから。さらに146、147ページでアスペクトをチェック！

年間の運勢の読み方は、ひとことで言えば「細けぇことはいいんだよ！」です……というのは言いすぎで、細けぇことも大事なのですが、最初から10個の星を網羅して見ようとすると、どれも大事に見えて混乱するばかり。少なくとも、毎日動く月、1年で12サインを1周する太陽・水星・金星あたりは月運担当でOK。進行ペースやアスペクトは多少違っても、毎年同じように12サインをぐるぐる巡っているためです。

年運の基本は、「幸運と拡大の星」と呼ばれる木星と、「制限と試練の星」と呼ばれる土星。この2つが入るハウスを軸として、あとはトランスサタニアンと呼ばれる天王星、海王星、冥王星がハウスをまたぐ時を見ます。それ以外はアスペクト、加えて金星と火星が逆行するようであればそのハウスで長期滞在することになるので、ポイント的に見ておきましょう。

メインで見る星

木星が年運にもたらす意味

約1年でひとつのサインを進む木星は「幸運と拡大の星」と呼ばれます。占い特集などで「12年に一度の幸運期」などと書いてあったら、木星が1ハウスに巡ってくる時期。ただ、幸運期と聞いて「いいことがたくさん起こる時期♡」などと思ってのんびりしていると、若干もったいないことに。というのも木星は確かに幸運を呼ぶものの、それは自分の行動がトリガーとなって発動するものだから。「幸運と拡大」はみずから行動を起こしてこそ、得られるチャンスが「拡大」し、「幸運」を招くと思っていてください。

実際、木星が巡るハウスに関する出来事は、かなり多忙になります。行動するからですね。ただ、忙しい＝のちの幸せに直結しているのです。

「制限と試練の星」と呼ばれる土星は2年半でひとつのサインを移動するため、年単位では変わらないこともあります。ただ、土星は時間をかけて努力することを促す星。年間テーマとして重要な意味を持ちますし、土星とハードアスペクト（オポジション、スクエア、インコンジャンクト）にある惑星は「制限」「試練」のインパクトが強く出るため、土星の存在感は強いのです。土星がもたらす試練は、厳しいことは確かです。ただ、土星が与えるのは乗り越えられる試練です。私自身も経験したことですが、「ここで土星に鍛えられなかったら、もっと痛い目にあっただろうな」ということも多いのです。だから、あまり悲観せず、粛々とやっていきましょう。

土星が年運にもたらす意味

メインで見る星

トランスサタニアン（天王星・海王星・冥王星）の影響

サインをまたぐ時にインパクトをもたらす

土星以遠の星は公転速度が遅く、ひとつのサインを移動するのに7年から20年程度かかります。世代や時代に影響を与えるもので、日々の生活にダイレクトに影響することはまずないと考えていいでしょう。ただ、サインをまたぐ日は、星の意味にひもづいたインパクトの強い出来事をもたらすことがあります。「自由と改革の星」と呼ばれる天王星であればハプニングやパンチのきいた変化、「インスピレーションの星」と呼ばれる海王星であれば物事を曖昧にするような出来事を、「変容の星」と呼ばれる冥王星であれば「徹底的な変化」をもたらします。

年運を読むうえで

0度
火星と土星がコンジャンクション

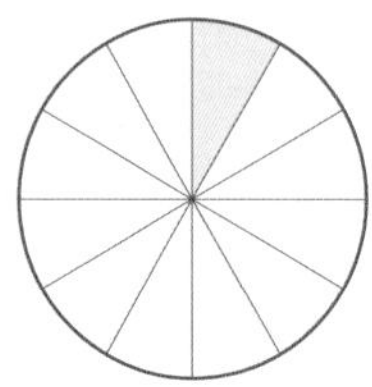

はばまれる情熱、強い葛藤

車にたとえれば、火星はアクセルで土星はブレーキ。ほとばしるような情熱を持つ一方で自分を抑え込むような意識も同時に起こるなど、心理的に強い葛藤や矛盾を感じるタイミングです。ただ、そこを乗り越えてなお伸びる情熱があったなら、それはけたはずれのエネルギーで夢の実現や目標達成に貢献してくれるでしょう。一方、土星が心理的にではなく、権力者やしがらみといったかたちで効いてくると、情熱だけでは乗り切れない部分も。

0度
木星と土星がコンジャンクション

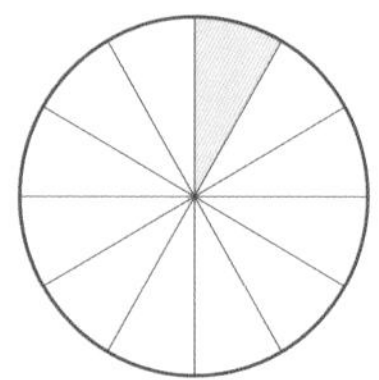

20年に一度の節目

20年に一度起こるアスペクトで、「グレート・コンジャンクション」と呼ばれています。わざわざ名づけられているのは、その影響力の大きさゆえ。幸運をもたらす吉星である木星と、試練をもたらす土星が重なることで、政治や経済はもちろん、人々の意識も変わるような大きな出来事が起こるタイミングとされています。直近では2020年末に水瓶座で起こり、この時は200年に一度のエレメントの変化、「ミューテーション」も起こりました。

120度
木星と土星がトライン

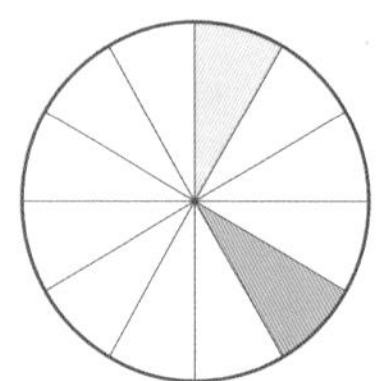

抑制のきいた楽観を生む

「幸運と拡大の星」と呼ばれる木星は、ともすれば際限のない拡大、過剰なまでの楽観、スポイルされる人間関係につながることもあります。その木星が「制限と試練の星」と呼ばれる土星とトラインの位置関係になると両者の意味が調和し、一本筋が通った楽観・拡大への欲求となり、ほどよく抑制のきいた状態で幸運を実現していくことになります。これは両者がセクスタイル（60度）の関係にある時も同様と考えていいでしょう。

180度
木星と土星がオポジション

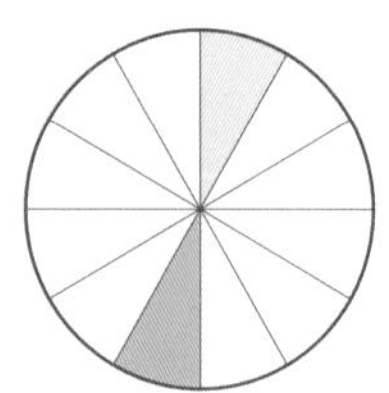

楽観と悲観がアンバランス

拡大を目指す木星と抑制する土星がオポジションになると、バランスを欠いた状態に。制限をかけるべきところがズレることで感情のアップダウンがはげしくなったり、チャンスを見誤ってみすみす逃したりすることもありそうです。楽観的かつオープンな気持ちでいるのに、変なところで素直になれないことも多いでしょう。持ち前のポテンシャルが発揮しにくいことも多く、ストレスがたまりがちです。スクエア（90度）の時も同様です。

チェックしたい星の位置関係

120度
太陽と木星がトライン

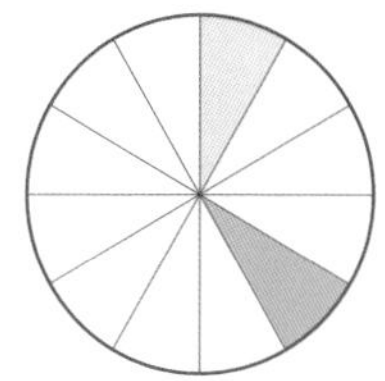

ポジティブマインドのかたまり

何事にも希望を持ち、物事のいい面に目を向けることができる時。細かいことにとらわれず、可能性を信じて前向きにチャレンジしていけます。好奇心も旺盛で、学びに対して積極的です。自然と対人関係もよくなり、さらなるチャンスを手にすることも多いでしょう。金運にも恵まれます。いささかルーズであと先を考えない一面もありますが、不思議と強気で乗り越えます。コンジャンクション（0度）、セクスタイル（60度）も同様です。

180度
太陽と木星がオポジション

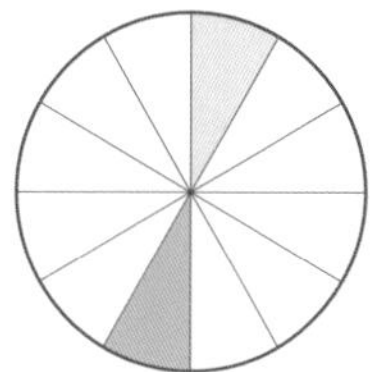

楽観性がマイナスに

木星の持つ楽観性や冒険心、ポジティブさが、ネガティブな意味合いで発揮されるようになります。物事をナメてかかったり、リスクを軽く見たりすることで大きな痛手を負うこともあるでしょう。なんでも「できます！」と言ってしまって、周囲を巻き込んで大騒ぎになることも。トライン（120度）では好調な金運も、オポジションでは裏目に出るばかりでしょう。周囲の人の制止は真面目に耳を傾けて。スクエア（90度）も同様です。

ノーアスペクト
ノーアスペクトの木星

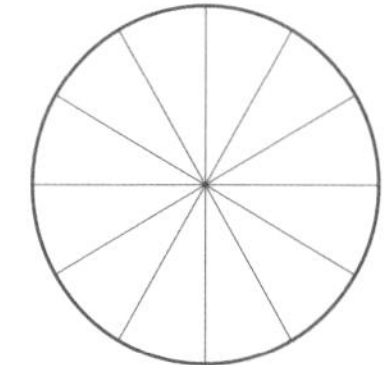

「ちょうどいい」が見つけにくい

木星の「拡大」の意味合いを意識して使っていくことができにくくなるため、物事を拡大させること、発展させること、楽観的になることの“ちょうどいい度合い”を調整するのに手こずりそう。木星がノーアスペクトの時期は、何事にもスモールスタートで望むといいでしょう。太陽とのセクスタイル、トラインといったプラスの意味合いを持つアスペクトが巡ってきた時に大きく伸ばすつもりでいると、星回りを上手く使えそうです。

ノーアスペクト
ノーアスペクトの土星

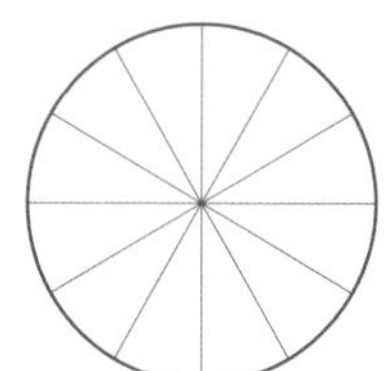

制限がアンバランスに

制限を意味する土星がアスペクトを形成しない場合、自分に課せられた役割において何を目指すべきか、自分の欲求をどう扱うべきか迷いが生じそう。結果として過度に制限したり、まるで制限しなかったりと、アンバランスな選択をすることも多いでしょう。それを「こうすべき」と人に押しつけることで人間関係が悪くなることも。ノーアスペクトでいる間は、周囲の人の例にならったり、アドバイザー的存在の人に頼ったりするとよさそう。

Column

「占いを発信する」ということ

ひと昔前は、占いを発信するのは主に「著名な先生」でした。私も雑誌の発売を指折り数えて待って、まず後ろのページから開くのが常でした。恋愛運に仕事運。時に胸を高鳴らせ、時に祈るようにして自分の星座を探すのが常でした。現代はSNSのおかげで、誰もが占いを発信できる楽しい時代になりました。

発信すると、それに対していろいろな反応があります。「明日も頑張ろう」「当たってる気がする！」なんてうれしい反応がほとんどですが、そうでないものも時々あります。占いに限らず、どんな言葉もひとたび世に放ったならどう受け取られても、文句は言えません。ただ、占いというものの性質上、意識しておかなければいけないこともあります。それは「言葉は励ましになることもあれば、呪いになることもある」という点です。

発信とは少し話がズレますが、街中で偶然、友達と会ったことがありました。大病をしたものの回復した彼女の元気そうな笑顔がうれしくて、改めての再会を約束しました。そして別れ際、「気をつけてね！」と手を振って駅に向かいかけたその時です。彼女が、こわばった顔で追いかけてきました。「気をつけて、って私に何か見えたの？」とのこと。何の意図もない、安全な帰路を願っての気遣いのつもりでした。あわてて否定して彼女もわかってくれたのですが、2カ月後に彼女はふたたび容体が悪化し、帰らぬ人となりました。

人は置かれた状況によって、同じ言葉でもびっくりするほど多様な受け取り方をします。「自分の占いで幸せになってほしい」という気持ちは誰しも同じはずですが、SNSでの発信には編集者など、客観的な視点からのストップはかかりません。だからこそ、「一時的に少し弱っている人も読んでいるかもしれない」ということは、常に頭に置いて言葉を吟味できると素敵です。つらい時に、言葉ひとつで希望を持つことができるのも人間ですから。

人生にはさまざまな場面が存在します。その時、どんな星を見て
どんな選択をすればいいのか、テーマ別にお話ししましょう。

テーマ別に運勢を読む

私たちは複雑に絡み合った
シチュエーションを生きている

「占う」とひとことで言っても、何を占うのかというテーマは人それぞれ。私たちは日々、複雑に絡み合った世界を生きていますが、ここではいったん総合・恋愛・仕事・お金・健康・人間関係……というようにシチュエーションを分類してお話ししましょう。

太陽であれば自己表現担当、月であればお気持ち担当というように、10の惑星にはそれぞれ担当分野がある、という話を第1章でさせていただきましたが、ご自身が直面しているテーマをどんな星で占うべきかわからない時は、そのテーマに近い担当分野を持つ星のメッセージに耳を傾けてみるのがおすすめです。

この章では、総合運を見る時は太陽、恋愛運を見る時は火星と金星と水星、仕事運を見る時は水星と火星と太陽がどのハウスに入っているかを、それぞれのテーマにおける重要な要素として紹介しています。

とはいえ、人生はひとことで割り切れるものでもありませんから、たとえば「職場の人と恋愛関係になったけれど、貸したお金を返してくれない。周囲に味方もいなくて、ストレスで体調が悪くなってしまった。この先、幸せな人生を送れますか？」などというように、総合・恋愛・仕事・お金・健康・人間関係のすべてのシチュ

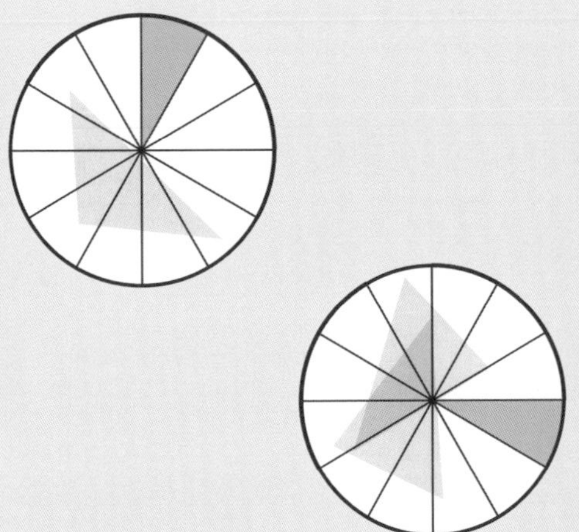

エーションが複雑に絡み合っているようなケースも多々あります。その場合は、ひとつの問題だけを深掘りしても、なかなか本質が見えにくいもの。シチュエーションごとに見る星を限定せず、悩みを順々にひもときながら、自分が本当は何に悩んでいるのかを見定めるほうが、探している答えに近づけるはず。72ページからの表では、「月から土星までの星がそれぞれのハウスにある時のカテゴリ別キーワード」を紹介していますから、現状に近い箇所を早見表的にチェックして、文章を組み立ててみるのもおすすめです。

　また、人間はひとりで生きているようでいて、多くの人に感化され、生かされています。実際にお悩みを探っていくと、その状況を生み出している原因は本人だけの問題ではなく、お相手の行動による影響が大きかったり、悩んでいる段階に至るまでには、複数の人間が関係していたりする場合もあります。恋愛も仕事もひとりでできるものではありませんから、そのテーマに直面している時期の星回りを意識しつつ、自分だけでなく気になる相手の配置もチェックしてみることも大事です。そうすれば、より現実に即した解答を導き出し、正しい方向に意識を向けていけるでしょう。

General luck

その日の傾向をつかんで、迷わない1日に

総合運を読む

総合運を読むのはとても難しい！

- お菓子の詰め合わせセットを評するように
- 「総合運を見る目」を発動させよう
- リバースエンジニアリングのように学ぼう

メディアの占いでよく見かける「総合運」。すっかりおなじみの呼び方ですが、「恋愛運」が恋愛に関する運、「仕事運」が仕事に関する運と考えると、「総合の運とは何か!?」ということに思い至るわけです。

総合運という謎めいた運は、お菓子の詰め合わせのようなものと考えていいでしょう。チョコレートにクッキー、スナック菓子などお菓子ごとに見ていくのが仕事運や恋愛運です。一方、詰め合わせ全体を見て「甘味系としょっぱい系が半々で食べ飽きない感じ」「珍味入りの激シブなラインナップ」「見たこともないお菓子ばっかりだ！」などと判断するのが総合運です。全体の雰囲気として勢いがあるのか、のんびりムードなのか。特定の偏りがあるのか。大きな星が動いたり、ハードアスペクトが多かったりすれば、アップダウンが大きいと読めるでしょう。

恋のゆくえを知りたい、仕事を頑張りたいという思いがある人は、そのまま該当するものを読めば大丈夫。総合運は特に気にしなくてもいいでしょう。ただ「この時期がどんな感じか。何に備え、どう計画を立てればいいのか」を知るには、やはり全体を俯瞰する「総合運の目」が必要になります。この目は、10の星とハウス、アスペクト、星の逆行、日食·月食といった見どころが本を参照しなくてもザックリわかるくらいになると発動します。それまでは「要素が多すぎて何がなんだかわからない」となりがちですが、ここで心折れなくても大丈夫です。覚えたものから読んでみて、実際に起きたことと照らし合わせて、じっくり読めるようになりましょう。雑誌に掲載されている占いの総合運を参照して、リバースエンジニアリングのように学ぶのもおすすめです。

Check!
Point

総合運で大切なポイント

1. 運の流れ

星の公転周期を押さえましょう。月は約1カ月、太陽は1年、水星·金星は約1年、火星は約2年半、木星は約12年、土星は約29.5年です。公転周期の短い星ほど日常にダイレクトに影響します。公転周期の短い星が巡るハウスのテーマは勢いがあり、長い星が巡るハウスのテーマは時間をかけて進行します。

2. 起きる出来事

日運から月運までは月、太陽、水星、金星、火星が入るハウスのテーマを拾います。年運は木星が入るハウスのテーマを拾って「拡大」の意味合いで色づけをし、土星のテーマは「制限」の意味合いで色づけをします。そうすることで「こんなことが注目されやすいんだな」と把握できます。

3. 行動を具体的に

太陽が入るサインを確認します。太陽は「意思を持って取り組む月間テーマ」。毎年同じ時期に同じテーマがクローズアップされるのですが、その時々で「毎年、この時期はこういうことが起こる」という実感とリンクしているはずです。意思を持って動くことで、わかりやすく成長できます。

Method

複雑な総合運をバランスよく読み解くには?

これは月運に適した読み方ですが、もっとも簡単なのは星がホロスコープ全体にどんなバランスで散っているかを見るというやり方。下半分(1～6ハウス/59ページ参照)に星が多い場合はプライベートのテーマに動きが多い時期、上半分(7～12ハウス)に星が多い場合は社会的なテーマに注目が当たる時期です。これに加え、ホロスコープを右左で分割して読むとさらに深みが出ます。向かって右半分に星が多い場合は、人とかかわり、相互に深く影響を与え合うことが多い時期です。左半分に星が多い場合は、自分で考え、自分のやり方で動くことが多い時期です。ほか、水星逆行がある月は他の月よりのんびりした動きになることが多いでしょう。

を読むべき星は

太陽が総合運に与える**影響**

太陽は「アイデンティティの星」と呼ばれます。日々の運勢のなかでは、ホロスコープのハウスを1年間で1周し、繰り返し「私が意志を持って取り組むべきこと」を教えてくれます。たとえば5ハウスは恋愛運を読むハウスで、金星が入れば恋愛運に前向きな動きがあると読み取ります。一方で太陽が入れば、5ハウスが管轄する「恋愛」の根源である「自己表現」の部分に焦点が当たり、個性の表現や自分らしくあることがテーマとなります。まさに「総合」の部分です。このように、太陽はすべての運の根源となる意思を司る星です。総合運をザックリ押さえるには、まずは太陽をチェックするということになります。水星や金星、火星は、そのあとです。

人は自分の成長を振り返る時、年単位で考えがちです。太陽の見方を覚えたあなたなら「昨年の5月と、今年の5月を比べる」といった視点を持っても面白いかもしれません。

アスペクトを**意識する**と意志の持ちようが変わる

月、水星、金星に対して太陽がアスペクトをとる際は、意志の力をこれらの星とハウスの意味に反映させます。一方、火星、木星、土星とアスペクトをとる場合、これらの星が管轄するテーマと滞在するハウスの意味が、意志に影響を与えると考えます。私たちは意志を強く持とうと思いながら、ちょっと弱気になったり、ストイックになったりします。そうした変化は、アスペクトが握っています。

太陽の動きを**先読み**して自分なりに対策を立てる

すべての星は先々の動きまで計算されています。もし特定の願いについて、意志の力で頑張りたいことがあるならば、該当するハウスに太陽が巡る時期を把握すると目標や計画が定まりやすく、具体的にできます。たとえば転職を考えているなら10ハウスに太陽が入る時期を調べて準備を進めておくといいですし、「来月は6ハウスに太陽が入るから、忙しくなるぞ」と思えば健康を意識できるでしょう。

太陽がそれぞれのハウスにある時の 総合運

General luck

1 ハウス

新しいことを始めるのに向いた時期。普段ならためらってしまうようなチャレンジも、この時期はパワフルに実現していけるはず。

2 ハウス

豊かさを考える時期。今の自分にとって資産があることが重要なら貯金を、精神的充足感が重要なら食や環境にお金を使うと◎。

3 ハウス

「調べる」「学ぶ」など知的好奇心を満足させることに重点を置く時期。学べばフィールドが広がり、さらに人脈も広がっていく。

4 ハウス

原点回帰の時。自分はそもそも何を大切に思っているのか再確認を。土台がしっかりしていることで、他の運もブレることがない。

5 ハウス

人気度がアップするだけによくも悪くも注目を浴びる。いつも以上に自分らしく振る舞うことで周囲から好意的に受け止められる。

6 ハウス

周囲の人のために尽くす時期。忙しい家族のかわりに家事や雑用を引き受ける、同僚に助け舟を出すなどできることでサポートを。

7 ハウス

話し合いに向く。自分の意見を述べるのと同じくらい、相手の話を聞く時間を持ってみたいところ。未婚の場合は結婚の話も。

8 ハウス

ごく親しい人と深い話をしたり、ご縁が結ばれたりとクローズドなところで動きが大きい時。秘密が生まれるような関係は避けて。

9 ハウス

「愛とは何か」「人生の意義とは」などと正解のない問いが生まれそう。じっくり向き合うことでブレない自分でいられそう。

10 ハウス

自分が社会にどう貢献していけるかをあらためて考える時期。仕事はもちろん、子育てや地域への貢献というかたちをとる人もいるはず。

11 ハウス

友人や仲間と風通しのいい関係を築く時期。そうした人とつながって生きる未来にあれこれ思いを巡らせ、ビジョンを固めることも。

12 ハウス

心の動きが敏感に。直感が冴える時期なので、理屈ばかりでなくカンで動くタイミングもあっていいはず。自分の本心に目を向けて。

多様な価値観を知り、「幸せ」に自覚的になる

恋愛運のシチュエーションは十人十色

- 自分の幸せは、自分が決める
- 自分にとってベストな年齢がある
- 恋をしていなくちゃいけないわけじゃない

恋愛観、結婚観は2010年代から2020年代にかけて、一気に自由になりました。幸せは人それぞれ――そのことを思う時、私はいつも茨木のり子さんの『歳月』という詩を思い出します。詩のなかで茨木さんは先に旅立った夫のことを思い、夫婦として長く年を重ね続けた場合の光景を想像する。そして、こう続けるのです。「けれど／歳月だけではないでしょう／たった一日っきりの／稲妻のような真実を／抱きしめて生き抜いている人もいますもの」

パートナーと添いとげる時間の長い方が、一般的には幸福とされることが多いように思います。でも、そればかりでは幸福ははかれない。価値は自分で決めるものなんですね。恋愛運を占う時、私たちは必ず先入観にとらわれているということを覚えておかねばなりません。恋愛観はもちろん、本当は結婚など望んでいないのに、するものだと思って婚活をしたりすることもあります。それは決して悪いことではありませんが、無自覚のまま占いをすると、「占いではこう出ているのに、現実がまったく動かない」などといったジレンマを味わうこともあるものです。自分を信頼しながらも、常に「それは、先入観では？」と問うことを、忘れずにいられると素敵です。

この先入観の自覚が特に重要になるのは、自分以外の誰かを占う時です。解釈をする時、そこには必ず先入観が入り込みます。そして恋愛運は、時として社会的には望ましくない願いも少なくありません。そのためにも多様な価値観を知る努力は必要でしょう。また、占い師のみならず占いをする人は誰もが、占い師は「ジャッジをする」人ではないことを、心に留めておきたいところです。いいも悪いも、当人が決めること。年齢も、そもそも恋をするかどうかといったことすらも、本人が決めることなのですよね。（参考文献／茨木のり子『歳月』花神社）。

Check!
Point

恋愛運で大切なポイント

1. シングル？カップル？

シングルは出会いや進展の可能性を５ハウス中心に、片思いなら7ハウスで進展の可能性を推察します。日常的な愛情の行為としてのセックスは5ハウスです。カップルは7ハウスでパートナーシップを読み、子どもを得るためのセックスは8ハウスで読みます。不倫など複雑愛は5、7、8ハウスを読みます。

2. どういうスパン？

金星は１カ月程度でサインを移動するため、そのくらいのスパンで恋に変化があらわれると判断できます。同じ状況で悩んでいる場合も、変化をとらえて行動を変えてみるといいでしょう。また金星は18カ月おきに40日ほど逆行します。同じサインに４カ月程度とどまり、愛について集中的に向き合います。

3. 相手はどう思ってる？

相手が積極的な時期か、仕事に夢中か……といったことは相手のホロスコープから読み取れます。また恋愛傾向は出生ホロスコープからある程度、読み取ることができるでしょう。ただ、「この状況をどう思っているか」といった具体的なことは、タロットカードや易など「卜占」と呼ばれる占術が向きます。

Method

シチュエーションに合致した恋愛運を読み解くには？

シングル用にどう見るの？ 年の差愛は？ などと細かくシチュエーションを区切って読もうとすると、一喜一憂して終わり、になりがち。区切る段階で、先入観がどうしたって挟まってしまうためです。恋に求めることも、関係性も人それぞれ違い、なかにはいくつかの条件がオーバーラップしている人も多いはずです。恋愛全体について豊かに読み解き、得たものを自分の価値観の枠のなかに解き放つ。それでこそ見えてくる風景も豊かで、実用性に富んだものになるのではないでしょうか。本心では違う関係を望んでいる場合も、ふと目にした“目指していなかった読み解き”から、自分らしい幸せを見いだすきっかけをつかめるかも。

Love luck

恋愛運を読むべき星は 金星・水星・火星

金星が恋愛運に与える影響

「愛と美の星」と呼ばれる金星は、言わずとしれた恋の星。恋愛運を見る場合はまず、金星を見ましょう。どんなシチュエーションが望めるのか、どんな展開になりやすいか。どんな人とご縁が結ばれる可能性があるのか。金星が巡るハウスによって、浮き彫りになってきます。ほか「美」を扱うことから、外見的な魅力もあらわします。金星が滞在するサインに関するものが、恋のラッキーファッションに。身にまとうことで、いつも以上にあなたの魅力が引き立ち、いつも以上に輝けるはずです。

水星が恋愛運に与える影響

「知性とコミュニケーションの星」と呼ばれる水星は、恋愛運ではさほどクローズアップされることは多くありません。ただ、恋はコミュニケーションなくしては、始まらないもの。きっかけづくりも、絆を強めることも、感謝も「会いたい」も、みんな“意志疎通”の範疇なんですね。そのため、恋愛運でも取り上げます。自分でコミュニケーションをはかるばかりでなく、強力にアシストしてくれる存在も読み取れます。また、1年に3回程度訪れてコミュニケーションに停滞をもたらす「水星逆行」は、恋においても重要です。

火星が恋愛運に与える影響

「情熱と闘いの星」と呼ばれる火星は、争いや衝突といった意味をもたらします。時にライバルへの敵意や、お相手への攻撃性となって出ることもありますが、それ以上に「勇気」をもたらしてくれるという点に、私は注目しています。この世界にいる誰かが行動を起こしてくれるのを待っていると、恋はなかなか始まりません。自分から行動を起こすには勇気が必要です。火星は、そのきっかけとなる勇気をもたらしてくれる星。上手にその熱をコントロールして、恋に活かしていきたいところです。

金星がそれぞれのハウスにある時の 恋愛運

1 ハウス

あなたの魅力が内側から輝くモテ期。恋に前向きかつ積極的になれるうえ、誰かの"脈アリサイン"を受け取ることになるかも。

2 ハウス

自分が幸せになれる人を見極める目を持てる時。基本的に一途ながら、幸せになれる人ではないと悟れば一気に冷めそう。

3 ハウス

恋のきっかけをつくりやすい時期。いきなり告白するよりも、共通の話題を見つけて話しかけるなどして友達ポジションを狙うと◎。

4 ハウス

カップルは同棲や結婚を意識。家族や親友に恋人を紹介するのにも向く。シングルの人は安心したいという思いが先に立ちそう。

5 ハウス

ハッピーな恋の要素がぎっしり。突然思い立って会いに行くなどドラマのような展開も待ち受けていそう。体の関係から始まる恋も。

6 ハウス

尽くす気持ちが高まる時期。相手のためを思うと献身的になれるものの「都合のいい存在」にならないよう注意は必要といえそう。

7 ハウス

相手が求めるものをパッと察して対応できるので会話がスムーズに。ただし気のない人までその気にさせてしまわないようご注意を。

8 ハウス

ディープな愛の季節。「この人しかいない」と思える人と出会える時期ながら、秘密の恋も始まりやすい時期。人選はしっかりと。

9 ハウス

目の前の恋に対し、自分なりに意義を見つけていく時。ただしつらい恋をしているなら、距離を置くという選択も検討してみたい。

10 ハウス

スローペース。仕事つながりで「愛が恋に変わる」瞬間があるかも。一生懸命なあなたの横顔を、誰かが好ましく思っている予感も。

11 ハウス

友達が急に素敵に見えてドギマギ。恋人に昇格することもあるのかも!? 友達が好アシストしてくれる時でもあります。

12 ハウス

好きという気持ちはあってもうまく表現できずジレンマが。ただ、恋のトラウマや傷はこのタイミングでケアして、治していけそう。

Love luck

水星がそれぞれのハウスにある時の
恋愛運

1 ハウス

頭の回転が速くどんな話題にも臨機応変に合わせることができるので、仲よくなるきっかけを得やすい。相手の話にも耳を傾けて。

2 ハウス

冷静にメリット・デメリットを判断できる。合理的になりすぎるきらいはあるものの、感情に流されがちな人はこの時期を活用して。

3 ハウス

コミュニケーション能力が最大限に。出会いも期待できる時なのでフットワーク軽く行動を起こしてチャンスにつなげていきたい。

4 ハウス

いつもの環境でトークがはずむ。一方、アウェーの場では持ち味が出にくくなるので、自己アピールより聞き役に徹するのもいい判断。

5 ハウス

自分らしく周囲とかかわっていける好機。趣味つながりで話すきっかけをつくれたり、効果的な自己アピールができたりするはず。

6 ハウス

現実的な発想と行動力で物事を前に進めていける。人の役に立てることがうれしく感じるので、それを好印象につなげていけるかも。

7 ハウス

コミュニケーション力アップ。デートの約束をとりつけたり、お願い事をしたりと会話を通して何かを決めることがスムーズに。

8 ハウス

好きな人がいる場合は相手への理解を深められる時期。会話を介して相手を知り、自分のことを伝えられる。新しい出会いは少なめ。

9 ハウス

いろいろな人と接し、いい刺激をもらうことで自分のフィールドを広げる時期。海外の人と知り合い、価値観の多様さを知ることも。

10 ハウス

仕事に全力を注ぐので恋愛は二の次になりがち。ただ責任感を持ち、確実に仕事を前に進める姿勢が好印象を持たれる可能性も。

11 ハウス

フランクな姿勢で人間関係が円滑に。今すぐ恋に至ることはなくとも、楽しくつき合える友達ができそう。つながりを増やして。

12 ハウス

共感力が高まる時期。上手く話せなくても相手がくみ取ってくれるし、自分もまた察したりなんとなくわかってあげられたりする。

Love luck

火星がそれぞれのハウスにある時の恋愛運

1 ハウス

「何もしないで後悔するより、やって後悔するほうがいい」と思える時期。普段は勇気が出ない人も、一歩踏み出すことができそう。

2 ハウス

基本的には現状維持をベストとする一方で、ライバルに先を越されたり好きな人を奪われたりすると一気に攻勢に転じることに。

3 ハウス

マッチングアプリやパーティなどで、いいなと思った相手に声をかける勇気が出そう。まずは軽く声をかけることを目指して。

4 ハウス

婚活パーティや食事会には親友と呼べる人と一緒に行くと持ち味を活かせそう。パートナーがいる人はワガママになりすぎないこと。

5 ハウス

情熱的に恋をアピールできる時です。秘密が生まれるような恋であっても「出会ったのが遅すぎただけ」と考えることが多そう。

6 ハウス

パートナーとつまらないことで言い争いが起きやすい時期。感情的に言いつのるのはトラブルを生むだけ。日を改めて話し合いを。

7 ハウス

結婚にスポットライトが当たる時。カップルは進展が得やすく、シングルの人は結婚を考えるほど信頼できる人との出会いが。

8 ハウス

ライバルがいるなど、関係に解決すべき課題がある場合に、強烈な嫉妬心が湧いてくるというかたちで影響。感情的に争わないことが重要。

9 ハウス

理想が高まる時期。ただし発想が極端になりがちでもあるのでほどほどに熱をセーブしたいところ。まずは落ち着いて深呼吸を。

10 ハウス

仕事が忙しく「恋どころじゃない」モードになりやすい時。カップルの人は相手を振り回したり、放置状態にならないように。

11 ハウス

カップルは変わらない日常をつまらなく感じる時。ただ、マッチングアプリなどに逃げるなら、まずは現状を解決する努力を。

12 ハウス

カップルは我慢してきた不満が一気に爆発、感情的に言い合いになるような展開も。相手に非がある場合でも冷静に伝えたほうが◎。

Love luck

恋愛運を読む時に気をつけたいこと

恋には必ずお相手がいる

Chapter ☆ 3

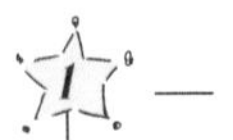

1—1 お相手の運気もチェックする

ホロスコープで今のお相手のテンションを知る

お相手が今、恋愛に対して積極的なのかどうか。仕事は忙しそうか——そういったことをホロスコープから読み取ることもできます。見ることで「今の相手はこうだから……」などと振り回されてしまうと恋は苦しいものになりがちですが、「ちょっと活かす」くらいのノリでいられるなら、お相手のホロスコープをちょっぴりのぞかせてもらうと進展のヒントをつかみやすいでしょう。生まれた時間がわからない場合は、昼12時に設定してチャートを作るといいでしょう。またこの場合、太陽星座を1ハウスとし、アセンダントを1ハウスの0度と仮定してホロスコープを出す「ソーラーサインハウスシステム」を使うと参考にしやすいかと思います。

攻めの姿勢でいくか受け身でいくか

いくら恋愛運がよくても待っているだけでは現実が動きません。たとえば恋愛といえば5ハウスで、ここに金星が入っていると一般的には「恋愛運がいい時期」とされます。でも、ここで動く運は「自分から行動を起こしてこそうまくいく」というのが基本。待っているだけでは動かないんですね。ただ、1ハウスの金星はあなた自身の魅力を引き出し、人を惹きつけます。水星が巡っていても、あなたらしい会話や言葉選びをして相手に「魅力的だな」と思わせることができるでしょう。積極的に行動しようという意志は活かしつつも、自分の魅力を磨いて「愛を受け取る」つもりでいると、幸運を手にしやすいでしょう。7ハウスは「対等」です。

恋愛運は「自分の経験の範囲外はピンとこない」という部分が強め。いろいろな人の恋バナを聞いたり、映画や本から学んだりすると解釈にも広がりが出ます。年齢を重ねて経験が増すとともに、味わい深くもなりますよ。

1—2 仲を深めやすい大きな流れをつかむ

相手の運命に引っ張られることもある

恋人や夫婦関係、もう少し見て友人・知人関係になっているなど、すでに関係ができている相手とさらなる進展を望む場合、お相手の「人生の転機」となるような星回りに引っ張られるようにして、あなたとの関係が動くことがあります。お相手の出生ホロスコープの太陽あるいは金星が、現在のホロスコープの木星とメジャーアスペクトを組んだ場合、関係が発展しやすいでしょう。60度、120度ならスルッとスムーズにうまくいき、90度、180度は衝突や摩擦がきっかけになります。ここに天王星、海王星、冥王星などのトランスサタニアンが加わると突然の変化を伴う展開に。

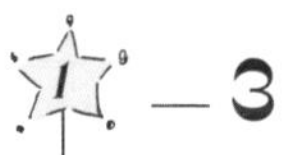

1—3 星の位置関係を見て会える日の予定などを立てる

星の動きを予測して役立てる

星の位置は日々変わり、先々までわかります。よって、次に会える日を読んでやることを決めるというのは、占いのいい活用法といえるでしょう。たとえば月や金星が2ハウスにあるならショッピング、3ハウスならトレンドになっている場所、4ハウスならおうちデート、5ハウスならレジャー全般、6ハウスならスポーツ施設といったイメージです。ほか、話し合いをしたいなら7ハウスに月や水星、金星のいずれかが入った時。家族に恋人を紹介したりされたりするなら、4ハウスに月、水星、金星のいずれかが入っていると話がはずむでしょう。火星が入ったハウスは、アツくなりやすいテーマ。ケンカを回避するヒントに。

Love luck

恋愛運を読む時に

気をつけたいこと

障害のある恋は占う内容も複雑化する

2—1 状況がディープになっている時の読み解き方

お相手にパートナーがいる場合の読み方

正式なパートナーがいる方とおつき合いをしている方から時折いただくのが「自分のことをシングルとして読めばいいのか、パートナーがいると思って読んでいいのか」というご質問です。この質問をすること自体、どれだけおつらいことでしょうか。私の考え方としては、基本的に「未婚カップル」という扱いでよろしいかと思います。「今はまだ惹かれているだけ」という場合はよくよく考えて、未来の自分が笑顔でいられる選択をしましょうね。この場合、月や金星が8ハウスにある場合は一線を越えやすい時です。また12ハウスにある時は、相手の境遇や気持ちに共感するかたちでずるずるといってしまいやすい時期と思っていてください。

家庭のある相手の運をどう読めばいいか

お相手にご家庭がある場合、お相手の今のホロスコープの4ハウス、6ハウス、10ハウスあたりに星が多く集まる場合は責任感が増したり、家族のことで用事が生じたりと「家族のことに力を入れたい」という気持ちが高まるでしょう。また、9ハウスや10ハウスに星が多い時期は、オトナとして分別のある態度をしてほしいと考える可能性大。こうした時期に恋心のほうを優先させてほしいと迫ってしまうと、お相手を困らせやすいでしょう。一方、5ハウス、8ハウスに星が多い時はお相手も恋愛モードにスイッチが入りやすいはずです。「危険を冒してでも、恋を優先したい」という気持ちが強まるため、接点を持ちやすそう。

恋は楽しくしたいものですが、現実問題としてビターな一面が出てくることもありますね。そんな時こそ占いの出番なのですが、焦ったり悩んだりしている時は誤読の可能性も高まるので、注意も必要です。

2—2 求めていた答えと相反する時の読み解き方

「こんなはずない！」にもヒントがあるはず

お相手のことを大切に思っていたり、「もうあとがない」といった発想になっていると、占いへの期待はいやが上にも高まるもの。現実と照らし合わせて「違う！」「こんなはずない！」と思うかもしれません。そんな時は、占いが「人が思考・想像する範囲外の世界を見せてくれるもの」であることを思い出してみてください。何が違うと感じたのかを冷静に考えてみると、そこにヒントが見つかることもあります。愛が執着に変わっていたり、極端な方向に向かっていることに気づいたなら、自分らしくないところは軌道修正できると素敵です。時には別の幸せも、星は示してくれます。

2—3 関係者が多い時の占い方

シンプルな相性占いで傾向をつかもう

マッチングアプリを使う人が増えている現代では、同時並行的にいろいろな人と会う人も多いかも。そんな時は太陽星座のサイン同士で簡易的な相性占いができます。サイン同士が60度（自分のサインから数えて相手のサインが3つ目）、120度（5つ目）にあれば意気投合しやすいはず。90度（4つ目）、180度（7つ目）は惹かれ合っても衝突多し。乗り越える覚悟が必要です。隣り合ったサイン（2つ目）は一致点はないものの仲よし。同じサインであれば自分の分身のようにわかり合えるものの嫌いになったときは絶縁です。150度（6つ目）は一致点が少なめ。共感し合えるまでが長いでしょう。

Working luck

自分に今、巡っている運気を知る
仕事運を読む

仕事運についても悩みは多様

- 今、自分に来ている“波”を知る
- 動くべき時を知り、目指す働き方を実現する
- 試練を前向きにとらえ、挑戦に活かす

今週のプレゼンはうまくいくのか、あの商談は契約までもっていけるのか。祈るように仕事運を確認する人も多いでしょう。しかし占いで仕事運を見る本当の醍醐味は、「自分の人生をプランニングする」ということにあるのではないでしょうか。世の中の動きは予測することはできなくても(「マンデン占星術」という世相を読む占いはありますが、それはまた別の機会に)、私たちは占いで自分が活躍する時期や転機となるタイミング、今直面している試練などを知ることができます。星の動きは先々までわかっていますから、数年でも10年でも見通すことが可能です。

私たちはすべてを思いどおりにできるほどに万能ではありませんし、今抱いている望みが自分にとってベストかどうかもわかりません。自分では真実と思う願いが、数年たってみれば愚かな欲望だったと気づかされることだって少なくないのです。それでも人生の大半を占める仕事という時間において、「こういう時期なのか。ならば、こうしよう」と思えることは、仕事を格段に楽しく、やりがいにあふれたものにしてくれるはずです。

仕事運とひと口に言っても、その正体はなかなか複雑です。人間関係にやりがい、適性、追いたい夢に体力的な限界、報酬の多寡、今の職場の雰囲気、業界の未来、転職できるかどうか。数え上げればきりがありませんが、ここでは「今、どういう運気が巡っているのか」を読み取ることを最優先としたいと思います。それさえわかれば、細かな問題も解決の糸口をつかみやすいでしょう。何より、「ならば、こうしよう」と思えることが、明日のあなたを支えてくれるはずです。明日も自分らしく生きられる。それがもっとも大切なことだと、私は考えています。

Check!
Point

仕事運で大切なポイント

1. 短期的な見通しを立てる

水星・火星・太陽は月単位での見通しを立てるのに役立ちます。特に水星が入るハウスはコミュニケーションでのポイントや冴える時期、関心を向けると有利なテーマのヒントをくれるはず。火星は情熱を注ぐと同時に衝突しやすいテーマを、太陽は意志を持って切り開くテーマを教えてくれます。

2. 長期的な見通しを立てる

木星が滞在するハウスは「拡大」の意味合いが加わり、チャンス到来。特に1、6、10ハウスは仕事運に直結。2ハウスなら収入面での拡大、3、7ハウスならコミュニケーション量の増加が期待できます。土星は2年半ほどかけて自分を鍛えるテーマがわかります。ストレスと調整をはかりつつ挑戦を。

3. マイルストーンとなる

新月はスタートの時。満月は物事が一定のラインまで到達し、振り返りと調整をする時です。毎月訪れるこの日をマイルストーンとして、短期的な目標を常に更新していくとメリハリをつけやすいでしょう。日食は新月の、月食は満月の、より強力なもの。強力ゆえにバランスを崩しやすい傾向も。

Method

内なる才能とポジションを踏まえた仕事運を読み解くには？

自分らしさと現実が上手く統合するように占いを使っていくなら、目の前の運気にばかり注目したり、当たった・当たらなかったと一喜一憂するばかりで終わったりしても、大きな意味はないでしょう。注目すべきは木星と土星。1年から3年といったスパンで長期的なビジョンを描くことが重要になります。木星が入るハウスのテーマは1年スパンで、基本的にチャンスに恵まれるかたちで拡大していくと考えます。土星が入るハウスのテーマは2年半から3年スパンで、じっくりと時間をかけて自分を鍛え、乗り越えていく課題と考えます。この2つをかけ合わせて、自分らしさを活かし、今のポジションでやるべきことを模索していくといいでしょう。

仕事運を読むべき星は水星・火星・太陽

水星が仕事運に与える影響

「知性とコミュニケーションの星」と呼ばれる水星は、ビジネスの星とも呼ばれます。冴えたアイデアが浮かぶ時期、コミュニケーションで力を入れるべきポイントや関心を向けると有利なテーマなどを読み取ることができます。コミュニケーションから派生して、どのような人が味方になってくれるか、誰がキーパーソンとなるかといったことも推測できるでしょう。積極的に行動したほうがいい時期、内向的になる時期など心理面にも影響を及ぼします。水星のハウスと時期を押さえておくことで、モチベーションの維持・向上に役立つはずです。

火星が仕事運に与える影響

「情熱と闘いの星」と呼ばれる火星は、仕事へのモチベーションや困難を恐れない行動力が仕事運にプラスの要素をもたらします。闘ってでも欲しいチャンスやポジションができた時、こんなにも頼もしくサポートしてくれる星はないでしょう。一方で「闘い」という部分が強調されると、周囲と衝突したり、攻撃というかたちであらわれて人間関係も仕事もダメにしたりする可能性も。とはいえ、火星を意識しなかったり「怒りはよくない」と安易に抑え込むとストレスがたまったり、他人に振り回されがちになるので要注意。

太陽が仕事運に与える影響

「アイデンティティの星」と呼ばれる太陽は、意志を持って切り開くべき分野を教えてくれる星です。1年間かけてホロスコープを1周するため、「毎年この時期は、人間関係でいろいろあるなあ」「ダウンすることが多いかも」などと周期性のあるイベントに心当たりがある場合、太陽の影響をキャッチしていたのかもしれません。滞在するハウスに沿った生き方をしている場合、自分らしいと感じることが多いようです。「この時期はこれを頑張る」という目標につなげるほか、転機を読み取るにも便利です。

水星がそれぞれのハウスにある時の 仕事運

1 ハウス

頭の回転が高速に。アイデアは積極的に人に話すことで今後のチャンスにつながります。行動力も◎。動いてみたことに学びが。

2 ハウス

生産性と効率重視で物事を進めたい時期。損得勘定も働くものの相手にはわからないように注意を。マイペースに動けることも重要。

3 ハウス

コミュニケーション力と知的好奇心、情報収集力が急上昇。フットワーク軽く行動した先にチャンスが。マルチタスクに勝機あり。

4 ハウス

仲間や自社など"身内"を意識してうまくいく時期。なじみのある環境・分野でこそ力を発揮できる。理屈より情を大事にすると◎。

5 ハウス

自分に自信が生まれ自己アピール能力が冴える。好きなことを仕事に。クリエイティブな仕事の人は個性を打ち出せる頑張り時。

6 ハウス

多忙に。ルールや期限を厳守、自分にも他人にも厳しく自己犠牲をいとわない。現実的かつ地に足のついた発想で計画立案が得意に。

7 ハウス

交渉、話し合い、相談事など言葉を介して一致点を模索する仕事に向く。相手の顔色や距離感を読むのが得意に。対等な目線が大事。

8 ハウス

集中力が高まり探究心が冴える。シングルタスクでこそいい仕事ができる。上司や先輩から仕事で重要なことを教えてもらえるかも。

9 ハウス

視野が拡大し、既成概念を覆す思想や方法論を学べる時期。遠方への出張は引き受けて◎。おおらかで柔軟だが細かいことは忘れる。

10 ハウス

キャリアにおける挑戦期。粘り強く努力し、結果を出して評価につなげられる。やりがいを求める転職であればうまくいく可能性大。

11 ハウス

同僚や仲間などの"ヨコのつながり"がカギを握る。チームワークに力を入れるといい。イージーモードになりすぎないように。

12 ハウス

ひらめきが冴え、共感力がアップ。イマジネーションや感性は豊かだが、なぜか言葉で表現するのが苦手に。人の気持ちをくみ取れる。

Working luck

火星がそれぞれのハウスにある時の
仕事運

1 ハウス

スピードと行動を意識するといい結果を出せる。あえてのリスクテイクもアリ。敵意や闘争心が強まるので適度にコントロールを。

2 ハウス

自分の価値を明確化することに燃える。成果を数字にし、自分の縄張りや得意分野にこだわる一方、それらが脅かされると攻撃的に。

3 ハウス

学びとコミュニケーションに熱が入り、多くのことを引き受け情熱的に動かしていく時期。言葉は攻撃にもアピール材料にも使う。

4 ハウス

所属するチームのなかでトップを目指す。身内と認めた人の仕事なら労力をいとわない。ただし子どもっぽい理由で周囲に当たる。

5 ハウス

チャレンジ精神に燃える時期。「面白そう」と感じることはリスクを顧みずトライする。ハードルは高ければ高いほどやる気が出る。

6 ハウス

義務やノルマを絶対と考え、自分を犠牲にして頑張りたいと考える。責任感と向上心の強さからオーバーワークになる可能性大。

7 ハウス

対人関係における闘いの日。衝突を恐れず発言することで始まる関係もある。強引すぎると人間関係にヒビが入るので理性を大事に。

8 ハウス

怒りが特定のもの・人に集中。イライラし始めるとどんどん怒りが増幅しがち。運動やひとりカラオケなどで発散して衝突回避を。

9 ハウス

理想を追求することに情熱を燃やす。手が届かない理想ほど美しく見え大言壮語に陥る。それを指摘されると激高することもある。

10 ハウス

求めるキャリアを追いかける。人を踏み台にしてでものし上がりたいという気持ちに。勝つことより目標に情熱の焦点を定めると◎。

11 ハウス

仲間を守る、生きやすい社会をつくるといった目的で闘うようにして努力をする。ネットで怒りを表明すると炎上しやすい傾向も。

12 ハウス

堪忍袋の緒が切れ、感情を爆発させて周囲を驚かせる。「自分が嫌い」という感情が生まれる。どちらも前向きに成長につなげたい。

Working luck

太陽がそれぞれのハウスにある時の 仕事運

1 ハウス

意志により道を切り開くため、何をしたいか明確にすることが重要。率先して行動を起こし、リーダーとして周囲を引っ張る時期。

2 ハウス

自分の価値を周囲に示す時。「頑張れば見てくれている人がいる」では伝わらない。言葉を態度で示すなど有言実行を意識したい。

3 ハウス

好奇心が高まり、自分に必要な情報を積極的に求めていく。学ぶ姿勢を持つことも大事。SNSは見るだけより発信してこそ楽しめそう。

4 ハウス

プライベートを重視して動くことが重要。家族や恋人を最優先に考え、家でくつろぐことでオフィシャルな場でも頑張っていける。

5 ハウス

個性を打ち出していく時期。「みんなと同じ」ことをしていると不本意な扱われ方をされることも。こだわりや好きなことを大切に。

6 ハウス

当たり前のことを当たり前に進める誠実なやり方が性に合う。ウソがつけず不器用だが、それでこそ自分に納得のいく選択ができる。

7 ハウス

誰に対しても公平で対等な目線でつき合うことをよしとする時期。お互いに尊重し合える関係をベストと考え、そのために努力する。

8 ハウス

「受け継ぐこと」がテーマに。上の世代から受け継ぎ、それを下の世代にも伝えたいと考える。向き合うテーマはひとつにしぼること。

9 ハウス

冒険を目指す。小さな世界で満足していてはダメだと視野を広げる。海外にヒントを見つける。細かいことにはこだわらなくてOK。

10 ハウス

目上の人からの引き立てを受けて大きな活躍をする。望むキャリアを手にする時期なので積極的に行動を。転職・起業にも向く時期。

11 ハウス

現状を改革することに意欲が湧き、行動を起こしていく。友達関係はこちらがリード。ドライな発想で動いたほうが、話が進みやすい。

12 ハウス

自分を見つめ直す時期。1年間経験したことが自分のなかで再構築されていくことを感じられるかも。自分の本心に気づくことも。

Economic luck

人生において大事な要素 金運を読む

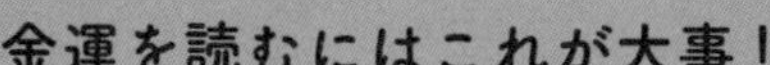

金運を読むにはこれが大事！

- 「稼ぐ」と「受け取る」はハウスが違う
- 自分で手にする豊かさ、与えられる豊かさ
- お金そのもの以外も広く読む

どんな星で読むのか

金運に直結する星は金星です。ほか、日々のお買い物や棚ボタ的収入なら月、意志の力で安定したマネープランを遂行する太陽、計算力に長けた水星、エネルギッシュに自分の豊かさを獲得しようという情熱をもたらす火星、拡大の星である木星など、バランスよく見れば金運というものの豊かさや奥深さに気づきますし、頑張るポイントも見いだせます。

金運を見るのは2ハウスと8ハウス。2ハウスは自分で稼ぐお金、8ハウスは人と共有し、受け取るお金を管轄します。パートナーの収入、親から受け継ぐ遺産など、勝手に使うことはできないお金が8ハウスです。2ハウスに星が多く入る時は稼ぐ力が高まりますし、8ハウスに星が集まる場合は支援を受ける、遺産を相続するなど「受け取るお金」に縁があります。

金運はお金そのものだけに影響するわけではありません。たとえば月や金星が2ハウスに入る時は、ショッピングでいいものが手に入ったり、気が大きくなって衝動買いをしたりと消費行動に縁がある時です。5ハウスに金星が入ると楽しい一方で浪費傾向が強まります。火星が入れば、思い切った出費を検討することになるでしょう。お金を稼ぐ力も、2ハウスから見ることができます。たとえば木星が2ハウスに入れば、持ち前の能力を拡大することで収入アップが望めます。水星は堅実ですが、確実にスキルアップできるでしょう。前向きに頑張って、自分の金運にレバレッジをかけられるといいですね。

ちなみに2ハウス、8ハウスに星がない時期は「金運がない時期」ではありません。波乱が少ない安定期と読めますが、人によっては節約や管理の意識も薄くなり、いつの間にかお金がなくなっていることも。また、星が2ハウスに集中する時は金運が活気づきもしますが、振り回される傾向もまた出てきやすいということを覚えておきましょう。

1 受け身の金運

できたら楽して儲けたい「もらう運」はどこで見る?

「楽してウハウハな暮らしがしたい」なんて願望は、誰しも一度は考えたことがあるでしょう。それを叶える方法を書いたらこの本がバカ売れしそうですが、そこまで都合のいい話はありません。もらう運は8ハウス。太陽、金星、木星が入る場合は金銭的なサポートを得やすいでしょう。月が入ればおごってもらえたり、おこづかいをもらったりすることも。ただ、何かを受け取るのは相応の対価を求められます。安易にもらうことばかり考えないほうが、最終的には幸運に。もらう相手も吟味して。

2 攻めの金運

増やすなら2ハウスに入る惑星を意識して行動を

リスクはそこそこに増やすなら「自分の価値を高める」という意味合いを持つ2ハウスを活かすといいでしょう。少々冒険を好みすぎるきらいはありますが、ほどよく抑えれば火星が入った時が頑張り時です。また、2ハウスに火星や木星がある時は副業にも向きます。能力や特技を活かせる仕事を見つけるのが何よりのカギ。出ていくお金も増えやすい時期ですが、そこはバランスをとって。毎年巡ってくる太陽も貯蓄を増やす、資産を増やすということに前向きです。セミナーなどへの参加もプラスに。

3 ギャンブルの扱い

一発逆転を狙うならコレ!? ギャンブル・くじ運が高まる時期は?

堅実な資産運用は2ハウスの管轄ですが、ギャンブルや宝くじ、投機はドキドキすることから、5ハウスの管轄になります。たとえば月が5ハウスにある時は宝くじを買うといいなどという話も。火星が入る場合は、稼ぎはするものの手元に残りにくい時期です。「有り金すべてをはたいて賭ける」のではなく「楽しみながら買ってみる」というモードでいる時限定、と思っておくといいでしょう。なお、ギャンブルの結果は占いでは"禁忌"とされており、個人鑑定ではお断りされることが多いテーマです。

Health luck

心と体はリンクしている 健康運を読む

健康運は心身のバロメーター

- フィジカル面は6ハウス
- メンタル面は12ハウス
- 火星や土星は頑張り方に注意

どんな星で読むのか

体にかかわることは6ハウス、メンタルにかかわることは12ハウスで、それぞれに入る星を読みます。月が入れば自然と意識が向きますし、火星が入れば「頑張りすぎる」「自分にプレッシャーをかけすぎる」ことでストレスを感じやすいでしょう。ほか、水星が入れば分析や情報収集、健康的なライフスタイルのプランニングなどに役立ちますし、金星が入れば自分を優しく、時に甘やかすようにしてケアできます。太陽が入れば意志の力で健康を志すことに。フィジカルとメンタルは相互にリンクもしていますから、総合的に読んでいけると素敵です。

ダイエットやボディメイクも星を上手に使って

6ハウスは「調整して自分を守る」という意味合いがあり、健康管理に役立ちます。火星が入ると、ワークアウトが「やりすぎ」になりやすいのですが、ほどよく使えば熱心に継続する意欲を生み、効果は絶大です。また、5ハウスに太陽や金星、木星が入るとレジャーを楽しむことで運動量を増やせるはず。ちなみに、金星や木星が6ハウスに入ると健康面では良好。ただし、元気な時は食事も美味しく感じられるもの。この2星が巡る時は体重が増えやすい傾向に。楽しみと節制のバランスを上手にとりたいですね。

占いで見る健康はあくまで「転ばぬ先の杖」

申し上げるまでもないことですが、占いで見るのは「健康な時の健康運」であり、あくまで「転ばぬ先の杖」です。近代以前は占いで病気や生死を見ることも多くありました。ただ、医療が発達した現代では、病気の治癒や生死にかかわる関係は禁忌としている占い師さんがほとんどです。「この時期には、この疾患に注意」といった読み方は確かにできますが、持病がある方、体調に普段と違ったものを感じる方は、あえて健康運を気にしないというのも正解です。人にアドバイスをする時も、注意が必要でしょう。

Relationship luck

どのように接し、何に気をつけるか

人間関係運を読む

人間関係運は、すべての運の根底にある

- 人の悩みはほぼ対人運
- コミュニケーションと振る舞い方を読む
- 相手の問題まで背負おうとしないこと

どんな星で読むのか

対人運を読む場合は、コミュニケーションを司る星・水星と、情熱や衝突を司る火星のサイン。水星でコミュニケーションの傾向を読み、火星で衝突しやすいポイントを押さえると「いかに人と接し、何に気をつけるべきか」がわかります。ほか、3ハウスと7ハウスに土星が来る時期は、人との距離のとり方をじっくり学ぶ時期。試練もまた固い絆のステップに。また、8ハウスに星が多く集まる時は些細な問題でも大事に考えてどんどんネガティブな方向に。ハードアスペクトが多い時期は衝突に注意。仮にぶつかっても学ぶことで絆が強まります。

自分のせいでもあるが 自分のせいだけでもない

コミュニケーションはどちらか一方の努力では成り立ちません。こちらが誠意を尽くしても、相手の心がよそを向いていれば「今はここまでが限度」ということになります。素直になれない、怒りをぶつけてしまう、といった課題は自分のことなら頑張れますが、相手の課題を自分のこととして背負いにいかないこと。「成長させてあげる」などと思っていると、お互いにしんどいだけ。こうしたつらさが出がちなのが、6ハウスと8ハウスに星が集まる時期。6ハウスは「尽くす」傾向、8ハウスは「考えすぎる」傾向に注意。

ラッキーパーソンと アンラッキーパーソン

相性的な問題を抜きにすれば、3ハウス、11ハウスに月や太陽、水星、木星が入る時期は味方が増えたり、フランクな交流が多くなったりします。ラッキーパーソンは身近な友達や仲間です。7ハウスであれば一対一で向き合う相手。大勢ではなく、ひとりに焦点が当たります。4ハウスなら家族や身内、10ハウスなら年上の人や社会的地位の高い人とのかかわりが深まります。9ハウスは心理的・物理的に距離がある相手。ラッキーパーソンかどうかは自分次第。アンラッキーパーソンと思い込んで、チャンスを逃さないように。

Column

悩みはまず「整理する」ことから

ご相談者さまからお悩みの内容をいただくと、「ひとことで言えば結婚なんですが」「結論から言えば転職したいという話なんですが」といった表現をされる方は少なくありません。ビジネスでは、こうした要点を押さえた話し方が好まれますね。私もよく使います。ただ、自分のことでも人からの相談でも、占いに関していえば「ひとことで言えば」「結論から言えば」でないほうがいいケースもたくさんあります。

たとえば「ひとことで言えば結婚なんですが」という方のお話をよく聞くと、その原点には「収入面で不安があり、転職もうまくいかない。今はそれでも暮らしていけるけれど、病気にでもなって収入がなくなったらと思ったら不安」というお話だったりします。「結論から言えば転職」の理由を伺うと「今の会社は好きで収入も申し分なく、働き続けたいが、この春から赴任してきた上司と合わず、なんとなくつらい」というお話だったりします。言葉どおりに受け取って「結婚できるか」「転職できるか」だけで占ってしまうと、その方が本当に悩んでいる収入のこと、対人関係における相手の意図などはおいてきぼりになってしまうのです。

だいたいにおいて、人は複数の悩みを同時並行的にかかえています。「彼は結婚を考えていますか」という、一見シンプルな相談ですら「最近、前に比べて気持ちが冷めてきているみたいで不安」「連絡が減ってきたのは、別に好きな人ができたから？」「実は、彼は既婚者なんだけど奥さんと別れる気はある？」なんて、複数の問題が混在していたりするのが現実です。

そして、人はだいたい「なんかもう、とにかくいろいろ大変」などと、問題を大きいままで扱いがちです。占い師にとって最初の仕事は、ご相談者さまと一緒に悩みを「整理する」ことなのかもしれません。

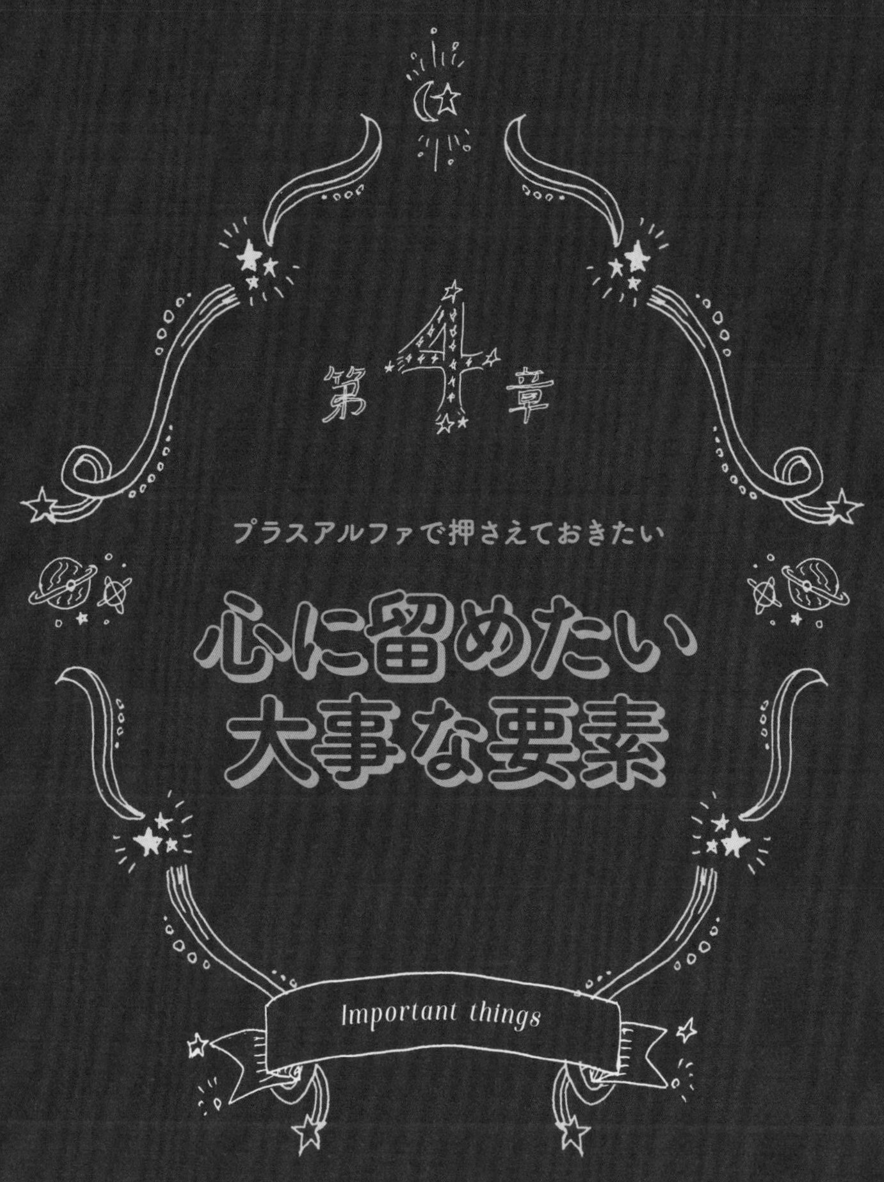

星占いをより詳しくひもとくには、新月や満月、月食や日食も大事になります。また、過去の読み直しをするのも学びにつながります。

Check 1

占っただけで終わりにしない

過去の読み直し

で実感とともに占いをマスターする

Point

- 過度によい／悪い読み方をしていないかをチェック
- 特定のイベントのデータを収集する
- 選択のよしあしなど、時間がたってからしかわからない

未来予測は占いのなかでも楽しいテーマのひとつですが、占いに振り回されるようになってしまうと、いささかもったいないことになります。「この日にすごいことが起こる」「ここからモテ期」といった読みに胸をふくらませて過ごしたのに、何も起こらずガッカリする。一方、「この時期は○○だから大変だ」と戦々恐々としていたら本当にトラブル続きで、自分は悪いことばかり当てるのだとぼやいたり、また同じ○○が来ると嫌な気持ちになったりと、当たったら当たったで振り回されます。

星が織りなすメッセージを受け取り、活かす。「当たる／当たらない」を超えていくための、最高の実験材料は自分自身です。日々、星を読んでは振り返る。そうやって星とともに暮らしてこそ、「こういう時期なのか。じゃあ、こうしよう」と能動的に生きることができますし、他人に対しても生きた鑑定ができるでしょう。

そのために、私は日々、星を読んだ結果をノートなどに記しておくことをおすすめしています。そして１カ月なり半年なりで、定期的に振り返る。そうすることで、占いと実際に起こったことの“答え合わせ”ができます。実際に、選択のよしあしというものは、ある程度時間がたって自分が成長してからしか、判断はできないもの。「ただ厳しいだけの無駄な時期だった」と思っていたことが「あれもいい勉強だった」と肯定的にとらえられるように変化することもあるのです。それこそ、人生の醍醐味というものではないでしょうか。

さて、実際の振り返りでは、自分が過度に楽観的、あるいは悲観的に読んでいないかチェックしましょう。たいていの人は思考のバイアスがあります。自分の傾向に気づき、できるだけフラットな状態に近づけられるよう意識しましょう。また水星・金星など近い星の逆行や惑星同士のハードアスペクトなど、日常生活でその影響をビビッドに感じやすいものは、自分なりに観測したデータを収集すると傾向が見えやすくなります。

その日の運勢をメモして、あとで見直す

月の動きは、翌日から振り返りが可能です。水星、金星、太陽、火星は1カ月〜3年も見れば「この時期にこれが起こる」という傾向をつかみやすいでしょう。木星の場合は、理想をいえばホロスコープを2周する24年くらいは観察したいところですが、現実問題としては1年ごとにハウスと起こったことを照らし合わせるくらいで十分でしょう。土星はホロスコープを1周するのが約30年なので、ずっと観測していたら大変です。ここまで生きてきた日々からもヒントを拾いつつ、土星が星座を移動する2〜3年ごとに振り返るのをおすすめしています。

特にネガティブ要素に着目

行動経済学でもよく言われるように、人はネガティブな要素ほど強く感じるものです。たとえば水星逆行や惑星のハードアスペクトはビビッドに影響を感じやすいポイントとなるでしょう。ただ、水星逆行といっても該当するハウスや他の惑星との配置によって起こることは異なります。「水星逆行＝怖い時期！」などと単純にとらえてしまうと当たりにくく、また対策も立てられないでしょう。こうしたイベントのたびにデータを蓄積しておくと、より豊かな読み方ができるようになるでしょう。この時期のホロスコープも画像などで保存しておいて。

当たってない気がした時こそ分析する

当たっていないと思う原因は、大きく分けると①読み忘れた要素がある　②過度によく／悪く読んでいる　③レベルを読み違えている、の3つです。①は、実際に起こったことを振り返りながらホロスコープを見直してみるといいでしょう。②は誰にでもある思考のクセなので、いけないことではありません。でも、思いの強さが結果をゆがめてはいけませんね。自分の傾向をつかんで反映を。③は欲が深いという意味合いではなく、同じ「金運アップ」でも「収入アップ」から「臨時収入がある」までレベル感がさまざまで、そこを理解すれば解決するお話です。

Check 2

星の動きと波長を合わせる

自分のコンディションを星のイベントと照らし合わせ

Point

- ネイタルチャート（出生ホロスコープ）の惑星逆行を探す
- 満月・新月生まれの影響
- 牡羊座の人

「水星逆行中は何もかもうまくいかない」「毎回、水星逆行がつらくてたまらない」という人がいる一方で、少なからぬ人が口にするのが「自分はそんなに逆行の影響を感じない。むしろ、逆行時のほうが調子がいいとすら感じる」ということ。そういう人の生まれ持ったホロスコープを拝見すると、水星逆行のお生まれであることがよくあります。だからといって、こうした人が「水星順行時はまるでダメ」ということはないのですが、占星術の教科書どおりに読んでもいまいちピンとこないという人は、こうした部分が影響しているのかもしれません。

また、満月や新月の生まれの人も、太陽星座に当てはまりきらないものを感じることが多いようです。満月は太陽と月がオポジション（180度）の位置関係。満月生まれの人は、太陽星座の性格にプラスして客観的な視点の持ち主で、物事をパワフルに「完成」にもっていく強さを持った人と読むことができます。ただ、常に意識と無意識がにらみをきかせている状況なので、潜在的なストレスはかなりのものでしょう。一方、新月は太陽と月がコンジャンクション（0度）の位置関係。新月生まれの人は新しいことをスタートするエネルギーにあふれた人と読み、太陽星座の性格にプラスして読む必要が出てきます。太陽星座が不動宮に分類される星座である場合、ちょっとした違和感が出てくるかもしれませんが、大事な要素です。

また、牡羊座の人の場合、占いそのものに懐疑的な場合もあります。周りの人に言わせれば「当たっている」と感じるのですが、本人は頑なに認めようとしなかったりします。これは、牡羊座の人が「12星座のトップバッター」であることによります。誰よりも早く、先陣を切って飛び出していく星座ゆえに、左右には誰もいません。つまり「比べることを知らない」人々なのです。よって、占いで「あなたはこうでしょう」と言われてもいまいちピンとこない、という状況があるだろうと思います。

Check 3

月の満ち欠けも私たちの心身に作用する

新月・満月

を自分ごととして検証しよう

Point

- 新月はスタート
- 満月は調整と振り返り
- 月の暦で心や体のリズムを見よう

新月は「スタート」の時期

新月は物事のスタート地点。新月が起こるその日がもっとも影響が強いのですが、新月が起こるサインに月が入っている2～3日は新月の影響があります。この時期に新しいことをスタートすると物事がスムーズに前に進み、いい結果につなげやすいとされます。スタートといっても、「満を持して行動を起こす」的なすごいことばかりでなくて大丈夫。「やりたいことの情報収集をする」「計画を立てる」といったことも、立派な「スタート」です。この時期の出会いや偶然手元に集まってきたものをメモしておくと、のちのち役立つことがあります。

満月は「振り返りと調整」の時期

満月は物事が実る時期と一般的にいわれています。ただ、現実の生活を思い起こすに、日々は乱雑かつ複雑で、そう頻繁に「実る」ことばかりでもないでしょう。どちらかというと「物事が一定のラインに到達し、振り返りと調整を行う時期」ととらえるといいだろうと思います。よい意味でも悪い意味でも、行動した手ごたえが出てきます。ここで大事なのが、振り返りと調整。望んだ方向に動いているならそのまま継続or終了でOKですが、全然ダメなら「調整」、つまり作戦変更や軌道修正を行うといいのです。ここまでをワンセットと考えて。

月で心と体のリズムをつかむ

現代に生きる私たちは、普段のスケジュールを太陽暦のカレンダーで管理しますね。体調や気分が大きく左右される月のリズムをプラスして考えると、「物事を増やし、拡大していくテーマ」は新月から満月に向かう時期に、「物事を減らし、整理していくテーマ」は満月から新月に向かう時期にと、自分にフィットした計画を立てることができます。太陽という、意志の力で動かしていく予定と違って、自然と浮かんでくる願望や思いも反映しやすいかもしれません。カレンダーや手帳には新月・満月の表記があるものも多いので、ぜひ活用してみて。

ハウス別に見る！ 新月が

新月は「スタート」のタイミング。新しく始めたいことが
不思議と新月前後に「開始」のチャンスが来る人も。

1ハウス — スタート地点に立つ日

新しいことを始めるのにぴったりの日。まだ予定が決まっていないなら、このタイミングを選んでみると◎。今後に思いをはせたり、なんとなく目についた本を買ったりと、無意識のうちにスタートを切っていることも。

2ハウス — お金やものの転機となる

「自分のもの」を維持する、増やすための行動を始める日。スキルアップのための勉強、副業、大きな買い物の検討、財布をはじめ大事なものをおろすなど、これからの拡大を目指して行動を起こすのにベストな日。

3ハウス — 情報・会話が始まる日

新しい交流が生まれる日。人と会う、話す、出かけるなどの予定はここを狙って入れると◎。この新月前後に舞い込んでくる情報は重要な意味である可能性が高いのでメモを。語学や資格など「実学」を学び始めるのもここで。

4ハウス — 家族や家、土台固め

家族をはじめとした“身内”と呼べる人に関して新展開があるかも。進学や独立についての話をする、家族の誰かの生活時間が変わる、など。住まいは片づけや模様替え、引っ越しなどを始めるかも。仕事は基礎をしっかりと。

5ハウス — 恋愛面での新しい動き

恋において新展開が。告白、進展、チャンスをつかむなど、一歩前に進みそう。いずれ恋人になる人と出会うことも。またこの日は自己表現についても新たな動きが。クリエイティブな仕事や趣味、作品作りは新境地開拓も。

6ハウス — 仕事と健康の調整を始める

仕事で新しい作業にとりかかる、課せられたものが増える。勤務時間や仕事量を調整すべく交渉をする、など。健康面で新たなアクションを起こすことも。スポーツやダイエット開始に◎。よくない習慣はここで手放して。

起きた時の運気のとらえ方

あるなら新月前後の日を選ぶとスムーズですし、
新月はハウスを順繰りに巡るので、意味をおさえておいて。

7ハウス — 新しい関係の始まりのとき

新たな出会いがあったり、すでに出会っている人と新しい約束をしたりと人間関係に動きが起こる。信頼関係をベースに仕事が始まる、友達から恋人になる、結婚の話が出ると、関係性がひとつ上の段階に進展することも。

8ハウス — 新しい役割を引き受ける

仕事で大抜擢されたり、役職についたりと今まで以上に深くコミットすることを求められそう。価値のあるものを受け継ぎ、その価値を維持したり活用したりする。家計や家事を担うバランスに変化が生じることも。

9ハウス — 学びや思索の時期が始まる

哲学や心理学など深い学び、知的好奇心を満たすための読書など「すぐに役立つわけではない学び」を始める日。「人生とは」といった正解のない問いが生まれることも。海外との交流や旅行は、この新月をスタート地点に。

10ハウス — キャリアに新展開がある

勉強、仕事、子育てなど、今の自分の「本分」と呼べるものが新たなフェーズに。転職や異動などキャリアチェンジをはかる。社会における役割について新たな目標が生まれたらぜひ、そのまま第一歩を踏み出したいところ。

11ハウス — 友人関係や夢の始まり

仕事で新メンバーが加わったり、新たな友達ができたりと「ヨコのつながり」に変化が生まれそう。未来のビジョンが変わったり、新たな夢を抱き始めたりすることも。今はまだ遠い理想でも、小さく準備を始めてみては。

12ハウス — いい予感が生まれそう

心のなかで新たな動きが起こる時。ずっとかかえてきたモヤモヤがスッキリしたり、気持ちの整理がついたりして、いい予感がしてくるはず。表向きに「スタート感」はなくとも、気の持ちようは変わっているはず。

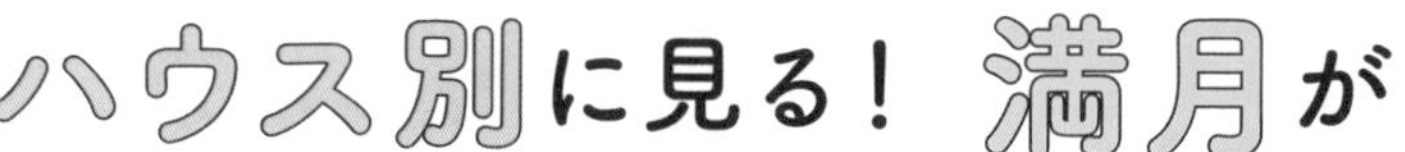

満月は物事が満ちるタイミング。どんなことでも、「やる」「頑張る」
そのときどきのハウスを意識すると考えやすいでしょう。

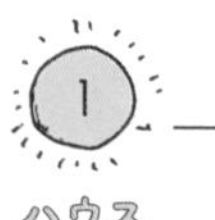

ここまでの努力が実る

ここまで頑張ってきたことが一定のラインに到達する。約半年前の誕生日あたりから力を入れてきたことがここで実る見通し。もし、自分らしくない選択をしたことに気づいたら、ここから軌道修正をはかっていきましょう。

金運に一定の目処がつく

収入アップやスキルアップのための努力が実りそう。ずっと欲しかったものを手に入れる目処がつく人も。ほど遠い場合は、頑張り方を変える必要がありそう。または、目標が自分の本当の望みなのか、あらためて確認を。

知識や経験を得ているはず

自分のフィールドや人間関係、話題が広がったという手ごたえがあるはず。学びの成果が出る人も。ここまで一生懸命に情報交換をしてきたことが、自分のなかで強みや確かな経験値となっていることを実感する人もいそう。

土台を固めて次の転機へ

家族や身内のために力を尽くしてきたことが報われそう。このタイミングで独立し家庭を持つ、一人暮らしをするなど、人生の土台がしっかりしてきたと感じる人も。仕事がうまくいかない人は基礎を見直すとよさそう。

愛が満ちて深まっていく

パートナーのために頑張ってきたことが報われたり、思いが実ったりする時。一定のラインに到達するのは、いい話ばかりではない。ふたりで話し合った結果、納得して別の道を歩むことも。いずれも次の幸福への第一歩。

努力の結果があらわれる

仕事、生活、健康面などコツコツと積み重ねてきた努力が一定のラインに到達する。筋トレやダイエットは、目標とかけ離れているならこのタイミングでやり方を変えると◎。不摂生もそれはそれで結果が出るので改善を。

だけでなく、振り返って現在地を確かめるのは大事ですね。
満月までの半年を振り返って。

誰かに呼びかけてきたこと、働きかけてきたことが相手の心に届く時。契約や結婚、あるいはもっとライトな「約束」など、これからの絆が確約される。向き合ってくれない相手は、それもひとつの答えと考えて次へ。

ある人との関係が最大限に深まり、価値あるものを共有することに。知識や技術を受け継いだり、期待にこたえられたという実感を得たりする。無形のものばかりでなく、形あるものを受け継ぎ、次の世代に継承することも。

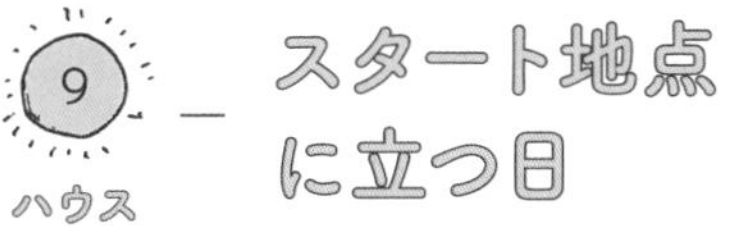

探求や思索が持論としてまとまったり、日々の生活を豊かにしたりと、以前よりずっと精神的に豊かになったことを実感しそう。これまでとは出会う人のレベルが変わったり、活躍するフィールドが広がったりする人も。

仕事や学業、子育て、介護など、今の自分の「本分」と呼べるテーマについて「やるべきことはやった」と思える段階に。仕事や学業では満足のいく結果を出せることも。ただし、ここでゴールではない。次の目標が見えてくる。

同僚や友人など仲間同士の関係がこれまで以上に充実する。チームワークは今がもっともよく機能しているはず。理想とかけ離れた状態にある場合は、現状を見直して改善のために一歩踏み出すことができるタイミング。

頭ではわかっていても心がついていかず、ずっと考え続けてきたこと。受け入れがたく思ってきたこと。長い間抱えてきた重たいものに、やっと自分なりの結論が見つかる。自分の本心に気づける人もいそう。

Check 4

2つの大きな天文ショー

日食と月食の影響を未来の計画に組み込もう

Point

- アセンダントの近くで起こる場合は転機かも
- 星の近くで起こる場合は影響アリ
- 古代のような凶兆の意味合いはない

日食は太陽と地球の間を横切る月の影に隠れて欠けて見えること、月食は月に地球の影が当たって欠けて見えること。新月や満月が起こる地点と、月と太陽の起動が重なり合う地点が一致したタイミングで起こります。それぞれ、年に2回程度は必ず起こる現象で、占星術的にいえば、さほど珍しいイベントではありません。よくメディアで騒がれるのは、日本から観測できる場合。かたずをのんで見守った経験がある人も多いだろうと思います。海外のみで観測できる日食・月食も多くあります。

丸く輝く月が赤黒く欠けていったり、常に頭上にある太陽が欠けて寒くなったりといった抗いがたい現象はいかにも禍々(まがまが)しく、「天変地異」といった言葉がよく似合う雰囲気があります。自然への畏怖を感じる人も多かったのか、古代では凶兆として恐れられていました。ただ、そのメカニズムも周期も解明された現代となっては、さほど恐れることはない。年に2回程度やってくる転機と受け止めれば十分でしょう。なお、日食や月食は、それが観測できる地域のほうが、運気にもたらす影響が強く出るという説もあります。ただ、そこまで細かく見なくても、日食や月食の意味合いを前向きに活用していけたらいいのかなと思います。

日食と月食は、年々起こる場所が移動していきます。進み方はホロスコープのサインの順番とは逆で、時計回り。牡羊座から魚座へ、魚座から水瓶座へと移動します。つまり、同じテーマで日食・月食といったインパクトの強い出来事が起こるのはずっと先のこと。今、向き合うべき課題として前向きに受け止めていけるといいですね。

なお、特に注目しておくといいのは、アセンダント(生まれた時、東の地平線上にある星座)近くで日食・月食が起きた時です。自分自身にかかわるエリアなので、日食・月食の意味合いがちょっとインパクトの大きいかたちで出てくる可能性は高いでしょう。また、他の惑星の近くで起こった時もその惑星の司るものの意味を踏まえて影響を読み取ります。

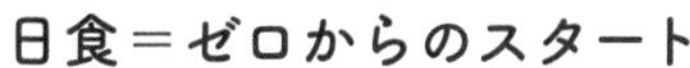

日食＝ゼロからのスタート

日食は新月のパワーアップ版。新月といえば「スタート」のタイミングですが、それが日食になると「ゼロベースからのスタート」という意味合いになります。ただ始めるのではなく、何もないところからのスタート。それでこそ、日食の意味合いが生きてくるのです。アセンダントの近くで起これば自分自身についての、星の近くで起こればその星が担当するテーマについての「ゼロからのスタート」です。3つ以上の惑星が集中したステリウムの状態で起こる日食であれば、その意味合いはさらに複雑で、気合いの入ったタイミングとなるでしょう。

月食＝大きく満ちる時

月食は満月のパワーアップ版。満月といえば物事が満ち、「振り返りと調整」を行うタイミングなのですが、月食になると満ちる度合いがグッと大きくなってきます。普段の満月が半年程度の努力の結果とすれば、月食の場合は数年単位の努力の結果であることが多いでしょう。それだけの大きなことが満ちれば、大きくエネルギーが動く分だけ影響も大きく、調整しようにもアンコントローラブルな状態だったり、今の自分の手に負えないような展開が到来したりすることも多いでしょう。満ちたからと安心するのではなく、慎重に状況を見極めて。

落ち着いて状況を見つめて

普段の新月や満月でも、メンタルや体調がデリケートになる人は少なくないのですが、日食・月食ともなるとその傾向はさらに強まります。起こる出来事も影響が大きいので、振り回される状況になってしまうと冷静な判断ができなくなることも。できれば落ち着いて物事を考えられるよう、無理はしないのが賢明です。また、日食と月食は必ず続けて起こります。両者はセットと考え、この期間全体を大きな節目としてとらえるといいでしょう。普段の新月が2〜3日のイベントだとすると、2週間にも及ぶ長めのイベントと読むことができます。

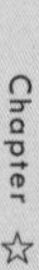

日食の時の運気のとらえ方

そもそも日食とは

日食とは、地球と太陽の間を月が通過することで、太陽が欠けて見える現象を指します。占星術を国政に使っていた古代においては、権力者の象徴である太陽が隠れることは凶兆とみなされました。太陽は権力者であり、月は民衆。そして日食は民衆が権力者を倒すことと考えたのです。ただ、現代では世相を読む「マンデン占星術」以外では、さほど気にしません。新月のパワーアップ版で「スタート」の意味合いがより強まると読み解きます。

日食は新月の「スタート」の意味合いがより強く出ます。ゼロから何かを始めることが多いでしょうし、途中までやりかけたことをいったん、まっさらの状態に戻して再度スタートを切る選択をする可能性もあります。とはいえ、長く続いた人間関係や学業、仕事などゼロから始められることばかりではないのが人生です。リセットできたら楽なんですけれどもね。そうしたテーマの場合は「心機一転」という言葉が似合う大転換期となるはずです。

日食の種類とそれぞれがもたらす影響

部分日食	金環日食	皆既日食
太陽は一部だけが覆われ、欠けて見えます。占星術という観点では、皆既日食よりも影響力は弱いとされます。	月の見かけ上のサイズがギリギリで太陽と同じ程度の大きさで、月の周りに太陽の光が金の輪っか状に見えるものです。とある地域では金環日食が観測でき、また別の場所では皆既日食が観測できる場合、「金環皆既日食」と呼ばれます。	太陽を月が完全に覆うタイプの日食です。あたり一面が夜のように暗くなり、急に気温が下がるなど、太陽の力を実感として体験できるでしょう。

月食の時の運気のとらえ方

そもそも月食とは

月食は満月のパワーアップ版です。満月に対して、地球が太陽を完全に覆って影を落とすことで、月が欠けて見えるという現象です。だいたい2時間くらいたつと地球の影を抜け、月はふたたび満月として輝き始めます。この満月を「個人の飾らない本心」と読むと、それが一時的にせよ隠されることで「個人の意識が消される」という見方もできます。物事が大きく満ちるなかで、コントロールが及ばないことが起こりやすい時期といえます。

月食は満月の「満ちる」という意味合いがより強く出ます。大きく満ちた分だけ、その影響も想像以上で、扱いかねたりとまどったりすることも多いでしょう。月食は意志をあらわす太陽と、無意識をあらわす月がオポジション（180度）の位置関係で、向き合っているため月食中は常に緊張を強いられます。メンタル的にもきついと感じる人は多いかもしれません。そういう時期だけに、無理せず落ち着いて選択をするというのは必須であろうと思います。

月食の種類とそれぞれがもたらす影響

半影食	本影食	部分月食と皆既月食
地球が太陽を覆う「本影」ではなく、一部だけがかすめる状態です。月は少し暗くなる程度で、はっきりと「欠けた」という印象にはなりにくい時です。	本影とは、地球が太陽を覆い尽くす影の部分を指す言葉。本影食は月全体が本影のなかに入る状態のことで、ほぼ見えない状態になります。占星術における月食の意味合いは、ここでもっとも強くあらわれると考えることができます。	本影食が起こる場合、月は部分月食を経て皆既月食となり、また部分月食となって満月に戻っていきます。

Column

人は「救える」のか

これは誰かを否定したり非難したりするために書くわけではないのですが、たまに「人を幸福に導きたい」「悩んでいる人を救いたい」と、占いを学び始める方がおられます。その方も、占いによって悩みの縁からはい上がれたり、救われたりした経験があるのでしょう。自分自身を振り返っても、占いにそうした力があるのは確かです。ただ、そこを目指して占い師になると、がっかりして占い師を辞めてしまう方が少なくないな……と感じています。

これは176ページのコラム「悩みはまず『整理する』ことから」でも書いたことですが、占い師は、ご相談者さまに代わって悩みを解決してあげることはできません。できるのは、その糸口を見つけてあげることだけです。幸福になるか、救われるかは相手しだいであって、占い師がそこを担えると思っていると、おかしなことになってしまいます。何が幸福なのか、何が救いと呼べる状況なのかも人によって違います。占い師にも信念があり、価値観があり、主義主張もあります。ただ「これが幸福です」というものをご相談者さまに押しつけるのは、それはお説教であって占いではなくなってしまうのです。人は自分が決めたことだから頑張れます。占い師は、そこをわかっているといいのではないかと思います。

いろいろな考え方があると思いますが、私は占い師が人を救えるとも、導けるとも思っていません。でもそれは決して、冷たく突き放すという意味ではありません。悩んでいる人の足になって人生を歩んであげることはできないけれど、ぐらぐらと揺れる体を支えるための杖にはなれます。真っ暗な闇を追い払ってはあげられないけれど、「こういう未来があるよ」とランタンの灯りを差し出してあげることはできます。杖は途中で放り出していいし、ランタンを受け取ってくれなくてもいい。それもその人の人生です。でも、もし必要になったら私は何度だって杖を差し出すし、灯りをつけにいきます。

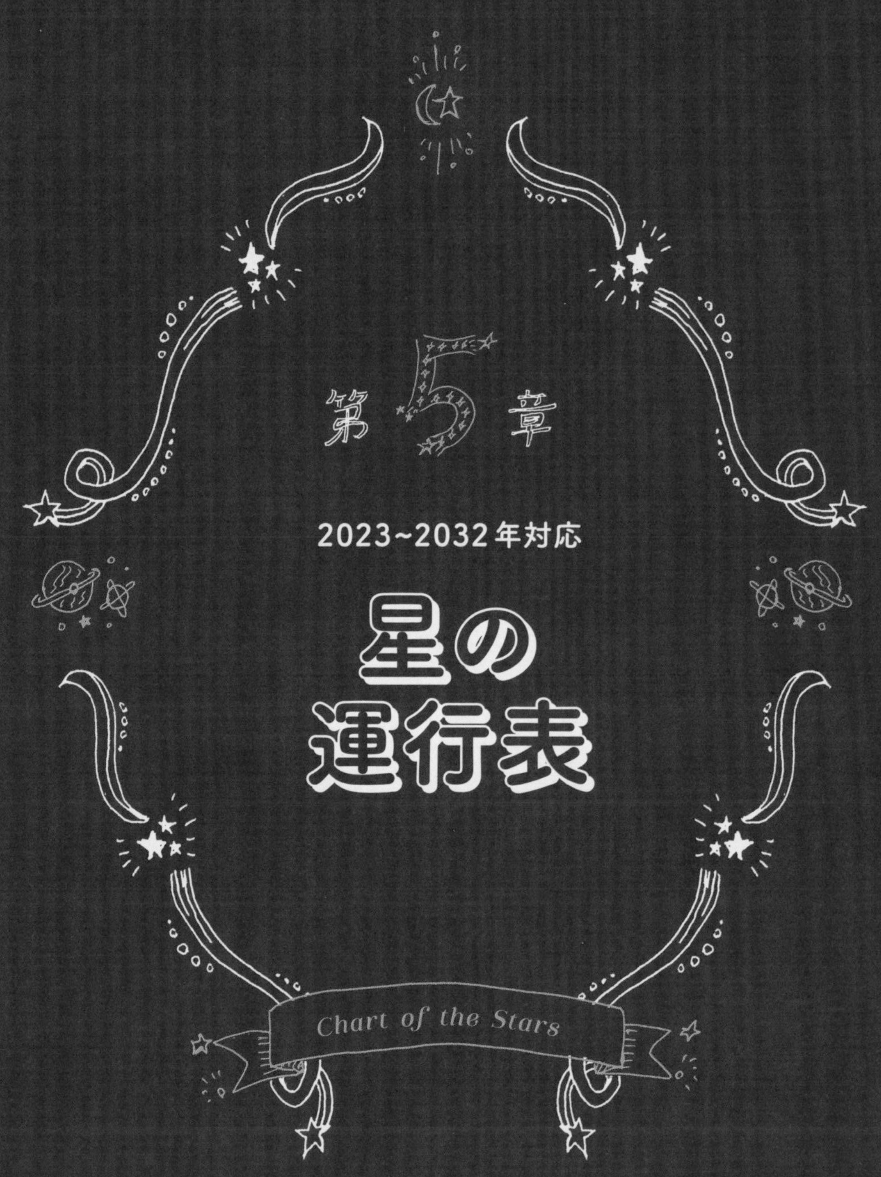

2023年から2032年までの10年間の太陽、月、水星、金星、火星、木星、土星、天王星、海王星、冥王星の運行を表にしたものです。星がその星座に入った日付と時間が書かれています。知りたい時期の星の運行をチェックすれば、その時期、その星が何座にあったかがわかります。

表の見方

知りたい時期：2024年1月1日0:00の月の運行

月		
2023/12/31	20:52	乙女座

2023年12月31日20:53からは乙女座にあり、2024年1月3日9:46に天秤座に移っているので、2024年1月1日0:00の時点では乙女座にあることが分かります。

知りたい時期に星が何ハウスにあるか

【牡羊座の人の例】

月			
2024/01/03	09:46	天秤座	7ハウス
2024/01/05	21:39	蠍座	8ハウス
2024/01/08	06:08	射手座	9ハウス

2024年1月4日に月が何ハウスにあるか

59ページの【ハウスの出し方】を参照し、牡羊座を1ハウスとして数えると、天秤座は7ハウスになり、1月3日9:46から1月5日21:39までは月が7ハウスに入っている期間になります。

2023		
太陽		
2023/01/20	17:28	水瓶座
2023/02/19	07:33	魚座
2023/03/21	06:23	牡羊座
2023/04/20	17:12	牡牛座
2023/05/21	16:08	双子座
2023/06/21	23:56	蟹座
2023/07/23	10:49	獅子座
2023/08/23	18:00	乙女座
2023/09/23	15:49	天秤座
2023/10/24	01:19	蠍座
2023/11/22	23:01	射手座
2023/12/22	12:26	山羊座
月		
2023/01/01	02:08	牡牛座
2023/01/03	11:43	双子座
2023/01/05	23:14	蟹座
2023/01/08	11:39	獅子座
2023/01/11	00:14	乙女座
2023/01/13	11:56	天秤座
2023/01/15	21:08	蠍座
2023/01/18	02:32	射手座
2023/01/20	04:11	山羊座
2023/01/22	03:28	水瓶座
2023/01/24	02:35	魚座
2023/01/26	03:47	牡羊座
2023/01/28	08:42	牡牛座
2023/01/30	17:34	双子座
2023/02/02	05:11	蟹座
2023/02/04	17:48	獅子座
2023/02/07	06:13	乙女座
2023/02/09	17:46	天秤座
2023/02/12	03:34	蠍座
2023/02/14	10:30	射手座
2023/02/16	13:59	山羊座
2023/02/18	14:34	水瓶座
2023/02/20	13:55	魚座
2023/02/22	14:13	牡羊座
2023/02/24	17:28	牡牛座
2023/02/27	00:47	双子座
2023/03/01	11:39	蟹座
2023/03/04	00:15	獅子座
2023/03/06	12:38	乙女座
2023/03/08	23:43	天秤座
2023/03/11	09:05	蠍座
2023/03/13	16:20	射手座
2023/03/15	21:05	山羊座
2023/03/17	23:24	水瓶座
2023/03/20	00:11	魚座
2023/03/22	01:01	牡羊座
2023/03/24	03:41	牡牛座
2023/03/26	09:41	双子座
2023/03/28	19:21	蟹座
2023/03/31	07:30	獅子座
2023/04/02	19:57	乙女座
2023/04/05	06:50	天秤座
2023/04/07	15:29	蠍座
2023/04/09	21:56	射手座
2023/04/12	02:32	山羊座
2023/04/14	05:41	水瓶座
2023/04/16	07:56	魚座
2023/04/18	10:08	牡羊座
2023/04/20	13:29	牡牛座
2023/04/22	19:10	双子座
2023/04/25	03:58	蟹座
2023/04/27	15:29	獅子座
2023/04/30	03:58	乙女座
2023/05/02	15:08	天秤座
2023/05/04	23:32	蠍座
2023/05/07	05:03	射手座
2023/05/09	08:32	山羊座
2023/05/11	11:05	水瓶座
2023/05/13	13:38	魚座
2023/05/15	16:55	牡羊座
2023/05/17	21:27	牡牛座
2023/05/20	03:47	双子座
2023/05/22	12:28	蟹座
2023/05/24	23:34	獅子座
2023/05/27	12:04	乙女座
2023/05/29	23:50	天秤座
2023/06/01	08:44	蠍座
2023/06/03	14:03	射手座
2023/06/05	16:30	山羊座
2023/06/07	17:41	水瓶座
2023/06/09	19:13	魚座
2023/06/11	22:20	牡羊座
2023/06/14	03:30	牡牛座
2023/06/16	10:45	双子座
2023/06/18	19:57	蟹座
2023/06/21	07:03	獅子座
2023/06/23	19:34	乙女座
2023/06/26	07:56	天秤座

2023/06/28	17:55	蠍座
2023/06/30	23:59	射手座
2023/07/03	02:19	山羊座
2023/07/05	02:29	水瓶座
2023/07/07	02:32	魚座
2023/07/09	04:18	牡羊座
2023/07/11	08:55	牡牛座
2023/07/13	16:25	双子座
2023/07/16	02:13	蟹座
2023/07/18	13:39	獅子座
2023/07/21	02:12	乙女座
2023/07/23	14:53	天秤座
2023/07/26	01:55	蠍座
2023/07/28	09:23	射手座
2023/07/30	12:43	山羊座
2023/08/01	12:57	水瓶座
2023/08/03	12:05	魚座
2023/08/05	12:19	牡羊座
2023/08/07	15:24	牡牛座
2023/08/09	22:04	双子座
2023/08/12	07:51	蟹座
2023/08/14	19:35	獅子座
2023/08/17	08:13	乙女座
2023/08/19	20:53	天秤座
2023/08/22	08:21	蠍座
2023/08/24	17:07	射手座
2023/08/26	22:04	山羊座
2023/08/28	23:31	水瓶座
2023/08/30	22:56	魚座
2023/09/01	22:24	牡羊座
2023/09/03	23:59	牡牛座
2023/09/06	05:06	双子座
2023/09/08	13:59	蟹座
2023/09/11	01:35	獅子座
2023/09/13	14:17	乙女座
2023/09/16	02:44	天秤座
2023/09/18	13:57	蠍座
2023/09/20	23:05	射手座
2023/09/23	05:20	山羊座
2023/09/25	08:29	水瓶座
2023/09/27	09:17	魚座
2023/09/29	09:16	牡羊座
2023/10/01	10:17	牡牛座
2023/10/03	14:02	双子座
2023/10/05	21:31	蟹座
2023/10/08	08:24	獅子座
2023/10/10	21:01	乙女座
2023/10/13	09:21	天秤座
2023/10/15	20:03	蠍座
2023/10/18	04:36	射手座
2023/10/20	10:54	山羊座
2023/10/22	15:05	水瓶座
2023/10/24	17:32	魚座
2023/10/26	19:01	牡羊座
2023/10/28	20:43	牡牛座
2023/10/31	00:07	双子座
2023/11/02	06:30	蟹座
2023/11/04	16:20	獅子座
2023/11/07	04:38	乙女座
2023/11/09	17:07	天秤座
2023/11/12	03:38	蠍座
2023/11/14	11:22	射手座
2023/11/16	16:41	山羊座
2023/11/18	20:27	水瓶座
2023/11/20	23:28	魚座
2023/11/23	02:19	牡羊座
2023/11/25	05:28	牡牛座
2023/11/27	09:39	双子座
2023/11/29	15:53	蟹座
2023/12/02	01:00	獅子座
2023/12/04	12:49	乙女座
2023/12/07	01:34	天秤座
2023/12/09	12:34	蠍座
2023/12/11	20:10	射手座
2023/12/14	00:31	山羊座
2023/12/16	02:55	水瓶座
2023/12/18	04:57	魚座
2023/12/20	07:46	牡羊座
2023/12/22	11:49	牡牛座
2023/12/24	17:14	双子座
2023/12/27	00:14	蟹座
2023/12/29	09:22	獅子座
2023/12/31	20:52	乙女座

水星		
2023/02/11	20:21	水瓶座
2023/03/03	07:51	魚座
2023/03/19	13:23	牡羊座
2023/04/04	01:21	牡牛座
2023/06/11	19:25	双子座
2023/06/27	09:23	蟹座
2023/07/11	13:10	獅子座
2023/07/29	06:30	乙女座
2023/10/05	09:07	天秤座
2023/10/22	15:48	蠍座
2023/11/10	15:24	射手座
2023/12/01	23:30	山羊座
2023/12/23	15:17	射手座

金星		
2023/01/03	11:08	水瓶座
2023/01/27	11:31	魚座
2023/02/20	16:54	牡羊座
2023/03/17	07:33	牡牛座
2023/04/11	13:46	双子座
2023/05/07	23:23	蟹座
2023/06/05	22:45	獅子座
2023/10/09	10:09	乙女座
2023/11/08	18:29	天秤座
2023/12/05	03:49	蠍座
2023/12/30	05:22	射手座

火星		
2023/03/25	20:43	蟹座
2023/05/21	00:29	獅子座
2023/07/10	20:38	乙女座
2023/08/27	22:18	天秤座
2023/10/12	13:02	蠍座
2023/11/24	19:13	射手座

木星		
2023/05/17	02:16	牡牛座

土星		
2023/03/07	22:28	魚座

冥王星		
2023/03/23	20:34	水瓶座
2023/06/11	19:27	山羊座

2024

太陽		
2024/01/20	23:06	水瓶座
2024/02/19	13:12	魚座
2024/03/20	12:05	牡羊座
2024/04/19	22:58	牡牛座
2024/05/20	21:58	双子座
2024/06/21	05:49	蟹座
2024/07/22	16:43	獅子座
2024/08/22	23:54	乙女座
2024/09/22	21:42	天秤座
2024/10/23	07:13	蠍座
2024/11/22	04:55	射手座
2024/12/21	18:19	山羊座

月		
2024/01/03	09:46	天秤座
2024/01/05	21:39	蠍座
2024/01/08	06:08	射手座
2024/01/10	10:33	山羊座
2024/01/12	12:01	水瓶座
2024/01/14	12:28	魚座
2024/01/16	13:48	牡羊座
2024/01/18	17:11	牡牛座
2024/01/20	22:57	双子座
2024/01/23	06:50	蟹座
2024/01/25	16:36	獅子座
2024/01/28	04:10	乙女座
2024/01/30	17:03	天秤座
2024/02/02	05:36	蠍座

2024/02/04	15:27	射手座
2024/02/06	21:08	山羊座
2024/02/08	22:59	水瓶座
2024/02/10	22:42	魚座
2024/02/12	22:25	牡羊座
2024/02/15	00:01	牡牛座
2024/02/17	04:39	双子座
2024/02/19	12:24	蟹座
2024/02/21	22:40	獅子座
2024/02/24	10:37	乙女座
2024/02/26	23:29	天秤座
2024/02/29	12:08	蠍座
2024/03/02	22:55	射手座
2024/03/05	06:14	山羊座
2024/03/07	09:38	水瓶座
2024/03/09	10:03	魚座
2024/03/11	09:18	牡羊座
2024/03/13	09:27	牡牛座
2024/03/15	12:15	双子座
2024/03/17	18:40	蟹座
2024/03/20	04:32	獅子座
2024/03/22	16:41	乙女座
2024/03/25	05:37	天秤座
2024/03/27	18:02	蠍座
2024/03/30	04:51	射手座
2024/04/01	13:04	山羊座
2024/04/03	18:07	水瓶座
2024/04/05	20:12	魚座
2024/04/07	20:24	牡羊座
2024/04/09	20:22	牡牛座
2024/04/11	21:58	双子座
2024/04/14	02:44	蟹座
2024/04/16	11:23	獅子座
2024/04/18	23:10	乙女座
2024/04/21	12:07	天秤座
2024/04/24	00:19	蠍座
2024/04/26	10:36	射手座
2024/04/28	18:37	山羊座
2024/05/01	00:19	水瓶座
2024/05/03	03:51	魚座
2024/05/05	05:40	牡羊座
2024/05/07	06:41	牡牛座
2024/05/09	08:20	双子座
2024/05/11	12:12	蟹座
2024/05/13	19:35	獅子座
2024/05/16	06:32	乙女座
2024/05/18	19:22	天秤座
2024/05/21	07:33	蠍座
2024/05/23	17:23	射手座
2024/05/26	00:35	山羊座
2024/05/28	05:44	水瓶座
2024/05/30	09:32	魚座
2024/06/01	12:27	牡羊座
2024/06/03	14:55	牡牛座
2024/06/05	17:35	双子座
2024/06/07	21:40	蟹座
2024/06/10	04:28	獅子座
2024/06/12	14:38	乙女座
2024/06/15	03:11	天秤座
2024/06/17	15:37	蠍座
2024/06/20	01:31	射手座
2024/06/22	08:08	山羊座
2024/06/24	12:14	水瓶座
2024/06/26	15:07	魚座
2024/06/28	17:51	牡羊座
2024/06/30	20:59	牡牛座
2024/07/03	00:49	双子座
2024/07/05	05:51	蟹座
2024/07/07	12:55	獅子座
2024/07/09	22:47	乙女座
2024/07/12	11:06	天秤座
2024/07/14	23:52	蠍座
2024/07/17	10:24	射手座
2024/07/19	17:13	山羊座
2024/07/21	20:42	水瓶座
2024/07/23	22:22	魚座
2024/07/25	23:52	牡羊座
2024/07/28	02:22	牡牛座
2024/07/30	06:27	双子座
2024/08/01	12:18	蟹座
2024/08/03	20:09	獅子座
2024/08/06	06:16	乙女座
2024/08/08	18:31	天秤座
2024/08/11	07:33	蠍座
2024/08/13	19:00	射手座
2024/08/16	02:50	山羊座
2024/08/18	06:44	水瓶座
2024/08/20	07:51	魚座
2024/08/22	08:01	牡羊座
2024/08/24	09:00	牡牛座
2024/08/26	12:03	双子座
2024/08/28	17:47	蟹座
2024/08/31	02:09	獅子座
2024/09/02	12:48	乙女座
2024/09/05	01:11	天秤座
2024/09/07	14:18	蠍座
2024/09/10	02:25	射手座
2024/09/12	11:37	山羊座
2024/09/14	16:53	水瓶座
2024/09/16	18:38	魚座
2024/09/18	18:23	牡羊座
2024/09/20	18:02	牡牛座
2024/09/22	19:24	双子座
2024/09/24	23:49	蟹座
2024/09/27	07:46	獅子座
2024/09/29	18:41	乙女座
2024/10/02	07:19	天秤座
2024/10/04	20:22	蠍座
2024/10/07	08:33	射手座
2024/10/09	18:37	山羊座
2024/10/12	01:30	水瓶座
2024/10/14	04:54	魚座
2024/10/16	05:33	牡羊座
2024/10/18	04:59	牡牛座
2024/10/20	05:06	双子座
2024/10/22	07:49	蟹座
2024/10/24	14:23	獅子座
2024/10/27	00:47	乙女座
2024/10/29	13:29	天秤座
2024/11/01	02:28	蠍座
2024/11/03	14:19	射手座
2024/11/06	00:16	山羊座
2024/11/08	07:57	水瓶座
2024/11/10	12:59	魚座
2024/11/12	15:25	牡羊座
2024/11/14	15:58	牡牛座
2024/11/16	16:08	双子座
2024/11/18	17:49	蟹座
2024/11/20	22:50	獅子座
2024/11/23	08:00	乙女座
2024/11/25	20:19	天秤座
2024/11/28	09:20	蠍座
2024/11/30	20:52	射手座
2024/12/03	06:08	山羊座
2024/12/05	13:20	水瓶座
2024/12/07	18:48	魚座
2024/12/09	22:37	牡羊座
2024/12/12	00:54	牡牛座
2024/12/14	02:21	双子座
2024/12/16	04:20	蟹座
2024/12/18	08:38	獅子座
2024/12/20	16:36	乙女座
2024/12/23	04:07	天秤座
2024/12/25	17:05	蠍座
2024/12/28	04:46	射手座
2024/12/30	13:36	山羊座

水星		
2024/01/14	11:48	山羊座
2024/02/05	14:09	水瓶座
2024/02/23	16:28	魚座
2024/03/10	13:02	牡羊座
2024/05/16	02:04	牡牛座
2024/06/03	16:36	双子座

2024/06/17	18:06	蟹座
2024/07/02	21:49	獅子座
2024/07/26	07:40	乙女座
2024/08/15	09:16	獅子座
2024/09/09	15:49	乙女座
2024/09/26	17:08	天秤座
2024/10/14	04:22	蠍座
2024/11/03	04:16	射手座
金星		
2024/01/23	17:49	山羊座
2024/02/17	01:04	水瓶座
2024/03/12	06:49	魚座
2024/04/05	12:59	牡羊座
2024/04/29	20:30	牡牛座
2024/05/24	05:29	双子座
2024/06/17	15:19	蟹座
2024/07/12	01:17	獅子座
2024/08/05	11:22	乙女座
2024/08/29	22:21	天秤座
2024/09/23	11:35	蠍座
2024/10/18	04:27	射手座
2024/11/12	03:24	山羊座
2024/12/07	15:12	水瓶座
火星		
2024/01/04	23:56	山羊座
2024/02/13	15:03	水瓶座
2024/03/23	08:46	魚座
2024/05/01	00:31	牡羊座
2024/06/09	13:33	牡牛座
2024/07/21	05:41	双子座
2024/09/05	04:44	蟹座
2024/11/04	13:07	獅子座
木星		
2024/05/26	08:11	双子座
冥王星		
2024/01/21	09:28	水瓶座
2024/09/02	09:50	山羊座
2024/11/20	04:49	水瓶座

2025		
太陽		
2025/01/20	04:59	水瓶座
2025/02/18	19:05	魚座
2025/03/20	18:00	牡羊座
2025/04/20	04:55	牡牛座
2025/05/21	03:53	双子座
2025/06/21	11:41	蟹座
2025/07/22	22:28	獅子座
2025/08/23	05:32	乙女座
2025/09/23	03:18	天秤座
2025/10/23	12:49	蠍座

2025/11/22	10:34	射手座
2025/12/22	00:02	山羊座
月		
2025/01/01	19:49	水瓶座
2025/01/04	00:20	魚座
2025/01/06	04:00	牡羊座
2025/01/08	07:10	牡牛座
2025/01/10	10:06	双子座
2025/01/12	13:23	蟹座
2025/01/14	18:11	獅子座
2025/01/17	01:45	乙女座
2025/01/19	12:32	天秤座
2025/01/22	01:19	蠍座
2025/01/24	13:28	射手座
2025/01/26	22:42	山羊座
2025/01/29	04:31	水瓶座
2025/01/31	07:52	魚座
2025/02/02	10:09	牡羊座
2025/02/04	12:33	牡牛座
2025/02/06	15:43	双子座
2025/02/08	20:03	蟹座
2025/02/11	02:00	獅子座
2025/02/13	10:06	乙女座
2025/02/15	20:44	天秤座
2025/02/18	09:18	蠍座
2025/02/20	21:54	射手座
2025/02/23	08:08	山羊座
2025/02/25	14:39	水瓶座
2025/02/27	17:46	魚座
2025/03/01	18:51	牡羊座
2025/03/03	19:36	牡牛座
2025/03/05	21:29	双子座
2025/03/08	01:28	蟹座
2025/03/10	07:58	獅子座
2025/03/12	16:55	乙女座
2025/03/15	03:58	天秤座
2025/03/17	16:30	蠍座
2025/03/20	05:16	射手座
2025/03/22	16:28	山羊座
2025/03/25	00:24	水瓶座
2025/03/27	04:31	魚座
2025/03/29	05:35	牡羊座
2025/03/31	05:15	牡牛座
2025/04/02	05:25	双子座
2025/04/04	07:49	蟹座
2025/04/06	13:33	獅子座
2025/04/08	22:39	乙女座
2025/04/11	10:11	天秤座
2025/04/13	22:53	蠍座
2025/04/16	11:36	射手座
2025/04/18	23:11	山羊座

2025/04/21	08:21	水瓶座
2025/04/23	14:06	魚座
2025/04/25	16:23	牡羊座
2025/04/27	16:16	牡牛座
2025/04/29	15:34	双子座
2025/05/01	16:22	蟹座
2025/05/03	20:28	獅子座
2025/05/06	04:39	乙女座
2025/05/08	16:05	天秤座
2025/05/11	04:57	蠍座
2025/05/13	17:34	射手座
2025/05/16	04:57	山羊座
2025/05/18	14:29	水瓶座
2025/05/20	21:28	魚座
2025/05/23	01:25	牡羊座
2025/05/25	02:37	牡牛座
2025/05/27	02:21	双子座
2025/05/29	02:32	蟹座
2025/05/31	05:16	獅子座
2025/06/02	11:59	乙女座
2025/06/04	22:37	天秤座
2025/06/07	11:22	蠍座
2025/06/09	23:55	射手座
2025/06/12	10:54	山羊座
2025/06/14	19:59	水瓶座
2025/06/17	03:08	魚座
2025/06/19	08:07	牡羊座
2025/06/21	10:52	牡牛座
2025/06/23	11:56	双子座
2025/06/25	12:43	蟹座
2025/06/27	15:04	獅子座
2025/06/29	20:43	乙女座
2025/07/02	06:16	天秤座
2025/07/04	18:32	蠍座
2025/07/07	07:05	射手座
2025/07/09	17:54	山羊座
2025/07/12	02:20	水瓶座
2025/07/14	08:44	魚座
2025/07/16	13:32	牡羊座
2025/07/18	16:58	牡牛座
2025/07/20	19:21	双子座
2025/07/22	21:25	蟹座
2025/07/25	00:28	獅子座
2025/07/27	05:55	乙女座
2025/07/29	14:42	天秤座
2025/08/01	02:24	蠍座
2025/08/03	15:00	射手座
2025/08/06	02:03	山羊座
2025/08/08	10:17	水瓶座
2025/08/10	15:49	魚座
2025/08/12	19:32	牡羊座

2025/08/14	22:21	牡牛座
2025/08/17	01:00	双子座
2025/08/19	04:04	蟹座
2025/08/21	08:16	獅子座
2025/08/23	14:23	乙女座
2025/08/25	23:07	天秤座
2025/08/28	10:26	蠍座
2025/08/30	23:04	射手座
2025/09/02	10:44	山羊座
2025/09/04	19:31	水瓶座
2025/09/07	00:53	魚座
2025/09/09	03:36	牡羊座
2025/09/11	05:03	牡牛座
2025/09/13	06:38	双子座
2025/09/15	09:29	蟹座
2025/09/17	14:19	獅子座
2025/09/19	21:22	乙女座
2025/09/22	06:40	天秤座
2025/09/24	18:00	蠍座
2025/09/27	06:36	射手座
2025/09/29	18:54	山羊座
2025/10/02	04:51	水瓶座
2025/10/04	11:06	魚座
2025/10/06	13:47	牡羊座
2025/10/08	14:12	牡牛座
2025/10/10	14:11	双子座
2025/10/12	15:36	蟹座
2025/10/14	19:46	獅子座
2025/10/17	03:05	乙女座
2025/10/19	13:01	天秤座
2025/10/22	00:41	蠍座
2025/10/24	13:18	射手座
2025/10/27	01:52	山羊座
2025/10/29	12:54	水瓶座
2025/10/31	20:45	魚座
2025/11/03	00:39	牡羊座
2025/11/05	01:15	牡牛座
2025/11/07	00:20	双子座
2025/11/09	00:05	蟹座
2025/11/11	02:33	獅子座
2025/11/13	08:51	乙女座
2025/11/15	18:43	天秤座
2025/11/18	06:44	蠍座
2025/11/20	19:25	射手座
2025/11/23	07:52	山羊座
2025/11/25	19:15	水瓶座
2025/11/28	04:23	魚座
2025/11/30	10:06	牡羊座
2025/12/02	12:12	牡牛座
2025/12/04	11:47	双子座
2025/12/06	10:53	蟹座
2025/12/08	11:47	獅子座
2025/12/10	16:19	乙女座
2025/12/13	01:03	天秤座
2025/12/15	12:50	蠍座
2025/12/18	01:38	射手座
2025/12/20	13:52	山羊座
2025/12/23	00:51	水瓶座
2025/12/25	10:08	魚座
2025/12/27	17:01	牡羊座
2025/12/29	20:56	牡牛座
2025/12/31	22:12	双子座
水星		
2025/01/08	19:29	山羊座
2025/01/28	11:51	水瓶座
2025/02/14	21:05	魚座
2025/03/03	18:02	牡羊座
2025/03/30	11:18	魚座
2025/04/16	15:23	牡羊座
2025/05/10	21:14	牡牛座
2025/05/26	09:58	双子座
2025/06/09	07:57	蟹座
2025/06/27	04:08	獅子座
2025/09/02	22:22	乙女座
2025/09/18	19:05	天秤座
2025/10/07	01:40	蠍座
2025/10/29	20:01	射手座
2025/11/19	12:20	蠍座
2025/12/12	07:38	射手座
金星		
2025/01/03	12:23	魚座
2025/02/04	16:55	牡羊座
2025/03/27	17:41	魚座
2025/05/01	02:14	牡羊座
2025/06/06	13:41	牡牛座
2025/07/05	00:29	双子座
2025/07/31	12:56	蟹座
2025/08/26	01:26	獅子座
2025/09/19	21:38	乙女座
2025/10/14	06:17	天秤座
2025/11/07	07:38	蠍座
2025/12/01	05:12	射手座
2025/12/25	01:25	山羊座
火星		
2025/01/06	19:45	蟹座
2025/04/18	13:18	獅子座
2025/06/17	17:33	乙女座
2025/08/07	08:21	天秤座
2025/09/22	16:53	蠍座
2025/11/04	21:59	射手座
2025/12/15	16:32	山羊座
木星		
2025/06/10	05:58	蟹座
土星		
2025/05/25	12:25	牡羊座
2025/09/01	17:16	魚座
天王星		
2025/07/07	16:29	双子座
2025/11/08	11:39	牡牛座
海王星		
2025/03/30	20:40	牡羊座
2025/10/22	19:17	魚座

2026		
太陽		
2026/01/20	10:43	水瓶座
2026/02/19	00:50	魚座
2026/03/20	23:44	牡羊座
2026/04/20	10:38	牡牛座
2026/05/21	09:35	双子座
2026/06/21	17:23	蟹座
2026/07/23	04:12	獅子座
2026/08/23	11:17	乙女座
2026/09/23	09:04	天秤座
2026/10/23	18:36	蠍座
2026/11/22	16:22	射手座
2026/12/22	05:49	山羊座
月		
2026/01/02	22:08	蟹座
2026/01/04	22:43	獅子座
2026/01/07	01:56	乙女座
2026/01/09	09:05	天秤座
2026/01/11	19:54	蠍座
2026/01/14	08:33	射手座
2026/01/16	20:46	山羊座
2026/01/19	07:17	水瓶座
2026/01/21	15:49	魚座
2026/01/23	22:25	牡羊座
2026/01/26	03:04	牡牛座
2026/01/28	05:54	双子座
2026/01/30	07:31	蟹座
2026/02/01	09:08	獅子座
2026/02/03	12:20	乙女座
2026/02/05	18:32	天秤座
2026/02/08	04:12	蠍座
2026/02/10	16:21	射手座
2026/02/13	04:44	山羊座
2026/02/15	15:16	水瓶座
2026/02/17	23:08	魚座
2026/02/20	04:38	牡羊座
2026/02/22	08:30	牡牛座
2026/02/24	11:28	双子座
2026/02/26	14:10	蟹座

2026/02/28	17:16	獅子座
2026/03/02	21:33	乙女座
2026/03/05	03:55	天秤座
2026/03/07	13:01	蠍座
2026/03/10	00:36	射手座
2026/03/12	13:06	山羊座
2026/03/15	00:13	水瓶座
2026/03/17	08:15	魚座
2026/03/19	13:02	牡羊座
2026/03/21	15:34	牡牛座
2026/03/23	17:18	双子座
2026/03/25	19:32	蟹座
2026/03/27	23:09	獅子座
2026/03/30	04:32	乙女座
2026/04/01	11:50	天秤座
2026/04/03	21:10	蠍座
2026/04/06	08:31	射手座
2026/04/08	21:03	山羊座
2026/04/11	08:55	水瓶座
2026/04/13	17:55	魚座
2026/04/15	23:03	牡羊座
2026/04/18	00:57	牡牛座
2026/04/20	01:17	双子座
2026/04/22	01:59	蟹座
2026/04/24	04:40	獅子座
2026/04/26	10:04	乙女座
2026/04/28	18:02	天秤座
2026/05/01	04:01	蠍座
2026/05/03	15:33	射手座
2026/05/06	04:05	山羊座
2026/05/08	16:27	水瓶座
2026/05/11	02:39	魚座
2026/05/13	09:03	牡羊座
2026/05/15	11:30	牡牛座
2026/05/17	11:22	双子座
2026/05/19	10:45	蟹座
2026/05/21	11:47	獅子座
2026/05/23	15:56	乙女座
2026/05/25	23:33	天秤座
2026/05/28	09:52	蠍座
2026/05/30	21:44	射手座
2026/06/02	10:18	山羊座
2026/06/04	22:45	水瓶座
2026/06/07	09:42	魚座
2026/06/09	17:33	牡羊座
2026/06/11	21:27	牡牛座
2026/06/13	22:05	双子座
2026/06/15	21:13	蟹座
2026/06/17	21:04	獅子座
2026/06/19	23:36	乙女座
2026/06/22	05:54	天秤座

2026/06/24	15:42	蠍座
2026/06/27	03:40	射手座
2026/06/29	16:18	山羊座
2026/07/02	04:32	水瓶座
2026/07/04	15:29	魚座
2026/07/07	00:06	牡羊座
2026/07/09	05:30	牡牛座
2026/07/11	07:41	双子座
2026/07/13	07:46	蟹座
2026/07/15	07:34	獅子座
2026/07/17	09:06	乙女座
2026/07/19	13:56	天秤座
2026/07/21	22:34	蠍座
2026/07/24	10:06	射手座
2026/07/26	22:43	山羊座
2026/07/29	10:45	水瓶座
2026/07/31	21:13	魚座
2026/08/03	05:36	牡羊座
2026/08/05	11:35	牡牛座
2026/08/07	15:07	双子座
2026/08/09	16:45	蟹座
2026/08/11	17:37	獅子座
2026/08/13	19:17	乙女座
2026/08/15	23:19	天秤座
2026/08/18	06:45	蠍座
2026/08/20	17:29	射手座
2026/08/23	05:58	山羊座
2026/08/25	18:01	水瓶座
2026/08/28	04:03	魚座
2026/08/30	11:37	牡羊座
2026/09/01	17:00	牡牛座
2026/09/03	20:46	双子座
2026/09/05	23:30	蟹座
2026/09/08	01:49	獅子座
2026/09/10	04:34	乙女座
2026/09/12	08:51	天秤座
2026/09/14	15:43	蠍座
2026/09/17	01:40	射手座
2026/09/19	13:54	山羊座
2026/09/22	02:14	水瓶座
2026/09/24	12:23	魚座
2026/09/26	19:22	牡羊座
2026/09/28	23:39	牡牛座
2026/10/01	02:25	双子座
2026/10/03	04:53	蟹座
2026/10/05	07:53	獅子座
2026/10/07	11:52	乙女座
2026/10/09	17:10	天秤座
2026/10/12	00:20	蠍座
2026/10/14	09:59	射手座
2026/10/16	21:56	山羊座

2026/10/19	10:39	水瓶座
2026/10/21	21:34	魚座
2026/10/24	04:53	牡羊座
2026/10/26	08:34	牡牛座
2026/10/28	10:01	双子座
2026/10/30	11:05	蟹座
2026/11/01	13:17	獅子座
2026/11/03	17:27	乙女座
2026/11/05	23:37	天秤座
2026/11/08	07:39	蠍座
2026/11/10	17:35	射手座
2026/11/13	05:26	山羊座
2026/11/15	18:23	水瓶座
2026/11/18	06:19	魚座
2026/11/20	14:51	牡羊座
2026/11/22	19:09	牡牛座
2026/11/24	20:09	双子座
2026/11/26	19:50	蟹座
2026/11/28	20:20	獅子座
2026/11/30	23:12	乙女座
2026/12/03	05:03	天秤座
2026/12/05	13:34	蠍座
2026/12/08	00:06	射手座
2026/12/10	12:08	山羊座
2026/12/13	01:05	水瓶座
2026/12/15	13:35	魚座
2026/12/17	23:33	牡羊座
2026/12/20	05:29	牡牛座
2026/12/22	07:26	双子座
2026/12/24	06:58	蟹座
2026/12/26	06:11	獅子座
2026/12/28	07:12	乙女座
2026/12/30	11:26	天秤座
水星		
2026/01/02	06:09	山羊座
2026/01/21	01:40	水瓶座
2026/02/07	07:47	魚座
2026/04/15	12:20	牡羊座
2026/05/03	11:56	牡牛座
2026/05/17	19:25	双子座
2026/06/01	20:55	蟹座
2026/08/10	01:27	獅子座
2026/08/25	20:03	乙女座
2026/09/11	01:19	天秤座
2026/09/30	20:43	蠍座
2026/12/06	17:32	射手座
2026/12/26	03:21	山羊座
金星		
2026/01/17	21:42	水瓶座
2026/02/10	19:17	魚座
2026/03/06	19:44	牡羊座

2026/03/31	00:59	牡牛座
2026/04/24	13:02	双子座
2026/05/19	10:04	蟹座
2026/06/13	19:45	獅子座
2026/07/10	02:21	乙女座
2026/08/07	04:11	天秤座
2026/09/10	17:05	蠍座
2026/10/25	18:10	天秤座
2026/12/04	17:11	蠍座
火星		
2026/01/23	18:15	水瓶座
2026/03/02	23:14	魚座
2026/04/10	04:34	牡羊座
2026/05/19	07:24	牡牛座
2026/06/29	04:27	双子座
2026/08/11	17:29	蟹座
2026/09/28	11:47	獅子座
2026/11/26	08:34	乙女座
木星		
2026/06/30	14:48	獅子座
土星		
2026/02/14	09:04	牡羊座
天王星		
2026/04/26	09:36	双子座
海王星		
2026/01/27	02:09	牡羊座

2027

太陽		
2027/01/20	16:28	水瓶座
2027/02/19	06:32	魚座
2027/03/21	05:23	牡羊座
2027/04/20	16:16	牡牛座
2027/05/21	15:17	双子座
2027/06/21	23:09	蟹座
2027/07/23	10:03	獅子座
2027/08/23	17:13	乙女座
2027/09/23	15:00	天秤座
2027/10/24	00:31	蠍座
2027/11/22	22:15	射手座
2027/12/22	11:41	山羊座
月		
2027/01/01	19:15	蠍座
2027/01/04	05:56	射手座
2027/01/06	18:16	山羊座
2027/01/09	07:10	水瓶座
2027/01/11	19:35	魚座
2027/01/14	06:13	牡羊座
2027/01/16	13:43	牡牛座
2027/01/18	17:32	双子座
2027/01/20	18:20	蟹座
2027/01/22	17:44	獅子座
2027/01/24	17:44	乙女座
2027/01/26	20:11	天秤座
2027/01/29	02:20	蠍座
2027/01/31	12:13	射手座
2027/02/03	00:32	山羊座
2027/02/05	13:28	水瓶座
2027/02/08	01:31	魚座
2027/02/10	11:48	牡羊座
2027/02/12	19:44	牡牛座
2027/02/15	00:58	双子座
2027/02/17	03:38	蟹座
2027/02/19	04:30	獅子座
2027/02/21	04:58	乙女座
2027/02/23	06:44	天秤座
2027/02/25	11:23	蠍座
2027/02/27	19:52	射手座
2027/03/02	07:35	山羊座
2027/03/04	20:31	水瓶座
2027/03/07	08:25	魚座
2027/03/09	18:02	牡羊座
2027/03/12	01:15	牡牛座
2027/03/14	06:30	双子座
2027/03/16	10:10	蟹座
2027/03/18	12:40	獅子座
2027/03/20	14:36	乙女座
2027/03/22	17:01	天秤座
2027/03/24	21:17	蠍座
2027/03/27	04:42	射手座
2027/03/29	15:32	山羊座
2027/04/01	04:19	水瓶座
2027/04/03	16:24	魚座
2027/04/06	01:47	牡羊座
2027/04/08	08:09	牡牛座
2027/04/10	12:20	双子座
2027/04/12	15:31	蟹座
2027/04/14	18:29	獅子座
2027/04/16	21:38	乙女座
2027/04/19	01:21	天秤座
2027/04/21	06:20	蠍座
2027/04/23	13:36	射手座
2027/04/25	23:51	山羊座
2027/04/28	12:23	水瓶座
2027/05/01	00:51	魚座
2027/05/03	10:42	牡羊座
2027/05/05	16:52	牡牛座
2027/05/07	20:06	双子座
2027/05/09	21:58	蟹座
2027/05/12	00:00	獅子座
2027/05/14	03:05	乙女座
2027/05/16	07:33	天秤座
2027/05/18	13:32	蠍座
2027/05/20	21:26	射手座
2027/05/23	07:42	山羊座
2027/05/25	20:04	水瓶座
2027/05/28	08:54	魚座
2027/05/30	19:38	牡羊座
2027/06/02	02:32	牡牛座
2027/06/04	05:42	双子座
2027/06/06	06:38	蟹座
2027/06/08	07:12	獅子座
2027/06/10	09:00	乙女座
2027/06/12	12:56	天秤座
2027/06/14	19:16	蠍座
2027/06/17	03:53	射手座
2027/06/19	14:35	山羊座
2027/06/22	03:00	水瓶座
2027/06/24	16:00	魚座
2027/06/27	03:34	牡羊座
2027/06/29	11:46	牡牛座
2027/07/01	15:55	双子座
2027/07/03	16:58	蟹座
2027/07/05	16:39	獅子座
2027/07/07	16:56	乙女座
2027/07/09	19:23	天秤座
2027/07/12	00:54	蠍座
2027/07/14	09:32	射手座
2027/07/16	20:38	山羊座
2027/07/19	09:15	水瓶座
2027/07/21	22:13	魚座
2027/07/24	10:09	牡羊座
2027/07/26	19:27	牡牛座
2027/07/29	01:09	双子座
2027/07/31	03:24	蟹座
2027/08/02	03:24	獅子座
2027/08/04	02:56	乙女座
2027/08/06	03:54	天秤座
2027/08/08	07:52	蠍座
2027/08/10	15:35	射手座
2027/08/13	02:34	山羊座
2027/08/15	15:19	水瓶座
2027/08/18	04:11	魚座
2027/08/20	15:53	牡羊座
2027/08/23	01:32	牡牛座
2027/08/25	08:26	双子座
2027/08/27	12:20	蟹座
2027/08/29	13:42	獅子座
2027/08/31	13:43	乙女座
2027/09/02	14:06	天秤座
2027/09/04	16:43	蠍座
2027/09/06	23:00	射手座
2027/09/09	09:11	山羊座

2027/09/11	21:49	水瓶座
2027/09/14	10:38	魚座
2027/09/16	21:55	牡羊座
2027/09/19	07:04	牡牛座
2027/09/21	14:05	双子座
2027/09/23	19:01	蟹座
2027/09/25	22:00	獅子座
2027/09/27	23:27	乙女座
2027/09/30	00:30	天秤座
2027/10/02	02:45	蠍座
2027/10/04	07:55	射手座
2027/10/06	16:58	山羊座
2027/10/09	05:09	水瓶座
2027/10/11	18:01	魚座
2027/10/14	05:09	牡羊座
2027/10/16	13:36	牡牛座
2027/10/18	19:45	双子座
2027/10/21	00:24	蟹座
2027/10/23	04:02	獅子座
2027/10/25	06:53	乙女座
2027/10/27	09:20	天秤座
2027/10/29	12:22	蠍座
2027/10/31	17:23	射手座
2027/11/03	01:40	山羊座
2027/11/05	13:12	水瓶座
2027/11/08	02:08	魚座
2027/11/10	13:38	牡羊座
2027/11/12	21:57	牡牛座
2027/11/15	03:14	双子座
2027/11/17	06:39	蟹座
2027/11/19	09:27	獅子座
2027/11/21	12:24	乙女座
2027/11/23	15:52	天秤座
2027/11/25	20:09	蠍座
2027/11/28	02:00	射手座
2027/11/30	10:18	山羊座
2027/12/02	21:25	水瓶座
2027/12/05	10:19	魚座
2027/12/07	22:30	牡羊座
2027/12/10	07:35	牡牛座
2027/12/12	12:54	双子座
2027/12/14	15:23	蟹座
2027/12/16	16:40	獅子座
2027/12/18	18:16	乙女座
2027/12/20	21:12	天秤座
2027/12/23	02:00	蠍座
2027/12/25	08:49	射手座
2027/12/27	17:50	山羊座
2027/12/30	05:03	水瓶座

水星		
2027/01/13	15:05	水瓶座
2027/02/01	10:24	魚座
2027/02/18	21:15	水瓶座
2027/03/18	19:00	魚座
2027/04/09	08:19	牡羊座
2027/04/25	07:17	牡牛座
2027/05/09	10:57	双子座
2027/05/29	02:05	蟹座
2027/06/26	16:20	双子座
2027/07/12	22:46	蟹座
2027/08/02	19:51	獅子座
2027/08/17	13:42	乙女座
2027/09/03	20:36	天秤座
2027/09/27	18:08	蠍座
2027/10/16	16:36	天秤座
2027/11/10	09:25	蠍座
2027/11/29	19:22	射手座
2027/12/18	20:57	山羊座

金星		
2027/01/07	17:52	射手座
2027/02/03	23:29	山羊座
2027/03/01	15:31	水瓶座
2027/03/26	17:15	魚座
2027/04/20	12:56	牡羊座
2027/05/15	06:00	牡牛座
2027/06/08	21:31	双子座
2027/07/03	11:00	蟹座
2027/07/27	21:30	獅子座
2027/08/21	04:41	乙女座
2027/09/14	09:23	天秤座
2027/10/08	12:58	蠍座
2027/11/01	16:33	射手座
2027/11/25	20:58	山羊座
2027/12/20	03:39	水瓶座

火星		
2027/02/21	23:14	獅子座
2027/05/14	23:45	乙女座
2027/07/15	14:38	天秤座
2027/09/02	10:50	蠍座
2027/10/16	08:12	射手座
2027/11/26	03:36	山羊座

木星		
2027/07/26	13:45	乙女座

2028

太陽		
2028/01/20	22:20	水瓶座
2028/02/19	12:24	魚座
2028/03/20	11:16	牡羊座
2028/04/19	22:08	牡牛座
2028/05/20	21:08	双子座
2028/06/21	05:00	蟹座
2028/07/22	15:52	獅子座
2028/08/22	22:59	乙女座
2028/09/22	20:44	天秤座
2028/10/23	06:12	蠍座
2028/11/22	03:53	射手座
2028/12/21	17:18	山羊座

月		
2028/01/01	17:52	魚座
2028/01/04	06:35	牡羊座
2028/01/06	16:55	牡牛座
2028/01/08	23:25	双子座
2028/01/11	02:14	蟹座
2028/01/13	02:42	獅子座
2028/01/15	02:39	乙女座
2028/01/17	03:50	天秤座
2028/01/19	07:34	蠍座
2028/01/21	14:23	射手座
2028/01/24	00:01	山羊座
2028/01/26	11:43	水瓶座
2028/01/29	00:33	魚座
2028/01/31	13:22	牡羊座
2028/02/03	00:36	牡牛座
2028/02/05	08:45	双子座
2028/02/07	13:06	蟹座
2028/02/09	14:12	獅子座
2028/02/11	13:34	乙女座
2028/02/13	13:12	天秤座
2028/02/15	15:02	蠍座
2028/02/17	20:29	射手座
2028/02/20	05:44	山羊座
2028/02/22	17:43	水瓶座
2028/02/25	06:43	魚座
2028/02/27	19:21	牡羊座
2028/03/01	06:41	牡牛座
2028/03/03	15:48	双子座
2028/03/05	21:53	蟹座
2028/03/08	00:42	獅子座
2028/03/10	00:59	乙女座
2028/03/12	00:20	天秤座
2028/03/14	00:52	蠍座
2028/03/16	04:32	射手座
2028/03/18	12:26	山羊座
2028/03/20	23:56	水瓶座
2028/03/23	12:59	魚座
2028/03/26	01:30	牡羊座
2028/03/28	12:23	牡牛座
2028/03/30	21:22	双子座
2028/04/02	04:14	蟹座
2028/04/04	08:37	獅子座
2028/04/06	10:36	乙女座
2028/04/08	11:02	天秤座

2028/04/10	11:36	蠍座
2028/04/12	14:18	射手座
2028/04/14	20:44	山羊座
2028/04/17	07:10	水瓶座
2028/04/19	19:56	魚座
2028/04/22	08:26	牡羊座
2028/04/24	18:58	牡牛座
2028/04/27	03:14	双子座
2028/04/29	09:37	蟹座
2028/05/01	14:22	獅子座
2028/05/03	17:35	乙女座
2028/05/05	19:33	天秤座
2028/05/07	21:15	蠍座
2028/05/10	00:11	射手座
2028/05/12	05:59	山羊座
2028/05/14	15:26	水瓶座
2028/05/17	03:38	魚座
2028/05/19	16:12	牡羊座
2028/05/22	02:48	牡牛座
2028/05/24	10:34	双子座
2028/05/26	15:59	蟹座
2028/05/28	19:54	獅子座
2028/05/30	23:00	乙女座
2028/06/02	01:46	天秤座
2028/06/04	04:43	蠍座
2028/06/06	08:44	射手座
2028/06/08	14:52	山羊座
2028/06/10	23:56	水瓶座
2028/06/13	11:40	魚座
2028/06/16	00:18	牡羊座
2028/06/18	11:24	牡牛座
2028/06/20	19:24	双子座
2028/06/23	00:16	蟹座
2028/06/25	03:02	獅子座
2028/06/27	04:57	乙女座
2028/06/29	07:09	天秤座
2028/07/01	10:27	蠍座
2028/07/03	15:23	射手座
2028/07/05	22:25	山羊座
2028/07/08	07:48	水瓶座
2028/07/10	19:23	魚座
2028/07/13	08:03	牡羊座
2028/07/15	19:50	牡牛座
2028/07/18	04:45	双子座
2028/07/20	10:02	蟹座
2028/07/22	12:16	獅子座
2028/07/24	12:55	乙女座
2028/07/26	13:40	天秤座
2028/07/28	16:01	蠍座
2028/07/30	20:54	射手座
2028/08/02	04:32	山羊座

2028/08/04	14:33	水瓶座
2028/08/07	02:20	魚座
2028/08/09	15:01	牡羊座
2028/08/12	03:16	牡牛座
2028/08/14	13:22	双子座
2028/08/16	19:54	蟹座
2028/08/18	22:45	獅子座
2028/08/20	22:59	乙女座
2028/08/22	22:27	天秤座
2028/08/24	23:11	蠍座
2028/08/27	02:50	射手座
2028/08/29	10:06	山羊座
2028/08/31	20:25	水瓶座
2028/09/03	08:32	魚座
2028/09/05	21:14	牡羊座
2028/09/08	09:34	牡牛座
2028/09/10	20:24	双子座
2028/09/13	04:25	蟹座
2028/09/15	08:48	獅子座
2028/09/17	09:51	乙女座
2028/09/19	09:05	天秤座
2028/09/21	08:38	蠍座
2028/09/23	10:38	射手座
2028/09/25	16:32	山羊座
2028/09/28	02:20	水瓶座
2028/09/30	14:32	魚座
2028/10/03	03:17	牡羊座
2028/10/05	15:22	牡牛座
2028/10/08	02:09	双子座
2028/10/10	10:56	蟹座
2028/10/12	16:53	獅子座
2028/10/14	19:37	乙女座
2028/10/16	19:55	天秤座
2028/10/18	19:29	蠍座
2028/10/20	20:29	射手座
2028/10/23	00:50	山羊座
2028/10/25	09:22	水瓶座
2028/10/27	21:06	魚座
2028/10/30	09:51	牡羊座
2028/11/01	21:44	牡牛座
2028/11/04	07:57	双子座
2028/11/06	16:23	蟹座
2028/11/08	22:49	獅子座
2028/11/11	02:59	乙女座
2028/11/13	04:59	天秤座
2028/11/15	05:48	蠍座
2028/11/17	07:05	射手座
2028/11/19	10:41	山羊座
2028/11/21	17:56	水瓶座
2028/11/24	04:43	魚座
2028/11/26	17:19	牡羊座

2028/11/29	05:17	牡牛座
2028/12/01	15:09	双子座
2028/12/03	22:41	蟹座
2028/12/06	04:19	獅子座
2028/12/08	08:28	乙女座
2028/12/10	11:29	天秤座
2028/12/12	13:51	蠍座
2028/12/14	16:28	射手座
2028/12/16	20:33	山羊座
2028/12/19	03:19	水瓶座
2028/12/21	13:15	魚座
2028/12/24	01:28	牡羊座
2028/12/26	13:46	牡牛座
2028/12/28	23:57	双子座
2028/12/31	07:05	蟹座
水星		
2028/01/06	14:56	水瓶座
2028/03/13	16:06	魚座
2028/03/31	21:26	牡羊座
2028/04/15	20:47	牡牛座
2028/05/01	10:41	双子座
2028/07/09	10:36	蟹座
2028/07/24	10:49	獅子座
2028/08/08	14:08	乙女座
2028/08/27	22:06	天秤座
2028/11/03	00:03	蠍座
2028/11/21	12:58	射手座
2028/12/10	18:11	山羊座
2028/12/31	23:48	水瓶座
金星		
2028/01/13	16:19	魚座
2028/02/07	19:00	牡羊座
2028/03/05	04:59	牡牛座
2028/04/04	05:26	双子座
2028/08/08	00:25	蟹座
2028/09/06	08:16	獅子座
2028/10/02	19:07	乙女座
2028/10/27	22:50	天秤座
2028/11/21	09:57	蠍座
2028/12/15	12:38	射手座
火星		
2028/01/04	01:00	水瓶座
2028/02/11	01:30	魚座
2028/03/20	04:34	牡羊座
2028/04/28	07:20	牡牛座
2028/06/08	03:18	双子座
2028/07/21	05:08	蟹座
2028/09/04	23:34	獅子座
2028/10/24	10:08	乙女座
2028/12/21	17:44	天秤座
木星		

2028/08/24	14:04	天秤座
土星		
2028/04/13	12:33	牡牛座

2029

太陽		
2029/01/20	03:59	水瓶座
2029/02/18	18:06	魚座
2029/03/20	17:00	牡羊座
2029/04/20	03:54	牡牛座
2029/05/21	02:54	双子座
2029/06/21	10:47	蟹座
2029/07/22	21:40	獅子座
2029/08/23	04:50	乙女座
2029/09/23	02:37	天秤座
2029/10/23	12:07	蠍座
2029/11/22	09:48	射手座
2029/12/21	23:13	山羊座
月		
2029/01/02	11:34	獅子座
2029/01/04	14:26	乙女座
2029/01/06	16:50	天秤座
2029/01/08	19:37	蠍座
2029/01/10	23:26	射手座
2029/01/13	04:45	山羊座
2029/01/15	12:04	水瓶座
2029/01/17	21:47	魚座
2029/01/20	09:38	牡羊座
2029/01/22	22:13	牡牛座
2029/01/25	09:18	双子座
2029/01/27	17:04	蟹座
2029/01/29	21:15	獅子座
2029/01/31	22:52	乙女座
2029/02/02	23:39	天秤座
2029/02/05	01:14	蠍座
2029/02/07	04:50	射手座
2029/02/09	10:52	山羊座
2029/02/11	19:08	水瓶座
2029/02/14	05:19	魚座
2029/02/16	17:06	牡羊座
2029/02/19	05:47	牡牛座
2029/02/21	17:44	双子座
2029/02/24	02:52	蟹座
2029/02/26	08:00	獅子座
2029/02/28	09:32	乙女座
2029/03/02	09:10	天秤座
2029/03/04	09:01	蠍座
2029/03/06	11:02	射手座
2029/03/08	16:19	山羊座
2029/03/11	00:49	水瓶座
2029/03/13	11:35	魚座
2029/03/15	23:38	牡羊座
2029/03/18	12:18	牡牛座
2029/03/21	00:36	双子座
2029/03/23	10:57	蟹座
2029/03/25	17:44	獅子座
2029/03/27	20:29	乙女座
2029/03/29	20:18	天秤座
2029/03/31	19:15	蠍座
2029/04/02	19:35	射手座
2029/04/04	23:09	山羊座
2029/04/07	06:38	水瓶座
2029/04/09	17:18	魚座
2029/04/12	05:37	牡羊座
2029/04/14	18:17	牡牛座
2029/04/17	06:27	双子座
2029/04/19	17:11	蟹座
2029/04/22	01:14	獅子座
2029/04/24	05:42	乙女座
2029/04/26	06:54	天秤座
2029/04/28	06:19	蠍座
2029/04/30	06:02	射手座
2029/05/02	08:08	山羊座
2029/05/04	14:00	水瓶座
2029/05/06	23:41	魚座
2029/05/09	11:49	牡羊座
2029/05/12	00:30	牡牛座
2029/05/14	12:23	双子座
2029/05/16	22:44	蟹座
2029/05/19	06:58	獅子座
2029/05/21	12:32	乙女座
2029/05/23	15:22	天秤座
2029/05/25	16:13	蠍座
2029/05/27	16:36	射手座
2029/05/29	18:19	山羊座
2029/05/31	23:00	水瓶座
2029/06/03	07:23	魚座
2029/06/05	18:49	牡羊座
2029/06/08	07:26	牡牛座
2029/06/10	19:12	双子座
2029/06/13	05:00	蟹座
2029/06/15	12:33	獅子座
2029/06/17	17:59	乙女座
2029/06/19	21:35	天秤座
2029/06/21	23:50	蠍座
2029/06/24	01:36	射手座
2029/06/26	04:04	山羊座
2029/06/28	08:34	水瓶座
2029/06/30	16:04	魚座
2029/07/03	02:42	牡羊座
2029/07/05	15:07	牡牛座
2029/07/08	03:04	双子座
2029/07/10	12:42	蟹座
2029/07/12	19:28	獅子座
2029/07/14	23:54	乙女座
2029/07/17	02:57	天秤座
2029/07/19	05:34	蠍座
2029/07/21	08:25	射手座
2029/07/23	12:07	山羊座
2029/07/25	17:20	水瓶座
2029/07/28	00:47	魚座
2029/07/30	10:55	牡羊座
2029/08/01	23:07	牡牛座
2029/08/04	11:26	双子座
2029/08/06	21:32	蟹座
2029/08/09	04:09	獅子座
2029/08/11	07:39	乙女座
2029/08/13	09:27	天秤座
2029/08/15	11:07	蠍座
2029/08/17	13:51	射手座
2029/08/19	18:16	山羊座
2029/08/22	00:28	水瓶座
2029/08/24	08:33	魚座
2029/08/26	18:42	牡羊座
2029/08/29	06:46	牡牛座
2029/08/31	19:28	双子座
2029/09/03	06:30	蟹座
2029/09/05	13:53	獅子座
2029/09/07	17:21	乙女座
2029/09/09	18:11	天秤座
2029/09/11	18:23	蠍座
2029/09/13	19:49	射手座
2029/09/15	23:41	山羊座
2029/09/18	06:12	水瓶座
2029/09/20	14:59	魚座
2029/09/23	01:34	牡羊座
2029/09/25	13:40	牡牛座
2029/09/28	02:32	双子座
2029/09/30	14:27	蟹座
2029/10/02	23:14	獅子座
2029/10/05	03:47	乙女座
2029/10/07	04:48	天秤座
2029/10/09	04:08	蠍座
2029/10/11	04:00	射手座
2029/10/13	06:15	山羊座
2029/10/15	11:52	水瓶座
2029/10/17	20:38	魚座
2029/10/20	07:38	牡羊座
2029/10/22	19:56	牡牛座
2029/10/25	08:44	双子座
2029/10/27	20:57	蟹座
2029/10/30	06:54	獅子座
2029/11/01	13:09	乙女座

2029/11/03	15:33	天秤座
2029/11/05	15:21	蠍座
2029/11/07	14:33	射手座
2029/11/09	15:16	山羊座
2029/11/11	19:08	水瓶座
2029/11/14	02:49	魚座
2029/11/16	13:37	牡羊座
2029/11/19	02:05	牡牛座
2029/11/21	14:48	双子座
2029/11/24	02:42	蟹座
2029/11/26	12:50	獅子座
2029/11/28	20:15	乙女座
2029/12/01	00:27	天秤座
2029/12/03	01:53	蠍座
2029/12/05	01:51	射手座
2029/12/07	02:10	山羊座
2029/12/09	04:40	水瓶座
2029/12/11	10:43	魚座
2029/12/13	20:30	牡羊座
2029/12/16	08:48	牡牛座
2029/12/18	21:32	双子座
2029/12/21	09:02	蟹座
2029/12/23	18:31	獅子座
2029/12/26	01:46	乙女座
2029/12/28	06:49	天秤座
2029/12/30	09:54	蠍座
水星		
2028/12/31	23:59	水瓶座
2029/01/13	21:13	山羊座
2029/02/14	02:51	水瓶座
2029/03/07	03:14	魚座
2029/03/23	21:17	牡羊座
2029/04/07	17:50	牡牛座
2029/06/14	01:45	双子座
2029/07/01	21:00	蟹座
2029/07/15	22:36	獅子座
2029/08/01	08:34	乙女座
2029/08/27	11:19	天秤座
2029/09/08	20:00	乙女座
2029/10/08	21:39	天秤座
2029/10/26	15:02	蠍座
2029/11/14	07:08	射手座
2029/12/04	07:46	山羊座
金星		
2029/01/08	11:46	山羊座
2029/02/01	10:02	水瓶座
2029/02/25	09:02	魚座
2029/03/21	10:02	牡羊座
2029/04/14	14:05	牡牛座
2029/05/08	21:45	双子座
2029/06/02	09:09	蟹座

2029/06/27	00:36	獅子座
2029/07/21	21:19	乙女座
2029/08/16	02:05	天秤座
2029/09/10	19:53	蠍座
2029/10/07	13:46	射手座
2029/11/05	22:37	山羊座
火星		
2029/04/07	22:11	乙女座
2029/06/05	13:46	天秤座
2029/08/08	01:01	蠍座
2029/09/23	17:12	射手座
2029/11/04	09:30	山羊座
2029/12/13	14:23	水瓶座
木星		
2029/09/24	15:20	蠍座

2030

太陽		
2030/01/20	09:53	水瓶座
2030/02/18	23:58	魚座
2030/03/20	22:50	牡羊座
2030/04/20	09:42	牡牛座
2030/05/21	08:39	双子座
2030/06/21	16:30	蟹座
2030/07/23	03:23	獅子座
2030/08/23	10:35	乙女座
2030/09/23	08:25	天秤座
2030/10/23	17:59	蠍座
2030/11/22	15:43	射手座
2030/12/22	05:08	山羊座
月		
2030/01/01	11:35	射手座
2030/01/03	12:54	山羊座
2030/01/05	15:17	水瓶座
2030/01/07	20:15	魚座
2030/01/10	04:46	牡羊座
2030/01/12	16:26	牡牛座
2030/01/15	05:14	双子座
2030/01/17	16:45	蟹座
2030/01/20	01:36	獅子座
2030/01/22	07:49	乙女座
2030/01/24	12:13	天秤座
2030/01/26	15:36	蠍座
2030/01/28	18:31	射手座
2030/01/30	21:24	山羊座
2030/02/02	00:52	水瓶座
2030/02/04	05:57	魚座
2030/02/06	13:47	牡羊座
2030/02/09	00:43	牡牛座
2030/02/11	13:30	双子座
2030/02/14	01:28	蟹座

2030/02/16	10:26	獅子座
2030/02/18	15:57	乙女座
2030/02/20	19:03	天秤座
2030/02/22	21:17	蠍座
2030/02/24	23:52	射手座
2030/02/27	03:25	山羊座
2030/03/01	08:06	水瓶座
2030/03/03	14:11	魚座
2030/03/05	22:17	牡羊座
2030/03/08	08:54	牡牛座
2030/03/10	21:33	双子座
2030/03/13	10:07	蟹座
2030/03/15	19:58	獅子座
2030/03/18	01:49	乙女座
2030/03/20	04:17	天秤座
2030/03/22	05:07	蠍座
2030/03/24	06:11	射手座
2030/03/26	08:50	山羊座
2030/03/28	13:37	水瓶座
2030/03/30	20:30	魚座
2030/04/02	05:21	牡羊座
2030/04/04	16:14	牡牛座
2030/04/07	04:49	双子座
2030/04/09	17:46	蟹座
2030/04/12	04:43	獅子座
2030/04/14	11:49	乙女座
2030/04/16	14:52	天秤座
2030/04/18	15:15	蠍座
2030/04/20	14:58	射手座
2030/04/22	15:55	山羊座
2030/04/24	19:25	水瓶座
2030/04/27	01:57	魚座
2030/04/29	11:12	牡羊座
2030/05/01	22:33	牡牛座
2030/05/04	11:16	双子座
2030/05/07	00:16	蟹座
2030/05/09	11:54	獅子座
2030/05/11	20:24	乙女座
2030/05/14	00:57	天秤座
2030/05/16	02:09	蠍座
2030/05/18	01:38	射手座
2030/05/20	01:22	山羊座
2030/05/22	03:09	水瓶座
2030/05/24	08:15	魚座
2030/05/26	16:56	牡羊座
2030/05/29	04:25	牡牛座
2030/05/31	17:17	双子座
2030/06/03	06:10	蟹座
2030/06/05	17:49	獅子座
2030/06/08	03:04	乙女座
2030/06/10	09:06	天秤座

2030/06/12	11:55	蠍座
2030/06/14	12:24	射手座
2030/06/16	12:05	山羊座
2030/06/18	12:50	水瓶座
2030/06/20	16:23	魚座
2030/06/22	23:44	牡羊座
2030/06/25	10:40	牡牛座
2030/06/27	23:32	双子座
2030/06/30	12:18	蟹座
2030/07/02	23:32	獅子座
2030/07/05	08:36	乙女座
2030/07/07	15:15	天秤座
2030/07/09	19:28	蠍座
2030/07/11	21:33	射手座
2030/07/13	22:20	山羊座
2030/07/15	23:13	水瓶座
2030/07/18	01:56	魚座
2030/07/20	08:00	牡羊座
2030/07/22	17:55	牡牛座
2030/07/25	06:29	双子座
2030/07/27	19:13	蟹座
2030/07/30	06:07	獅子座
2030/08/01	14:29	乙女座
2030/08/03	20:39	天秤座
2030/08/06	01:10	蠍座
2030/08/08	04:24	射手座
2030/08/10	06:39	山羊座
2030/08/12	08:39	水瓶座
2030/08/14	11:38	魚座
2030/08/16	17:08	牡羊座
2030/08/19	02:08	牡牛座
2030/08/21	14:11	双子座
2030/08/24	03:00	蟹座
2030/08/26	13:58	獅子座
2030/08/28	21:50	乙女座
2030/08/31	03:03	天秤座
2030/09/02	06:42	蠍座
2030/09/04	09:48	射手座
2030/09/06	12:50	山羊座
2030/09/08	16:05	水瓶座
2030/09/10	20:08	魚座
2030/09/13	01:58	牡羊座
2030/09/15	10:38	牡牛座
2030/09/17	22:14	双子座
2030/09/20	11:09	蟹座
2030/09/22	22:40	獅子座
2030/09/25	06:48	乙女座
2030/09/27	11:29	天秤座
2030/09/29	13:58	蠍座
2030/10/01	15:48	射手座
2030/10/03	18:12	山羊座
2030/10/05	21:46	水瓶座
2030/10/08	02:46	魚座
2030/10/10	09:32	牡羊座
2030/10/12	18:33	牡牛座
2030/10/15	06:00	双子座
2030/10/17	18:57	蟹座
2030/10/20	07:12	獅子座
2030/10/22	16:23	乙女座
2030/10/24	21:36	天秤座
2030/10/26	23:38	蠍座
2030/10/29	00:10	射手座
2030/10/31	00:58	山羊座
2030/11/02	03:24	水瓶座
2030/11/04	08:14	魚座
2030/11/06	15:36	牡羊座
2030/11/09	01:19	牡牛座
2030/11/11	13:01	双子座
2030/11/14	01:57	蟹座
2030/11/16	14:37	獅子座
2030/11/19	01:03	乙女座
2030/11/21	07:45	天秤座
2030/11/23	10:39	蠍座
2030/11/25	10:57	射手座
2030/11/27	10:28	山羊座
2030/11/29	11:06	水瓶座
2030/12/01	14:26	魚座
2030/12/03	21:14	牡羊座
2030/12/06	07:13	牡牛座
2030/12/08	19:19	双子座
2030/12/11	08:16	蟹座
2030/12/13	20:53	獅子座
2030/12/16	07:55	乙女座
2030/12/18	16:08	天秤座
2030/12/20	20:50	蠍座
2030/12/22	22:19	射手座
2030/12/24	21:53	山羊座
2030/12/26	21:25	水瓶座
2030/12/28	22:57	魚座
2030/12/31	04:06	牡羊座
水星		
2030/02/08	23:02	水瓶座
2030/02/27	17:58	魚座
2030/03/15	17:40	牡羊座
2030/04/01	13:45	牡牛座
2030/04/28	22:45	牡羊座
2030/05/15	10:28	牡牛座
2030/06/08	15:30	双子座
2030/06/23	08:55	蟹座
2030/07/07	19:21	獅子座
2030/07/26	23:52	乙女座
2030/10/01	19:49	天秤座
2030/10/19	02:02	蠍座
2030/11/07	09:29	射手座
2030/12/01	11:25	山羊座
2030/12/11	00:11	射手座
金星		
2030/03/06	21:49	水瓶座
2030/04/05	18:17	魚座
2030/05/02	15:36	牡羊座
2030/05/28	12:31	牡牛座
2030/06/22	21:22	双子座
2030/07/17	21:45	蟹座
2030/08/11	14:23	獅子座
2030/09/04	23:49	乙女座
2030/09/29	03:32	天秤座
2030/10/23	03:38	蠍座
2030/11/16	01:59	射手座
2030/12/09	23:50	山羊座
火星		
2030/01/20	19:26	魚座
2030/02/28	04:05	牡羊座
2030/04/08	14:25	牡牛座
2030/05/19	18:26	双子座
2030/07/02	00:18	蟹座
2030/08/16	08:54	獅子座
2030/10/02	18:40	乙女座
2030/11/21	16:53	天秤座
木星		
2030/10/23	08:10	射手座
土星		
2030/06/01	11:28	双子座

2031

太陽		
2031/01/20	15:46	水瓶座
2031/02/19	05:49	魚座
2031/03/21	04:39	牡羊座
2031/04/20	15:30	牡牛座
2031/05/21	14:26	双子座
2031/06/21	22:15	蟹座
2031/07/23	09:09	獅子座
2031/08/23	16:22	乙女座
2031/09/23	14:14	天秤座
2031/10/23	23:48	蠍座
2031/11/22	21:31	射手座
2031/12/22	10:54	山羊座
月		
2031/01/02	13:19	牡牛座
2031/01/05	01:27	双子座
2031/01/07	14:31	蟹座
2031/01/10	02:51	獅子座
2031/01/12	13:37	乙女座

2031/01/14	22:20	天秤座
2031/01/17	04:31	蠍座
2031/01/19	07:53	射手座
2031/01/21	08:52	山羊座
2031/01/23	08:46	水瓶座
2031/01/25	09:30	魚座
2031/01/27	13:06	牡羊座
2031/01/29	20:48	牡牛座
2031/02/01	08:16	双子座
2031/02/03	21:18	蟹座
2031/02/06	09:32	獅子座
2031/02/08	19:44	乙女座
2031/02/11	03:50	天秤座
2031/02/13	10:08	蠍座
2031/02/15	14:38	射手座
2031/02/17	17:20	山羊座
2031/02/19	18:44	水瓶座
2031/02/21	20:06	魚座
2031/02/23	23:15	牡羊座
2031/02/26	05:47	牡牛座
2031/02/28	16:10	双子座
2031/03/03	04:54	蟹座
2031/03/05	17:16	獅子座
2031/03/08	03:16	乙女座
2031/03/10	10:34	天秤座
2031/03/12	15:53	蠍座
2031/03/14	19:59	射手座
2031/03/16	23:16	山羊座
2031/03/19	02:01	水瓶座
2031/03/21	04:47	魚座
2031/03/23	08:42	牡羊座
2031/03/25	15:05	牡牛座
2031/03/28	00:44	双子座
2031/03/30	13:00	蟹座
2031/04/02	01:35	獅子座
2031/04/04	12:00	乙女座
2031/04/06	19:10	天秤座
2031/04/08	23:33	蠍座
2031/04/11	02:22	射手座
2031/04/13	04:44	山羊座
2031/04/15	07:29	水瓶座
2031/04/17	11:08	魚座
2031/04/19	16:11	牡羊座
2031/04/21	23:18	牡牛座
2031/04/24	08:58	双子座
2031/04/26	20:57	蟹座
2031/04/29	09:42	獅子座
2031/05/01	20:54	乙女座
2031/05/04	04:48	天秤座
2031/05/06	09:09	蠍座
2031/05/08	11:01	射手座
2031/05/10	11:55	山羊座
2031/05/12	13:22	水瓶座
2031/05/14	16:30	魚座
2031/05/16	21:58	牡羊座
2031/05/19	05:54	牡牛座
2031/05/21	16:08	双子座
2031/05/24	04:10	蟹座
2031/05/26	16:59	獅子座
2031/05/29	04:53	乙女座
2031/05/31	14:01	天秤座
2031/06/02	19:22	蠍座
2031/06/04	21:22	射手座
2031/06/06	21:23	山羊座
2031/06/08	21:18	水瓶座
2031/06/10	22:55	魚座
2031/06/13	03:32	牡羊座
2031/06/15	11:30	牡牛座
2031/06/17	22:12	双子座
2031/06/20	10:32	蟹座
2031/06/22	23:22	獅子座
2031/06/25	11:33	乙女座
2031/06/27	21:44	天秤座
2031/06/30	04:36	蠍座
2031/07/02	07:48	射手座
2031/07/04	08:08	山羊座
2031/07/06	07:18	水瓶座
2031/07/08	07:26	魚座
2031/07/10	10:27	牡羊座
2031/07/12	17:25	牡牛座
2031/07/15	03:56	双子座
2031/07/17	16:27	蟹座
2031/07/20	05:17	獅子座
2031/07/22	17:21	乙女座
2031/07/25	03:51	天秤座
2031/07/27	11:54	蠍座
2031/07/29	16:44	射手座
2031/07/31	18:25	山羊座
2031/08/02	18:04	水瓶座
2031/08/04	17:40	魚座
2031/08/06	19:20	牡羊座
2031/08/09	00:47	牡牛座
2031/08/11	10:21	双子座
2031/08/13	22:39	蟹座
2031/08/16	11:28	獅子座
2031/08/18	23:14	乙女座
2031/08/21	09:22	天秤座
2031/08/23	17:35	蠍座
2031/08/25	23:29	射手座
2031/08/28	02:46	山羊座
2031/08/30	03:51	水瓶座
2031/09/01	04:07	魚座
2031/09/03	05:27	牡羊座
2031/09/05	09:46	牡牛座
2031/09/07	18:04	双子座
2031/09/10	05:42	蟹座
2031/09/12	18:26	獅子座
2031/09/15	06:05	乙女座
2031/09/17	15:39	天秤座
2031/09/19	23:10	蠍座
2031/09/22	04:53	射手座
2031/09/24	08:55	山羊座
2031/09/26	11:27	水瓶座
2031/09/28	13:08	魚座
2031/09/30	15:17	牡羊座
2031/10/02	19:28	牡牛座
2031/10/05	02:54	双子座
2031/10/07	13:41	蟹座
2031/10/10	02:14	獅子座
2031/10/12	14:06	乙女座
2031/10/14	23:33	天秤座
2031/10/17	06:17	蠍座
2031/10/19	10:55	射手座
2031/10/21	14:18	山羊座
2031/10/23	17:06	水瓶座
2031/10/25	19:54	魚座
2031/10/27	23:24	牡羊座
2031/10/30	04:25	牡牛座
2031/11/01	11:52	双子座
2031/11/03	22:07	蟹座
2031/11/06	10:24	獅子座
2031/11/08	22:42	乙女座
2031/11/11	08:46	天秤座
2031/11/13	15:29	蠍座
2031/11/15	19:13	射手座
2031/11/17	21:10	山羊座
2031/11/19	22:48	水瓶座
2031/11/22	01:18	魚座
2031/11/24	05:27	牡羊座
2031/11/26	11:34	牡牛座
2031/11/28	19:47	双子座
2031/12/01	06:07	蟹座
2031/12/03	18:12	獅子座
2031/12/06	06:49	乙女座
2031/12/08	17:56	天秤座
2031/12/11	01:42	蠍座
2031/12/13	05:38	射手座
2031/12/15	06:44	山羊座
2031/12/17	06:45	水瓶座
2031/12/19	07:39	魚座
2031/12/21	10:55	牡羊座
2031/12/23	17:12	牡牛座
2031/12/26	02:10	双子座

2031/12/28	13:03	蟹座
2031/12/31	01:11	獅子座
水星		
2031/01/12	13:17	山羊座
2031/02/02	06:13	水瓶座
2031/02/20	00:01	魚座
2031/03/08	00:00	牡羊座
2031/05/14	22:58	牡牛座
2031/05/31	21:22	双子座
2031/06/14	18:08	蟹座
2031/06/30	17:24	獅子座
2031/09/07	18:55	乙女座
2031/09/23	23:34	天秤座
2031/10/11	17:17	蠍座
2031/11/01	11:34	射手座
2031/12/08	14:38	蠍座
2031/12/11	13:18	射手座
金星		
2031/01/02	22:13	水瓶座
2031/01/26	22:47	魚座
2031/02/20	04:28	牡羊座
2031/03/16	19:40	牡牛座
2031/04/11	03:00	双子座
2031/05/07	15:05	蟹座
2031/06/05	21:55	獅子座
2031/10/09	15:31	乙女座
2031/11/08	11:58	天秤座
2031/12/04	18:07	蠍座
2031/12/29	18:15	射手座
火星		
2031/01/16	07:46	蠍座
2031/08/25	17:06	射手座
2031/10/10	22:45	山羊座
2031/11/20	19:55	水瓶座
2031/12/30	00:14	魚座
木星		
2031/11/15	19:25	山羊座

2032		
太陽		
2032/01/20	21:30	水瓶座
2032/02/19	11:31	魚座
2032/03/20	10:20	牡羊座
2032/04/19	21:12	牡牛座
2032/05/20	20:13	双子座
2032/06/21	04:07	蟹座
2032/07/22	15:03	獅子座
2032/08/22	22:17	乙女座
2032/09/22	20:09	天秤座
2032/10/23	05:45	蠍座
2032/11/22	03:30	射手座
2032/12/21	16:54	山羊座
月		
2032/01/02	13:51	乙女座
2032/01/05	01:45	天秤座
2032/01/07	11:02	蠍座
2032/01/09	16:23	射手座
2032/01/11	17:59	山羊座
2032/01/13	17:21	水瓶座
2032/01/15	16:41	魚座
2032/01/17	18:07	牡羊座
2032/01/19	23:06	牡牛座
2032/01/22	07:48	双子座
2032/01/24	19:03	蟹座
2032/01/27	07:27	獅子座
2032/01/29	20:01	乙女座
2032/02/01	08:00	天秤座
2032/02/03	18:15	蠍座
2032/02/06	01:20	射手座
2032/02/08	04:36	山羊座
2032/02/10	04:49	水瓶座
2032/02/12	03:49	魚座
2032/02/14	03:53	牡羊座
2032/02/16	07:03	牡牛座
2032/02/18	14:19	双子座
2032/02/21	01:06	蟹座
2032/02/23	13:36	獅子座
2032/02/26	02:09	乙女座
2032/02/28	13:48	天秤座
2032/03/01	23:57	蠍座
2032/03/04	07:50	射手座
2032/03/06	12:45	山羊座
2032/03/08	14:42	水瓶座
2032/03/10	14:48	魚座
2032/03/12	14:53	牡羊座
2032/03/14	17:00	牡牛座
2032/03/16	22:41	双子座
2032/03/19	08:15	蟹座
2032/03/21	20:23	獅子座
2032/03/24	08:57	乙女座
2032/03/26	20:20	天秤座
2032/03/29	05:49	蠍座
2032/03/31	13:17	射手座
2032/04/02	18:37	山羊座
2032/04/04	21:54	水瓶座
2032/04/06	23:38	魚座
2032/04/09	00:56	牡羊座
2032/04/11	03:19	牡牛座
2032/04/13	08:16	双子座
2032/04/15	16:40	蟹座
2032/04/18	04:04	獅子座
2032/04/20	16:36	乙女座
2032/04/23	04:03	天秤座
2032/04/25	13:07	蠍座
2032/04/27	19:38	射手座
2032/04/30	00:09	山羊座
2032/05/02	03:23	水瓶座
2032/05/04	05:59	魚座
2032/05/06	08:40	牡羊座
2032/05/08	12:12	牡牛座
2032/05/10	17:32	双子座
2032/05/13	01:30	蟹座
2032/05/15	12:15	獅子座
2032/05/18	00:40	乙女座
2032/05/20	12:32	天秤座
2032/05/22	21:49	蠍座
2032/05/25	03:50	射手座
2032/05/27	07:13	山羊座
2032/05/29	09:17	水瓶座
2032/05/31	11:21	魚座
2032/06/02	14:25	牡羊座
2032/06/04	18:59	牡牛座
2032/06/07	01:17	双子座
2032/06/09	09:38	蟹座
2032/06/11	20:11	獅子座
2032/06/14	08:30	乙女座
2032/06/16	20:52	天秤座
2032/06/19	07:00	蠍座
2032/06/21	13:25	射手座
2032/06/23	16:18	山羊座
2032/06/25	17:09	水瓶座
2032/06/27	17:49	魚座
2032/06/29	19:56	牡羊座
2032/07/02	00:26	牡牛座
2032/07/04	07:24	双子座
2032/07/06	16:26	蟹座
2032/07/09	03:17	獅子座
2032/07/11	15:35	乙女座
2032/07/14	04:19	天秤座
2032/07/16	15:28	蠍座
2032/07/18	23:05	射手座
2032/07/21	02:34	山羊座
2032/07/23	03:02	水瓶座
2032/07/25	02:29	魚座
2032/07/27	03:02	牡羊座
2032/07/29	06:18	牡牛座
2032/07/31	12:51	双子座
2032/08/02	22:12	蟹座
2032/08/05	09:28	獅子座
2032/08/07	21:53	乙女座
2032/08/10	10:41	天秤座
2032/08/12	22:31	蠍座
2032/08/15	07:30	射手座

2032/08/17	12:27	山羊座
2032/08/19	13:44	水瓶座
2032/08/21	13:00	魚座
2032/08/23	12:25	牡羊座
2032/08/25	14:02	牡牛座
2032/08/27	19:11	双子座
2032/08/30	03:57	蟹座
2032/09/01	15:18	獅子座
2032/09/04	03:51	乙女座
2032/09/06	16:32	天秤座
2032/09/09	04:21	蠍座
2032/09/11	14:05	射手座
2032/09/13	20:34	山羊座
2032/09/15	23:30	水瓶座
2032/09/17	23:48	魚座
2032/09/19	23:15	牡羊座
2032/09/21	23:53	牡牛座
2032/09/24	03:27	双子座
2032/09/26	10:50	蟹座
2032/09/28	21:36	獅子座
2032/10/01	10:10	乙女座
2032/10/03	22:44	天秤座
2032/10/06	10:07	蠍座
2032/10/08	19:35	射手座
2032/10/11	02:39	山羊座
2032/10/13	07:01	水瓶座
2032/10/15	09:03	魚座
2032/10/17	09:44	牡羊座
2032/10/19	10:38	牡牛座
2032/10/21	13:23	双子座
2032/10/23	19:25	蟹座
2032/10/26	05:05	獅子座
2032/10/28	17:18	乙女座
2032/10/31	05:55	天秤座
2032/11/02	16:59	蠍座
2032/11/05	01:40	射手座
2032/11/07	08:05	山羊座
2032/11/09	12:38	水瓶座
2032/11/11	15:48	魚座
2032/11/13	18:07	牡羊座
2032/11/15	20:20	牡牛座
2032/11/17	23:32	双子座
2032/11/20	05:00	蟹座
2032/11/22	13:40	獅子座
2032/11/25	01:17	乙女座
2032/11/27	14:01	天秤座
2032/11/30	01:18	蠍座
2032/12/02	09:35	射手座
2032/12/04	14:56	山羊座
2032/12/06	18:23	水瓶座
2032/12/08	21:09	魚座

2032/12/11	00:06	牡羊座
2032/12/13	03:38	牡牛座
2032/12/15	08:06	双子座
2032/12/17	14:07	蟹座
2032/12/19	22:29	獅子座
2032/12/22	09:34	乙女座
2032/12/24	22:21	天秤座
2032/12/27	10:19	蠍座
2032/12/29	19:07	射手座
水星		
2032/01/06	18:12	山羊座
2032/01/25	23:40	水瓶座
2032/02/12	05:33	魚座
2032/03/02	10:18	牡羊座
2032/03/13	22:47	魚座
2032/04/17	04:06	牡羊座
2032/05/07	12:34	牡牛座
2032/05/22	09:44	双子座
2032/06/05	14:42	蟹座
2032/06/26	00:55	獅子座
2032/07/26	04:20	蟹座
2032/08/11	06:45	獅子座
2032/08/30	04:40	乙女座
2032/09/15	02:23	天秤座
2032/10/03	21:28	蠍座
2032/11/01	02:29	射手座
2032/11/04	13:40	蠍座
2032/12/09	21:03	射手座
2032/12/29	21:33	山羊座
金星		
2032/01/23	05:55	山羊座
2032/02/16	12:39	水瓶座
2032/03/11	18:03	魚座
2032/04/04	23:56	牡羊座
2032/04/29	07:16	牡牛座
2032/05/23	16:09	双子座
2032/06/17	01:58	蟹座
2032/07/11	12:02	獅子座
2032/08/04	22:18	乙女座
2032/08/29	09:38	天秤座
2032/09/22	23:22	蠍座
2032/10/17	16:58	射手座
2032/11/11	17:02	山羊座
2032/12/07	06:47	水瓶座
火星		
2032/02/07	04:18	牡羊座
2032/03/18	09:34	牡牛座
2032/04/29	07:43	双子座
2032/06/12	04:04	蟹座
2032/07/27	18:21	獅子座
2032/09/12	15:30	乙女座

2032/10/30	09:36	天秤座
2032/12/18	01:45	蠍座
木星		
2032/04/12	09:51	水瓶座
2032/06/26	22:03	山羊座
2032/11/30	12:27	水瓶座
土星		
2032/07/14	11:10	蟹座
天王星		
2032/08/04	03:05	蟹座
2032/12/12	15:38	双子座

提供／有限会社fate

ホロスコープの出し方

あなたについて教えて下さい

・生年月日

1990 年 01 月 01 日

・出生時刻

不明 時 不明 分

・出生地

東京都

・性別

女性

占う

テレシスネットワーク株式会社は、ご入力いただいた情報を、占いサービスを提供するためにのみ使用し、情報の蓄積を行ったり、他の目的で使用することはありません。
ご利用の際は、当社個人情報保護方針とうらなえるの利用規約に同意の上、必要情報をご入力ください。

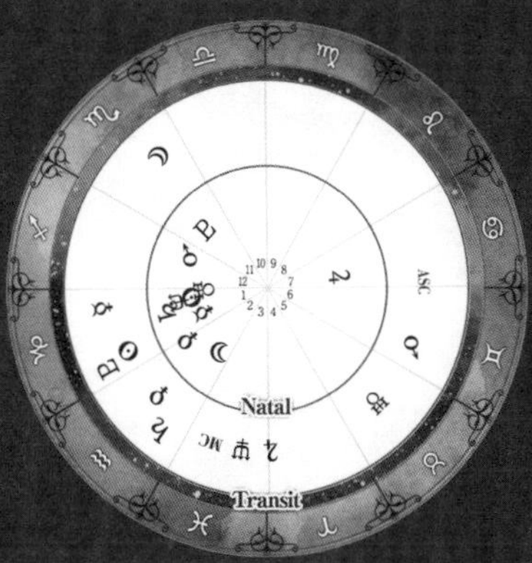

あなたのネイタルチャート【天体位置】

天体	星座	エレメント	クオリティ	ハウス
太陽 ☉	山羊座 ♑ 10° 26′	地	活動宮	1室
月 ☾	水瓶座 ♒ 28° 17′	風	不動宮	2室
水星 ☿	山羊座 ♑ 25° 44′	地	活動宮	1室
金星 ♀	水瓶座 ♒ 6° 16′	風	不動宮	2室
火星 ♂	射手座 ♐ 9° 44′	火	柔軟宮	12室
木星 ♃	蟹座 ♋ 5° 12′	水	活動宮	7室
土星 ♄	山羊座 ♑ 15° 37′	地	活動宮	1室
天王星 ♅	山羊座 ♑ 5° 46′	地	活動宮	1室
海王星 ♆	山羊座 ♑ 12° 1′	地	活動宮	1室
冥王星 ♇	蠍座 ♏ 17° 5′	水	不動宮	11室

サイトで簡単に星の配置が知れる

「真木あかりの細密ホロスコープ」(https://unkoi.com/special/horoscope/) にアクセスし、トップページ下部の「あなたについて教えてください」よりホロスコープをご作成ください。
生年月日は必須となりますが、出生時間と出生地も分かる範囲で入力してください。出生時間については不明な場合は、自動的に12時生まれとしてホロスコープが算出されます。
ホロスコープのシステムは色々と種類がありますが、このサイトではイコールハウス(各ハウスを30度ずつ均等に区分)を採用しています。
また、お相手のホロスコープを知りたい場合も、このサイトで同様に出すことが可能です。
星の配置についてもっと詳しく知りたい場合は、サイト下部の鑑定もご利用なさってください(一部有料)。
ホロスコープの大事な要素は1章で書いた星座(サイン)と10の星、ハウス、アスペクトです。本書を通してこれらが読めるようになると、星占いが理解でき、あなたの日々の暮らしの新しい指針となってくれるはずです。

真木あかり監修 細密ホロスコープ

本格的な西洋占星術のホロスコープを無料で作成できます。「真木あかりの細密ホロスコープ」ではネイタルチャート、トランジットチャートの二重円、ネイタルチャートのサイン・エレメント・ハウス・アスペクトを簡単に知ることができます(提供＝テレシスネットワーク株式会社)。

真木あかりの
細密ホロスコープ

真木あかり　まきあかり

占い師。フリーライター兼会社員を経験したのち占いの道に転身、占星術や四柱推命、タロットなどの占術を使用し、執筆・鑑定を行っている。『タロットであの人の気持ちがわかる本』（説話社）、『2023年上半期　12星座別あなたの運勢』（幻冬舎）や『SPRiNG』（宝島社）、『SPUR』（集英社）など、著書・連載・アプリ監修多数。
Twitter　https://twitter.com/makiakari
Instagram　https://www.instagram.com/maki_akari/
Blog　http://makiakari.hatenablog.com/

STAFF

●ブックデザイン・イラスト／荻原佐織（PASSAGE）
●編集協力／西瓜社（冨田聖子、池田友樹）
●DTP／鈴木庸子（主婦の友社）
●編集担当／野崎さゆり（主婦の友社）

真木あかりの超実践 星占い入門
運を先取りする、使いこなせる

2023年3月31日　第1刷発行

著　者　真木あかり
発行者　平野健一
発行所　株式会社主婦の友社
〒141-0021
東京都品川区上大崎3丁目1−1目黒セントラルスクエア
電話　03-5280-7537(編集)
03-5280-7551(販売)
印刷所　大日本印刷株式会社

ISBN 978-4-07-453463-0